# A ÉTICA DA PAIXÃO

# Campo Freudiano no Brasil

Coleção dirigida por Jacques-Alain e Judith Miller
Assessoria brasileira: Angelina Harari

Marcus André Vieira

# A ÉTICA DA PAIXÃO

## *Uma teoria psicanalítica do afeto*

Jorge Zahar Editor
Rio de Janeiro

*A Ludoca, Maura e*
*Miguel, minha trupe.*


Jorge Zahar Editor Ltda.
rua México 31 sobreloja
20031-144 Rio de Janeiro, RJ
tel.: (21) 240-0226 / fax: (21) 262-5123
e-mail: jze@zahar.com.br
site: www.zahar.com.br



CIP-Brasil. Catalogação-na-fonte
Sindicato Nacional dos Editores de Livros, RJ.

V716e

Vieira, Marcus André
A ética da paixão: uma teoria psicanalítica do afeto / Marcus André Vieira. — Rio de Janeiro: Jorge Zahar Ed., 2001
(Campo freudiano no Brasil)

Apêndice
Inclui bibliografia
ISBN 85-7110-581-2

1. Afeto (Psicologia). 2. Freud, Sigmund, 1856-1939. 3. Lacan, Jacques, 1901-1981. 4. Ética psicoterápica. I. Título. II. Série.

CDD 152.4
00-1554
CDU 159.942

# SUMÁRIO

Apresentação

# HÁ ÉTICA NAS PAIXÕES

Romildo do Rêgo Barros

Estamos acolhendo a versão em português do livro de Marcus André Vieira, *L'éthique de la passion*, inicialmente escrito como tese de doutorado em psicanálise para a Universidade de Paris VIII e publicado na França há dois anos. Na ocasião, eu fazia votos para que fosse feita logo a sua tradução, e que assim o livro cumprisse a sua vocação natural, de se tornar uma referência na nossa comunidade.

Trata-se de uma versão, e não simples tradução, porquanto o autor fez modificações no antigo texto, sobretudo na sua última parte, introduzindo alguns avanços que vem fazendo desde então, o que mostra estar discutindo consigo mesmo. E conosco, em conseqüência.

O título foi mantido, e já faz parte da discussão. Pois, afinal de contas, o que nos autoriza a dizer que há uma ética na paixão, possível de se depreender? Se uma ética diz respeito às escolhas do sujeito, como torná-la patente quando justamente a transparência esperada nas escolhas está ausente, e o sujeito parece à deriva: inteiro, compacto, mas rigorosamente fora de si? Ou possuído, como se a exterioridade da paixão fosse como um "diabinho", segundo comenta a uma certa altura Marcus André Vieira.

Para tornar compatíveis os dois termos, é preciso fazer uma torção na ética — em sua prática e noção. Dizendo, por exemplo, que o sujeito fora de si é simplesmente um outro nome do sujeito. Ou que este é eticamente responsável pelo que lhe acontece a partir das conseqüências dos seus atos, e não das suas intenções conscientes. Ou então, propondo que a intenção que conta é aquela que as conseqüências engendram — mais do que aquelas que revelam. Retroativamente, portanto, passa a ser possível pôr uma palavra de sujeito onde parecia haver somente uma cega determinação. Como observa Serge Cottet no prefácio, "o que é designado aqui como ética da paixão, diz respeito à relação do afeto ao dizer, à lacuna que há entre o bem-dizer e o mal-dizer".

Essa torção é a difícil tarefa dos psicanalistas — além de ser a função essencial da psicanálise na cultura —, e a clínica dos afetos é um terreno privilegiado para isso, uma vez que o sujeito, não sendo propriamente representado pelos seus afetos — diferentemente da evidência de que se representa nos seus sintomas — é tomado, ou até arrebatado por eles, o que faz dos afetos uma questão de sujeito, mesmo se, tomado isoladamente, cada um de nós os encare como se fossem externos ou estranhos. Como, por exemplo, na angústia, na qual o sujeito vive o paradoxo de se confrontar com a estranheza justamente no ponto que ele acredita ser o seu âmago.

Se o afeto indica a posição do sujeito, como dizia Lacan, ele próprio é difícil de ser situado, pois é o conceito limite de uma experiência subjetiva também limite. A partir daí, várias fronteiras pedem para ser demarcadas: entre afeto e desejo, afeto e pulsão, afeto e gozo, afeto e inconsciente, afeto e ser etc. Marcus André, na sua detalhada cartografia, encontrou fórmulas bastante felizes para tratar dessa questão, como quando descreve o afeto como "cristalização da pulsão no plano do corpo", ou quando distingue afeto e desejo afirmando que "o afeto sutura onde o desejo fissura, é consistente onde o desejo é etéreo, um é corte, o outro, armadura".

A dificuldade em situar o afeto se deve ao fato de que não existe um sujeito dos afetos. Isto tem conseqüências também na prática clínica, uma vez que não é sempre imediata a assunção dos seus afetos por parte do sujeito, assim como é inútil esperar que a sua expressão mais livre dê finalmente passagem a uma maior autenticidade.

Seja bem vindo o livro de Marcus André Vieira. Sua linguagem simples e seu humor farão dele um útil instrumento, não só para os estudiosos da psicanálise como também para os que querem conhecer o que pensam os psicanalistas.

# PREFÁCIO

Este trabalho pode ser resumido pela intenção que o atravessa do começo ao fim: a reconsideração do lugar do afeto em psicanálise.

Esta reconsideração das paixões, das emoções, do corpo e do gozo responde à crítica, freqüentemente endereçada à psicanálise, de que ela "faria pouco-caso do afeto".

O trabalho de Marcus André Vieira vem, assim, fazer justiça à psicanálise frente à antiga imputação de intelectualismo feita a Lacan. Ele mostra que Lacan segue passo a passo a elaboração freudiana do afeto, indicando os deslocamentos e o destino que cumpriu este conceito. Marcus André se dedica, igualmente, a mostrar que há uma evolução histórica a ser considerada, ao mesmo tempo em Freud e Lacan, com respeito à uma problemática da qual a teoria da angústia é o pivô.

Ele assinala o quanto a doutrina freudiana torna caduca a oposição entre o afetivo e o intelectual, oposição que reproduz o dualismo filosófico entre corpo e alma, que a psicanálise subverte.

O autor pretende demonstrar, antes de mais nada, que Freud é o artífice de uma reversão, na medida em que faz da paixão não um efeito sofrido passivamente pelo corpo, mas um efeito que toma o corpo, a partir disso que Freud chamou representação e Lacan, significante.

O afeto, que toda uma tradição psicológica define como simples descarga quantitativa de energia, sofre um remanejamento por conta da própria existência do inconsciente. A psicanálise, então, põe em evidência uma discrepância entre o afeto e sua representação, já que o afeto é sempre deslocado, um pouco desviado em relação aos seus motivos aparentes. Mas, sobretudo, sem qualquer autonomia energética com relação ao discurso, o afeto não pode libertar-se nem do pensamento nem da linguagem. É por isto que Freud se refere a uma tradição que, na Alemanha, encontra sua fonte em

Herbart e, mais além, em Espinosa: o afeto depende de uma mecânica da representação. Ele é diferencial. Isto diz ainda a que ponto os afetos são dependentes do saber inconsciente do mesmo modo que da interpretação dada, pelo sujeito, ao desejo do Outro, categoria independente de qualquer energética do gozo.

Lacan ressaltava sua preferência pela expressão "ser afetado" e recusava uma teoria geral dos afetos. Trata-se, com efeito, de que "afeto, só há um, a saber, o produto da tomada do ser falante em um discurso, na medida em que esse discurso o determina como objeto. O que é preciso dizer, é que este objeto não é passível de nomeação". Não poderíamos dizer, então, que o afeto vem em lugar da impossibilidade do ser falante de nomear-se como objeto?

A fenomenologia sempre abordou este "vivido", que não é linguagem mas sensação do desejo do Outro, especialmente no registro da teoria das emoções. Deve-se à psicanálise, notadamente a Lacan, a partir do recurso à uma grande variedade de afetos, a delimitação destas diferentes posições do sujeito com relação ao ser. Daí o privilégio do afeto de angústia, que ocupa o centro da doutrina freudiana. Com respeito a este ponto, o autor precisa como o pensamento de Freud evolui de uma concepção energética da descarga à referência final ao signo. A angústia é o sinal de perigo para o eu, frente à exigência pulsional. Freud responde assim ao risco de desvio que ameaçava o conceito de afeto, uma vez que muitos de seus alunos estavam sempre prontos a localizar as manifestações enigmáticas do afeto em eras arcaicas da humanidade ou no trauma do nascimento.

De um modo geral, não se pode sustentar a existência de uma energia afetiva indiferenciada que exista em estado bruto e que se invista aqui e ali, ao sabor da imaginação. Para evitar toda concepção globalizante do afeto, é preciso, ao contrário, promover uma clínica diferencial dos afetos, ligada ao discurso inconsciente e não às intensidades ou às relações de força. Marcus André desenvolve, neste sentido, as célebres construções de Lacan relativas às diferenças estruturais que dizem respeito à emoção e à comoção, ao impedimento e ao embaraço, ou ainda aos paradoxos da inibição. Nesta mesma perspectiva, percebemos o desacordo que pode existir entre uma concepção fenomenológica do afeto, que dá crédito ao vivido, e a constatação clínica irrefutável que diz respeito à discrepância entre o saber e o afeto. Com efeito, este último se apresenta para o sujeito como algo incompreensível, por conta de seu deslocamento na neurose. Quanto à experiência das psicoses, fica claro como as pretensas vivências de estranheza ou de fim de mundo são correlatas da fragmentação da linguagem.

Vemos, então, que benefício retirar desta orientação para discriminar os afetos, tanto da experiência dita depressiva, como das escalas quantitativas relativas às modificações do humor.

Isto não quer dizer que o autor reduza o afeto à sua função significante. Longe disso. Ele explica por que razão histórica Lacan inicialmente identificou a pulsão à demanda, antes de retomar duas características essenciais da pulsão: satisfação e gozo. Esse desvio foi necessário, em um certo momento, para que Lacan pudesse arrancar o afeto de qualquer concepção biologizante que se apóie na idéia de descarga corporal. Não se trata, portanto, nem de intelectualismo, nem de redução do afeto a um estado deficitário da representação, como ocorre na orientação cognitivista.

As referências de Lacan aos fundamentos filosóficos clássicos, como São Tomás e Espinosa, se justificam pela necessidade de articular o afeto, não ao erro de julgamento, mas ao desejo e ao gozo, categorias que só a psicanálise sabe definir, sem referência a nenhum maquinismo biologizante.

Enfim, a reconsideração teórica e clínica do lugar do afeto não é possível sem uma reconsideração da ética: esta é objeto de um desenvolvimento em que Marcus André Vieira elabora sua própria concepção. Depois de haver mostrado como o afeto joga sua partida com o inconsciente, para separar-se dele, não raro pela via do engano, o autor, repentinamente, toma a direção contrária de uma concepção demasiadamente unilateral. Para isso, situa os afetos que podemos dizer que estão mais próximos do ser do sujeito. Este é o caso da angústia, dado que ela não engana, ou ainda da dor de existir, característica do quadro melancólico. Vemos também que o ódio, que imputamos tão rapidamente à agressividade imaginária, visa, por sua vez, o próprio ser do Outro, seu ser de gozo. Marcus André ressalta, localizando os deslocamentos do sujeito no discurso do inconsciente, os diferentes estilos do estado amoroso correlatos da impossibilidade de Bem-dizer sobre o sexo. Muitos afetos especificados aqui resultam deste impossível. Finalmente, vemos como isto que é designado aqui como ética da paixão diz respeito à relação do afeto ao dizer, à lacuna que há entre o bem-dizer e o mal-dizer. Daí resultam, além disso, afetos especificamente lacanianos, tais como o tédio e a morosidade, que atestam a inexistência do Outro, a persistência do mito do Um.

Assim, à paixão da ignorância se opõe o *gaio sçaber*, que é a satisfação do sujeito em encontrar, graças ao seu dizer, um mapeamento da sua própria estrutura. Por outro lado, o qualificativo "falta moral", relacionado à errância do sujeito com relação a esta mesma estrutura, determina, para Lacan, o afeto depressivo. Nesta perspectiva, a ética ganha superioridade teórica e clínica sobre todas as descrições dos estados da alma.

Terminamos a leitura dessa obra apaixonante com a certeza de que o analista não pode furtar-se ao jogo das paixões. Nem neutro, nem indiferente, a ataraxia do sábio antigo não servirá jamais de paradigma para o desejo do psicanalista.

SERGE COTTET

# PRÓLOGO

Este livro, como qualquer texto, tem muitas portas de entrada e pode ser lido de várias maneiras. Considero em especial duas.

Primeiramente, ele pode ser lido como a versão brasileira de *L'éthique de la passion,* porque retoma o essencial de minha tese de doutorado, defendida na Universidade de Paris VIII e publicada com este título em 1998 na França. Entretanto, diferentemente de uma tese, livrou-se do peso do excesso de citações e referências, necessárias apenas no momento de construção do trabalho. Retirei todo um capítulo sobre os alunos de Freud e suas leituras do afeto, acrescentei exemplos e novas formulações clínicas. Apesar disso, as articulações e encadeamentos originais se mantiveram, em grande parte, inalterados, definindo um caminho que visa delimitar o que seria uma teoria psicanalítica do afeto a partir de Freud e Lacan.

No primeiro capítulo, então, desfaço-me de uma leitura antipsicanalítica de Freud, elegendo como vilão o modelo hollywoodiano da ab-reação. Em seguida, indico os contornos de um outro Freud, que surge a partir da leitura lacaniana de *Inibição, Sintoma e Angústia*, o que permite que o terceiro capítulo possa dedicar-se a um sonho paradigmático de Freud, no intuito de esclarecer as bases da teoria lacaniana do afeto em sua relação essencial com a fantasia. Esta teoria será explicitada nos capítulos seguintes e articulada a seus fundamentos clínicos a partir dos quais se exibe, então, sua referência inescapável a uma nova ética.

A partir daí, como esta teoria deve manter-se, tal como a própria psicanálise, estruturalmente precária do ponto de vista de sua universalização, proponho-me a definir, no âmbito do sexto capítulo, uma via metodológica que permita tecer algumas considerações gerais sobre o afeto, sem constituir sobre ele uma teoria geral. Apostar nas condições de existência de uma essência absoluta, um "todo" afetivo a partir do qual todo afeto ganharia sentido, seria contraditório com a psicanálise que considera que o sabido sempre pode ser outro que não o esperado. O último capítulo constitui-se, conseqüentemente, como a aplicação deste método, como a mostração de um modo novo de apreensão de diversos afetos proporcionado pela experiência psicanalítica. Este livro, acrescido de índices temáticos e de uma coletânea de citações escolhidas, busca, assim, constituir um guia para a leitura de Freud e de Lacan sobre o afeto que possa servir tanto para iniciantes quanto para praticantes.

Existe, porém, um segundo roteiro de leitura que gostaria de indicar, e que é meu preferido. *Ética da paixão*, aqui, afirma que existe não somente uma teoria psicanalítica do afeto, mas que existe também um discurso freudiano das paixões, que encerra em si a única realização possível desta teoria. Não há teoria geral do afeto, mas há enunciados localizados sobre este ou aquele afeto que, articulados, fazem a história de um tratamento. A novidade freudiana consiste nesta articulação simbólica que estabelece balizas tanto para intervir nas paixões de uma análise, como para produzir um discurso novo sobre as paixões na cultura.

Este segundo livro deve ser lido no sentido inverso do primeiro. Deve-se começar com o último capítulo, que é este discurso em ato. Relativamente independentes, neste primeiro momento, de uma apreensão conceitual, as paixões ganham em leveza, em intensidade e na mostração de sua lógica de funcionamento. É, portanto, no decurso desta narrativa que se pode transmitir o que se passa em uma análise. O fundo ficcional está presente em toda construção de caso, emprestando à língua o cenário que faz existir, que permite transmitir os elementos essenciais e sempre mínimos de uma existência: sujeito, objeto, Outro. É por isso que os afetos são então retomados a partir de sua inserção na língua, uma vez que não os consideramos mais variações objetivas de tensão, e sim modulações subjetivas de sentido. Tanto Freud quanto Lacan, ao mesmo tempo que criaram seu próprio discurso, o fizeram a partir de fatos de língua que já estavam ali, disponíveis, como "gozo" e "isso". O mesmo vale para os afetos. Não preciso necessariamente definir o que é um afeto para fazê-lo funcionar em uma análise, isso já acontece. O que nos cabe é poder situar este ou aquele afeto em ação na trama de uma história.

Entretanto, não se pode considerar as paixões desvinculando-as daquilo que pesadamente insiste, que se repete e que garante ao afeto a característica de aparente universalidade que lhe é própria. De nada adianta, então, simplesmente situar um valor de verdade para o afeto em cada contexto em que ele aparece, mas sim servir-se do engano que ele veicula para abrir-se ao encontro. Além disso, é preciso mapear os significantes que produziram este encontro, único modo de inscrevê-lo, de estabelecer suas coordenadas. Somente assim os efeitos dessa nova leitura dos afetos podem passar da análise para a vida e da psicanálise para a cultura.

Retroativamente, o livro então se constrói a partir da idéia de que é preciso seguir os jogos da paixão, que se fundam na ignorância de suas regras, para que se saiba alguma coisa. Este é o próprio fundamento de uma análise: jogar desconhecendo as regras. O afeto é este jogo de linguagem tanto mais apaixonante quanto mais se funda sobre a ignorância de seu fundamento pulsional. Isto não faz da psicanálise a terapia antifilosófica com a qual sonhava o Wittgenstein das *Investigações,* pois ela não se pretende um exercício plural e relativista do jogo, que permitiria avaliar o erro metafísico. A psicanálise postula que é possível não somente mudar de posição no interior do jogo como também, e sobretudo, ocupar ali um lugar original e êxtimo, sob a condição de tocar o real que o fundamenta. A descoberta da gramática de uma estrutura singular é o que permitirá inventar o paradoxo de um saber, sempre já escrito e, ao mesmo tempo, novo, que opera no tratamento e na vida.

Minha tese de doutorado foi tributária direta do saber veiculado na Escola da Causa Freudiana. Este livro, por sua vez, foi muito enriquecido por minha convivência com os colegas da Escola Brasileira de Psicanálise e de meu trabalho no Instituto de Psiquiatria da UFRJ.

É hora de registrar aqui, antes que o leitor inicie seu percurso, alguns nomes de personagens essenciais; Jacques-Alain Miller, constantemente presente na definição dos rumos deste livro, tanto intrinsecamente, do ponto de vista da referência conceitual, quanto extrinsecamente, por suas intervenções decisivas; Angelina Harari, mais que eficiente editora do Campo Freudiano; Cláudio Reis Vieira, pai e presença; Gabriel Martins, na memória; Rosa de Lima Martins, no coração; Ulysses Pinheiro, amigo e filósofo de primeira; Andréa Vilanova e Núria Malajovich, pela ajuda com a tradução; Fernanda Dias, pela organização do apêndice. Romildo do Rêgo Barros, amigo grande, que tem dividido comigo sua visão vasta, culta e incisiva da psicanálise, ao mesmo tempo alegre e simples como a vida.

Finalmente, é preciso registrar toda minha gratidão e admiração por Clara Huber Peed, que colocou seus inúmeros talentos e capacidades à disposição deste livro com uma generosidade rara, de tal forma que a considero, em muitos passagens, co-autora.

*Rio de Janeiro, 23 de agosto de 2000*

Capítulo I

# DE UM FREUD

## A psicanálise em Hollywood

Em 1945, Hitchcock dirige *Spellbound* (Quando fala o coração). O protagonista, vivido por Gregory Peck, precisa descobrir o motivo do trauma responsável por sua amnésia. Ele havia tomado, como médico-chefe de uma clínica psiquiátrica, o lugar de um certo Dr. Edwards, que havia sido assassinado. A amnésia, contudo, o impedia de se lembrar que razões o haviam levado a ocupar esse cargo e ele acaba sendo acusado da autoria do crime. Constance, uma psiquiatra vivida por Ingrid Bergman, decide ajudá-lo, apesar de todas as evidências indicarem a participação do rapaz no assassinato de Edwards. Ela está convencida de sua inocência e apaixona-se por ele. Ao final do filme, ele recobra a memória e prova sua inocência após analisar seus sonhos e reviver a cena da morte do médico. Descobre, então, narrando esses acontecimentos traumáticos à linda doutora, o quanto se sentira responsável pela morte de seu irmão mais novo, ocorrida em circunstâncias semelhantes, razão de sua amnésia e de seu comportamento aparentemente incompreensível.

Toda a ação articula-se em torno de uma determinada concepção de trauma. Um momento do passado, a partir de determinadas circunstâncias, revela-se causa de uma inibição, de um bloqueio da ação. Com o desenrolar da trama, este momento é esvaziado de seu caráter traumático por meio da fala. O personagem livra-se então de seu mal, que pode ir desde uma relação conflituosa com o pai até um sintoma claramente configurado, como cleptomania ou agorafobia, por exemplo. Hitchcock talvez seja o diretor que mais claramente explorou esta vertente, dita psicanalítica, que parece seguir à risca algumas das formulações iniciais de Freud.[1]

Em sua *Comunicação preliminar*, de 1893, Freud dá um passo decisivo para a psicanálise ao situar o sintoma histérico como resultado de uma carga de afeto bloqueada: um determinado acontecimento, por uma razão qualquer, não pôde ser apreendido ou significado, e o afeto que deveria ter sido mobilizado na reação a este acontecimento fica represado. O sintoma se forma a partir da articulação desta carga afetiva à lembrança do momento específico do tal acontecimento, que é então isolada das demais associações do sujeito por não ter podido integrar-se a elas. A esta concepção do sintoma e de sua resolução, Freud denominou teoria da ab-reação, resumida da seguinte forma:

> Para nossa enorme surpresa, descobrimos que cada sintoma histérico desaparecia imediatamente e sem retorno quando nos empenhávamos em trazer à luz a lembrança do incidente desencadeante, despertando o afeto que lhe estava ligado e quando o paciente passava a descrever o que lhe tinha ocorrido de maneira forte e detalhada, dando à sua emoção uma expressão verbal.[2]

Mesmo nesta época, contudo, o tratamento psicanalítico não se reduz a esta operação. Entretanto, articulam-se aí o trauma, a lembrança e o afeto em um modelo tão claro, de sentido tão imediato, que se mantém até hoje, dentro e fora de Hollywood, como imagem da psicanálise.

Importa, sobretudo, insistir na vinculação fundamental estabelecida entre a ab-reação e esta teoria específica do trauma, pois uma causa exterior — algo irrepresentável que não pôde ser ab-reagido — se faz aí sempre necessária. No caso de *Spellbound*, trata-se da morte do irmão, em circunstâncias que fizeram o protagonista sentir-se o próprio assassino. Este fator traumático pode situar-se em várias posições e assumir formas diferentes, conferindo a esta articulação causal um grau variado de complexidade que acompanha o grau de "profundidade" psicológica do filme, deslocando-se do mais simples ao mais complexo, geralmente em um vetor transatlântico que vai dos Estados Unidos à Europa. Este fator pode, ainda, ser materializado, externamente, por um adulto perverso que traumatiza a criança com sua sexualidade ou sadismo exacerbados ou tomar um caráter interno, como o de um impulso agressivo, incestuoso ou sádico vindo do próprio personagem traumatizado e sendo, por esta razão, ainda mais intolerável e menos integrável.

Este deslocamento do exterior para o interior parece reproduzir o famoso abandono, por parte de Freud, de sua concepção inicial da formação do sintoma, baseada em uma teoria da sedução, em que a cena traumática estava fundada em uma ação real do adulto sobre a criança. "Não acredito mais em minha neurótica", é a frase com a qual Freud, em 1897, marca o fracasso da hipótese da sedução e a passagem a uma teoria, segundo a qual o trauma diz respeito a uma cena fantasiada. Apesar disso, vemos como, do ponto de vista do afeto, a estrutura fundamental que dá sentido à ab-reação se mantém. Ela pode se manifestar — seguindo com nossa comparação com o cinema —, por um lado, em filmes explicitamente maniqueístas, nos quais o trauma vem do mundo, no mundo podendo ser combatido e eventualmente eliminado; por outro, em filmes nos quais é revelada uma divisão interna do protagonista, caso em que o vilão não pode ser destruído, nem ser tão absolutamente mau, uma vez que ele está ali, no coração do herói. Em ambos os casos, esta estrutura articula uma oposição fundamental entre duas essências distintas que interagem entre si, constituindo, nessa interação, o trauma.

O modelo assim delimitado está presente, não só em Hollywood e na cultura, mas também no mundo psicanalítico. Ele apresenta-se de modo tão consoante com a experiência intuitiva e imediata do mundo e é tão naturalmente compreensível, que se introduz com força de verdade. Ora, sua predominância é solidária de seu fundamento em nossa maneira habitual de ver o mundo. Espero demonstrar que, no campo inaugurado por Freud, não nos deslocamos no plano da experiência comum, em que o bom senso dita as regras. No contexto analítico, nos movemos a partir de um dispositivo original que institui uma dimensão própria. Desse modo, ao tomar o modelo acima por base, estamos deixando a psicanálise e sua maneira específica de lidar com o afeto e retornando a um protocolo pseudocientífico de purgação afetiva que tem como única sustentação lógica sua aparente evidência.

Entretanto, por estas mesmas razões, não causa surpresa que este modelo, tão naturalmente verdadeiro, tenha sido reincorporado, de modo sofisticado e acrescido de alguns conceitos, em boa parte do meio psicanalítico. Nesta primeira parte, examinaremos a estrutura deste modelo, para que, com a ajuda de Freud e Lacan, possamos nos desvencilhar dele.

Para tanto, teremos de nos livrar primeiro da oposição que enquadra e dá sentido ao modelo hollywoodiano da ab-reação, presentificada até aqui nos binômios externo/interno e afeto/lembrança. Tomemos o exame deste último binômio para indicar as dificuldades de uma concepção de cura fundada nesta oposição. Parte-se, neste contexto, de uma disjunção essencial entre afeto e representação, entre a energia da descarga e a lembrança que a acompanha. Uma vez apoiados neste binômio, somos necessariamente conduzidos a interrogar a importância de um e de outro elemento. Muitas dificuldades se apresentam. Apesar da aparente equivalência, em termos de importância, entre afeto e representação (os dois isolam-se, constituindo o sintoma), o afeto parece desempenhar um papel preponderante. Primeiramente, por ser seu encarceramento o responsável pelo isolamento de uma determinada lembrança, da malha de significações de uma história e, em segundo lugar, por ser sua descarga o que condiciona a cura. Como vemos, esta oposição pode conduzir à valorização da experiência afetiva em detrimento de sua elaboração racional. Insere-se, neste ponto, uma variante muito comum da trama cinematográfica da ab-reação. Trata-se do personagem que, de posse da lembrança perdida, após percorrer um certo número de peripécias, precisa ainda atravessar uma situação semelhante à cena traumática. Isto porque, somente neste ponto, a descarga afetiva poderá atualizar-se na própria ação; re-atuação sobre a cena fundamental que desfaz a paralisia e o encarceramento afetivo sintomático. É o caso de *Vertigo* (Um corpo que cai). Scottie, o personagem de James Stewart, passa a sofrer de acrofobia após ter perdido um colega que caíra do terraço de um prédio enquanto tentava salvá-lo. Apesar de dispor da lembrança do trauma, nada faz seu sintoma ceder. Sua acrofobia lhe impede, então, de evitar o suicídio de Madeleine, sua amada, pois fora incapaz de subir a escadaria da torre de igreja de onde ela se atirara. Após descobrir que sua morte fora simulada, leva-a novamente para a mesma torre de igreja e, neste segundo momento, sob intensa emoção, ao forçá-la a revelar sua farsa, livra-se definitivamente de seu sintoma.

Vemos, então, a importância da liberação do afeto para a eliminação do sintoma, mas o debate continua. Afinal, é somente após uma exaustiva investigação intelectual que a experiência da ab-reação é possível. Seria o conteúdo da lembrança ou o vivido afetivo aquele que tem papel determinante no momento traumático e em sua ab-reação? Os partidários de um ou outro campo, além daqueles que buscam um compromisso entre os dois, contam-se às dezenas na literatura analítica.

Não nos interessa entrar nesse debate. Apesar de este modelo engendrar um encaminhamento próprio para o afeto e suas questões, tratarei aqui apenas de demonstrar que, nos despojando das lentes que este modelo introduz, podemos nos poupar de seus dilemas e vislumbrar elementos mais sólidos, ainda que de compreensão e visualização bem menos imediata, para a organização do campo do afeto. Delimitaremos assim, progressivamente, um modelo que oriente nossa leitura de Freud em outra direção.

## Outras vias

Dado que podemos situar a oposição entre o eu e o mundo no interior do próprio eu (entre afeto *x* lembrança), entre lembranças integradas ou não ou até mesmo entre afetos proibidos ou não, vamos partir da idéia de que o que nos interessa é aquilo que se repete e que insiste: a clivagem. Vamos considerar, em seguida, que é esta linha de clivagem que dá consistência aos elementos que ela opõe, pois eles não existem necessariamente *per se*. É a partir desta oposição que estes dois universos se constituem como radicalmente distintos, se articulam e causam efeitos um no outro.

Supomos sempre, sem mesmo nos darmos conta, de que se trata apenas de uma suposição, um substrato — variações hormonais, de neurotransmissores etc. — material para cada acontecimento psíquico. É preciso, contudo, colocar em questão o senso comum. Alguém já viu uma lembrança? Existiria algum afeto em si? Onde? A lembrança seria feita de outra substância que não a do afeto? De quê? De onde viriam estas essências tão distintas? Como, já que tão distintas, elas entrariam em relação?[3]

Proponho, portanto, que nos desembaracemos da oposição radical e não de seus elementos. A discussão sobre a importância maior ou menor do afeto com relação à lembrança deve ser retomada somente após termos examinado este modelo de oposição que determina um certo número de relações entre dois universos.

Podemos começar indicando o quanto Freud, desde o início, mostra como a psicanálise não pode ser reduzida a este modelo de oposição simples e exclusiva. Mesmo em seu momento nascente ele a relativiza, indicando que o afeto ao mesmo tempo se aproxima da representação e se opõe a ela, o que é garantido pela existência de uma segunda via para liberar o afeto, a via associativa, através da qual "a lembrança, mesmo não ab-reagida, integra-se ao grande complexo de associações e toma lugar ao lado de outros incidentes, ainda que contraditórios, sendo corrigida por outras representações".[4]

Essa via associativa sempre tendeu ao esquecimento, tendo sido situada, por exemplo, como alternativa que não se apresentaria na clínica com a mesma freqüência. Ela implica uma proximidade e uma homogeneidade entre afeto e representação (a energia do afeto pode ser descarregada e não somente deslocada pela associação das representações), que tornaria problemática a idéia de oposição radical, uma vez que esta situa qualquer ligação entre energia e representação como uma articulação de duas ordens de substâncias heterogêneas e quase independentes. O mínimo que se pode dizer é que Freud não pensou essas duas ordens como opostos absolutos. Trata-se de bem mais do que simples ligação, sendo por vezes difícil estabelecer, no texto freudiano, os papéis da energia e da representação. Como conseqüência, as palavras não somente transportariam o afeto, descarregando-o, mas poderiam engendrá-lo, e este, por sua vez, poderia "sugerir" a idéia. Freud chega a afirmar: "acontecia freqüentemente que nos perguntássemos qual dos dois elementos era o elemento primário".[5]

Sem entrar ainda nos detalhes destas vias alternativas indicadas por Freud, passarei aos grandes quadros clínicos, pois neles podemos sentir a insistência de certos pontos cegos na paisagem desta estética hollywoodiana da qual falávamos há pouco. Há um caso de Freud que parece prestar-se perfeitamente a enredo destes filmes. Trata-se de Katharina. Nosso herói, a passeio nos Alpes, pernoita em uma estalagem e é procurado por uma bela jovem que lhe pede ajuda. Ela sofre de crises de angústia e falta de ar, revelando a Freud ter assistido, em criança, uma cena cujo horror até então a perturbava: seu tio tendo relações sexuais com sua prima. Conhecemos o desfecho. Após revelar a Freud que seu tio é, na verdade, seu pai, aparece a lembrança de uma cena anterior em que seu pai tentara ter relações com ela em um momento em que ela mesma, muito jovem, não tinha podido dar significado ao que lhe sucedera. Quando esta lembrança vem à tona, o sintoma desaparece.

*Happy end*? O interesse de Freud não parece orientado para um final feliz e ele insiste em sua investigação, em sua pesquisa de outros caminhos que não levem somente à trilha da ab-reação. O que importa, para Freud, é ter trazido à tona algo da raiz do sintoma, que ele tenta conceituar e que, em parte, lhe escapa. Com efeito, se não nos deixarmos ofuscar a vista pelo brilho da ab-reação que ocupa quase todo o primeiro plano, podemos nos espantar com a insistência e o cuidado que Freud dedica ao rosto expressivo do pai de Katharina na cena de sedução. Este rosto surge no momento em que ela recorda a primeira cena e parece não se encaixar no restante do quadro desenhado pela jovem. Ele constitui apenas em parte uma lembrança, sendo até mesmo aproximado por Freud de uma alucinação. O rosto parece ser mais diretamente responsável pela angústia do que propriamente as investidas sexuais do pai. Este rosto aparece como ponto nodal do sintoma.

Desvelar um passado censurado torna-se, desta forma, menos importante do que estabelecer uma determinada articulação entre as duas cenas a partir deste rosto "terrível". Esta articulação complexa será melhor percebida com outro caso, o de Emmy von N., descrito nos *Estudos sobre a histeria.* Do riquíssimo universo deste caso, basta-nos apenas um momento.[6] Emmy conta a Freud sobre um susto que levou, quando um camareiro do hotel onde estava hospedada se escondeu em seu quarto. Ao entrar, em vez de uma pessoa, pensou avistar um sobretudo, foi em sua direção e, de repente, um homem saltou em sua frente. Seu sintoma, de angústia e gagueira, adviria, provavelmente, desta cena. Freud não se satisfaz e, por fim, consegue que ela lhe conte um segundo episódio. Tensa, caminhando de um lado para o outro, encontrou, certa vez, aberta a porta do quarto de sua empregada. Quis entrar e a empregada tentou impedi-la. Ela insistiu e, ao entrar, viu contra a parede um objeto escuro, de forma humana, que concluiu ser um homem, certamente amante da empregada. Nesta montagem de cenas inverte-se o padrão clássico de Hollywood. Não é a cena mais violenta, em que ela é vítima do ataque do garçom, que a traumatiza, mas sim aquela em que ela se apresenta ativa, insistindo em entrar no quarto da empregada. Freud afirma que a segunda cena tem maior peso traumático, por conta de sua tonalidade erótica. Isto, entretanto, não esgota o potencial de corte de suas indicações. Apesar de Freud creditar à nota erótica da segunda cena um valor maior, podemos supor que é apenas a articulação das duas cenas que dá poder significativo ao trauma. O sobretudo da primeira cena é re-significado a partir da visão da mancha escura de forma humana da segunda. Vemos que o fundamental é que, a partir desta articulação de cenas, não há como evitar a materialização de um ponto de atração e repulsão fundamental, que com Lacan podemos fazer equivaler ao objeto. É importante notar que não se trata aqui das manifestações quotidianas do objeto, no plano do amor e do ódio. A mancha presentifica algo que, uma vez materializado, torna impossível para o sujeito abster-se de uma certa implicação em seu desejo, vinculado a este objeto. Impossível, portanto, a partir daí manter-se a passividade, a *belle indifférence* da histérica vítima do mundo, descrita desde Charcot.

Tanto o rosto disforme do pai quanto a mancha escura de forma humana irrompem no momento em que a articulação das duas cenas aponta o sujeito do desejo e o impede de desimplicar-se do gozo que lhe cabe em seu enredo. Como vemos, estamos bem distantes do resgate linear de uma história censurada.

Como vemos, a ab-reação hollywoodiana que viemos descrevendo até aqui não é, necessariamente, a ab-reação freudiana. Para Freud, trata-se de um amálgama complexo que inclui a lembrança, a verbalização, a descarga, uma certa tonalidade emotiva que não se confunde com ela e, além disso, a materialização de algo a mais que não chega a ser nomeado, mas que fixa o desejo e o situa do lado do sujeito. Os componentes desse amálgama não são claramente isolados nesta primeira teoria da ab-reação. Com Lacan, vemos como mais tarde, a partir de seu dualismo pulsional, Freud teoriza acerca deste "a mais" que, neste momento, não cede à ab-reação.

## Objeções

Vimos que o modelo hollywoodiano da ab-reação dificilmente poderia ser considerado um modelo freudiano. Situei este modelo, porém, como pertencendo decididamente ao mundo psicanalítico. Ora, poucos psicanalistas considerariam o modelo cinematográfico da cura aqui descrito como um modelo psicanalítico de direito. Além disso, muitos recusariam o modo como retomei os casos de Freud, com a ajuda de Lacan, a fim de situar suas coordenadas. O que cabe responder, contudo, é em que medida aquele modelo hollywoodiano seria psicanalítico. Há, neste sentido, um argumento que sustenta a seguinte objeção: "o modelo hollywoodiano não é verdadeiramente psicanalítico por se constituir a partir de uma visão redutora". A psicanálise, nesta medida, não se nortearia pela ab-reação, pois esta diria respeito a seus primórdios, quiçá a sua pré-história, não correspondendo em absoluto aos conceitos verdadeiramente psicanalíticos.

Acredito, e é preciso que fique claro, que o modelo da ab-reação, ou melhor, a oposição fundamental que o condiciona, está presente em boa parte da literatura psicanalítica desde Freud, seja ela mais ou menos complexa em termos conceituais, sejam estes conceitos mais ou menos metapsicológicos. No entanto, a idéia de que este modo de oposição não é psicanalítico implica dois pontos importantes: um deve ser descartado, o outro, levado em conta.

Inicialmente, devemos pôr de lado a concepção historicizante e linear do tempo implicada nesta objeção. Algo específico da experiência psicanalítica faz com que a história seja essencial, mas não do mesmo modo que na experiência quotidiana. O primeiro grande passo da psicanálise foi abandonar a história factual como cofre das verdades do sujeito. Ao contrário do que se tende a acreditar, nenhum acontecimento real do passado fornece a chave para as atribulações do presente. A fantasia é mais decisiva do que a experiência real. Entretanto, ao abandonar-se a expectativa de descobrir este acontecimento causal fundamental, não se pode simplesmente transferir para a realidade psíquica o mundo fantasiado, esta caixa-preta onde estaria a chave do sintoma. Não encontraremos esta chave nem na história factual, nem no registro das fantasias do sujeito. Como vimos acima, com Katharina e Emmy, a cronologia, a intimidade e o teor fantasístico dos fatos não estabelecem necessariamente a verdade, mas sim uma certa montagem de cenas que dá corpo ao trauma. A partir daí, vislumbra-se uma saída para o impasse do sintoma, pois torna-se impossível para o sujeito, nesta nova articulação entre passado e presente, escapar de uma determinada vinculação com o objeto traumático. Este é sempre, em última instância, a materialização de algo inapreensível e, por isso mesmo, terrível.

Sabemos que as lembranças infantis têm peso fundamental, mas podemos supor que sua importância deve-se menos à sua anterioridade cronológica com relação a cenas mais recentes do que à sua vinculação, arbitrária, com o trauma, que não tem idade. Em algum ponto situa-se o choque entre o advento da linguagem e algo que, *a posteriori,* se estabelece como preexistente. Entretanto, a partir do momento em que a fala se concretiza, não há como significar, para um falante, o que ficou localizado no aquém da representação possível, seja isto figurado como um acontecimento traumático — o encontro com a sexualidade de um adulto, por exemplo — ou pensado como algo de aquisição progressiva, dentro de uma evolução gradual, aparentemente sem traumas. Haverá sempre um antes e um depois e, entre eles, a sensação de perda, traumatizante, em algum lugar do passado. O trauma é, pois, um só: entrar no mundo. Impossível nomeá-lo porque os nomes só advêm a partir dele.

Podemos então fazer extrapolar esta concepção de história, intrínseca ao tratamento psicanalítico, para a psicanálise de maneira geral. A partir disso, podemos presumir, posto que não se trata de descobrir um acontecimento pertencente à pré-história subjetiva (não há, neste sentido, pré-história), que também não é necessário buscar reconstituir uma pré-história da psicanálise. Evidentemente, é possível traçar a filiação de Freud, mas estaremos sempre, até um determinado ponto, certos de que não há ainda psicanálise e, a partir de um outro ponto, imediatamente posterior, persuadidos de estarmos diante dela. Entretanto, nenhum dado introduzido neste intervalo poderá ser creditado como *o* elemento decisivo para o nascimento da psicanálise. Além disso, uma vez instituída a psicanálise, ela mesma organiza seu passado. Torna-se possível, então, encontrar psicanálise mesmo nos textos do Freud neurologista. A maioria dos comentadores hoje, graças a Lacan, chama a atenção para a importância desses textos ditos pré-psicanalíticos, considerando que a distinção psicanálise/pré-psicanálise se basearia na suposição de um Freud mais verdadeiramente psicanalítico cuja existência é uma ilusão. Afinal, o que justificaria desconsiderar o Freud das afasias e do *Projeto*? Se o Freud da *Comunicação preliminar* não é o Freud da verdadeira psicanálise, qual seria?

Para concluir a título provisório a questão, podemos partir, com Lacan, da idéia de que o "primeiro" Freud tinha tantos elementos para a prática analítica como os outros. Isto porque ele estava em sintonia com uma experiência original que estabelecia um novo campo conceitual. Definir os limites de um campo original é uma empreitada análoga à definição dos limites de uma língua. Wittgenstein, neste sentido, completa esta argumentação com uma analogia preciosa. Tentar definir a partir de que ponto, de que grau de complexidade, considera-se estar diante de uma verdadeira linguagem é como perguntar: a partir de quantas casas se tem uma cidade?[7]

## Da oposição cartesiana

A ab-reação não está sujeita a críticas por ser um primeiro e tosco modelo de psicanálise, mas sim por ser apenas uma das ferramentas de que Freud lança mão na época. Isto não nos dispensa de considerar as conseqüências da oposição fundamental que ela encerra. Este é a segunda parte da objeção descrita acima, aquela que devemos aceitar.

Seria possível reconstituir todo um percurso cronológico do afeto em Freud e considerá-lo um processo de elaboração e de aprimoramento conceitual a partir da oposição afeto-representação. Neste sentido, poderíamos introduzir um certo número de conceitos como pulsão, libido e descarga, por exemplo, complexificando o modelo para explicá-lo. Porém, isto seria um procedimento comprometido desde o início, pois caberia ao próprio modelo deduzido a partir destes conceitos metapsicológicos, em seguida, dar-lhes sentido.

Para sair da petição de princípio descrita acima, será preciso examinar este modelo desde o início para, então, desvinculá-lo de Freud. A tese é simples: a ab-reação, tal como situada com auxílio de Hollywood, advém de um sistema de leitura não propriamente freudiano, que denominarei *enquadre cartesiano.* Este enquadramento dificulta a apreensão de toda uma série de desenvolvimentos freudianos essenciais para a compreensão do afeto. Ele não está no fundamento da metapsicologia freudiana, mas é *utilizado* por Freud, tendo, por esta razão, uma importância indiscutível em seu texto, ao menos até seus artigos metapsicológicos de 1915.

Por que este enquadre cartesiano toma um papel tão proeminente? Por encaixar-se no doutrinal que dá forma ao pensamento moderno. Por enquanto, abordemos este pensamento e este doutrinal de maneira simplificada, como uma oposição entre essências — afetivo e intelectual, razão e emoção, cérebro e coração — que dá fundamento a frases como esta, tão comuns em filmes de adolescentes: "minha cabeça diz que eu devo dizer não, mas meu coração me obriga a dizer sim". É o caso do divertido diálogo entre a Marquesa de Merteuil e a jovem Cécile de Volanges em *Ligações perigosas*, na versão cinematográfica de Stephen Frears. Após ter sido seduzida pelo Visconde de Valmont, ela se confessa, em prantos, com a Marquesa: "Diga-me, você não tentou resistir?", perguntou a Marquesa; "Claro que sim... tanto quanto pude..."; "Mas ele te forçou?"; "Não exatamente... mas foi impossível defender-me"; "Por que, ele a amarrou?"; "Não... é que ele tem um jeito de colocar as coisas... você não consegue achar uma resposta"; "Nem mesmo um não?"; "Disse não o tempo todo, mas não era, de modo algum, isso o que eu fazia... estou com tanta vergonha..."

Chamo a atenção do leitor para que evite as leituras apressadas que precipitadamente concordariam conosco dizendo: "Descartes, com sua oposição entre razão e emoção, estava errado, não se pode subestimar a emoção", ou ainda: "o erro de Descartes foi de não ter percebido que coração e razão só funcionam unidos". Se há "erro" em Descartes, foi o de, assim como Freud, ter propiciado tantas leituras superficiais de sua obra. Estas críticas apenas reafirmam o enquadre cartesiano, ao buscar o equilíbrio entre os dois universos articulados, corpo e alma, ou ao propor uma vinculação "sadia" entre eles, ou ainda, ao negar este dualismo sem nem aparelhar alguma relação monista entre os dois. Examinaremos assim o dualismo cartesiano com algum detalhe para escapar da leitura reducionista, que por meio de fórmulas híbridas como inteligência-emocional apenas reafirma a oposição que pretende negar.

## A leitura clássica

Chamemos, então, leitura clássica esta leitura pseudocartesiana de Freud, que constitui uma síntese conceitual, cujo ponto de apoio fundamental são os artigos metapsicológicos de 1915. Nestes textos, Freud articula, de maneira refinada, um esboço de sistema que bem se presta à leitura cartesiana, constituindo a definição do afeto mais comum entre os pós-freudianos.

Esta leitura é induzida pelo próprio Freud. Em seu artigo sobre a histeria para a *Enciclopédia Villaret*, de 1888, ao explicitar sua teoria energética dos processos psíquicos, ele afirma: "Ao lado dos sintomas físicos da histeria, um certo número de desordens psíquicas pode se observar [...], são modificações na passagem e na associação de idéias, inibições da atividade e da vontade, aumento e supressão de sentimentos [*Gefühlen*] etc., que podemos resumir *como mudanças na distribuição normal, no sistema nervoso, de quantidades estáveis de excitação* [*stabilien Erregungsrössen*]."[8] Freud faz equivaler quase todos os fenômenos psíquicos a variações e mudanças de excitação, sendo que as idéias, em sua interligação, são as únicas a escapar do regime geral de variações de tensão. Com o termo *Affektbetrag*, habitualmente traduzido por quota de afeto e que aparece um ano mais tarde, Freud tenta fixar tais variações em quantidades delimitadas: cada representação/idéia liga-se a um valor definido. Ele parece esvaziar este conceito de toda conotação qualitativa. Isto fica mais evidente quando o define, em 1894: "Nas funções psíquicas, é preciso distinguir alguma coisa (*quantum* de afeto, soma de excitação [*Affektbetrag, Erregungssumme*]) que possui todas as propriedades de uma quantidade — mesmo que não consigamos medi-la — alguma coisa que pode ser aumentada, diminuída, deslocada, descarregada e estende-se aos traços mnésicos das representações, como carga na superfície dos corpos."[9]

É difícil não evocar aqui a definição de libido dos *Três ensaios sobre a sexualidade*, de 1905 ("sua produção [da libido], seu aumento e sua redução, sua divisão e seu deslocamento deveriam nos fornecer os meios de explicar os fenômenos psicossexuais").[10] Percebemos que a representação, descontínua, é mobilizada ao associar-se à energia, que em si seria contínua, mas que nessa vinculação à representação atomizar-se-ia em uma espécie de moeda energética. Dessa forma teríamos, de um lado, o mundo descontínuo e qualitativo/expressivo das representações e, de outro, o grande universo da energia psíquica, pura quantidade, recortada em blocos pela articulação idéia/energia.

Por outro lado, em 1915, Freud define o *Affektbetrag* como "a pulsão destacada da representação" que "encontra expressão conforme sua quantidade em processos experimentados sob forma de afeto".[11] Vemos que pensar a libido ou o *Affektbetrag* como moeda energética, proveniente de um universo radicalmente distinto do representativo/expressivo, não caracteriza exatamente o modelo freudiano. O que seria uma "expressão conforme sua quantidade"? Freud tanto dá a impressão de considerar duas ordens heterogêneas fundamentais, energia pulsional e representação, quanto de estabelecer uma relação entre elas bastante complexa que não se reduz a esta oposição.

Se insistirmos em manter esta oposição como fundamento do aparelho psíquico, temos de admitir que a pulsão e o afeto parecem estar mais do lado da energia, opondo-se à representação. Neste quadro, o afeto foi concebido na literatura pós-freudiana como 'qualidade da quantidade', sendo colocado em posição ambígua, mais quantitativo (ou mais "arcaico") que a representação e mais qualitativo (mais "desenvolvido" ou mais "recente") que a pulsão. O *Affektbetrag* se superpõe, neste contexto, tanto ao afeto quanto à pulsão, traduzindo o lado puramente energético da descarga, que é acompanhada pelo afeto assimilado pela tonalidade subjetiva. Mas o que seria exatamente esta quota de afeto? Um sinônimo da pulsão? O componente quantitativo do afeto? E, assim sendo, de onde viria seu componente qualitativo?

Freud indica que o segredo dessa qualidade vem de uma transformação. Suas indicações sobre esta transformação, no entanto, só podem ser compreendidas se sairmos do enquadre cartesiano, pois, senão, a única forma de situar esta transformação seria localizá-la, tal como a pineal de Descartes, como ponto misterioso de passagem da qualidade à quantidade.

## Leituras pós-freudianas

Quanto a esta questão, remeto o leitor à pesquisa empreendida em minha tese de doutorado, na qual examino autores da literatura psicanalítica para compreender os impasses aos quais o alicerce cartesiano pode conduzir, tanto na leitura de Freud (que se torna contraditória), quanto na clínica. Levando em conta os escritos que fazem do afeto uma questão — pude discernir duas vias, que correspondem a duas leituras dos textos de Freud de aparência divergente. A primeira aproxima o afeto da energia animal, do corpo biológico, que deve ser colocado sob o império da razão, através de sua neutralização por um eu forte. A segunda faz do afeto um código primitivo, um dialeto de transição entre as fantasias primordiais e a palavra. David Rapaport inaugura a primeira via, sendo Charles Brenner um autor atual que segue a maior parte de suas concepções; Ernest Jones é exemplar da segunda via; enquanto o trabalho de André Green dá prosseguimento a esta escola de leitura de Freud.

A partir deste estudo, torna-se patente que as leituras pós-freudianas do afeto não escapam da subordinação a este enquadre cartesiano, deixando intocada a clivagem que o fundamenta e por esta razão encontram, cada uma delas, impasses homólogos.[12]

Com a expressão "leitura clássica" resumimos estes pontos comuns que dão forma às teorizações dos seguidores de Freud. Parte-se do paradigma psicofisiológico, da noção de uma energia natural, que pode ser represada ou não e que se opõe à representação, reino das idéias e da qualidade. Elas se articulam a partir do trauma e do recalque, como uma aglomeração a ser purgada na ab-reação. O afeto aparece como ponto cego desta leitura, ficando entre um e outro reino, ora como tonalidade subjetiva da descarga, ora como energia represada, ora como o elo perdido entre os dois.

O afeto nos interessa, assim, não por colocar em pauta a articulação entre soma e psiquê, mas por interrogar o estatuto deste modelo cartesiano e, por isso mesmo, o limite impensável do saber em sua ancoragem no corpo. Espera-se que o tratamento conduza a uma narrativa sobre o trauma. A partir desta narrativa, constitui-se então uma nova articulação entre o que se pode falar deste trauma e a relação entre o trauma e o corpo por meio do sintoma. Percebemos que esta articulação, fundamento do tratamento analítico, não se efetua a partir de um sujeito fundado sobre uma antinomia dualista, pois neste o trauma será sempre exterior à sua fala.

Dessa forma, somente a partir de um novo modelo de relações corpo-alma, os meandros do texto de Freud poderão aparecer sob outra luz, eliminadas as dificuldades enfrentadas pelos pós-freudianos. É hora, então, de delimitar o que chamamos até aqui "enquadre cartesiano" de maneira mais rigorosa.

## O afetivo e o intelectual

A recusa da oposição afetivo/intelectual constitui um *leitmotiv* no ensino de Lacan, desde sua tese inicial até seus últimos seminários. Esta recusa indica que a experiência freudiana modifica radicalmente o binômio corpo-alma, tanto em sua concepção, quanto nas relações que supõe.

Evocamos o dualismo cartesiano a propósito desse reordenamento como se, opondo intelecto e afeto, estivéssemos opondo corpo/alma e pensamento/extensão. Tal correspondência deve ser colocada em dúvida. Descartando o binômio afetivo/intelectual, Lacan descarta o binômio cartesiano?

A oposição cartesiana é bem mais complexa do que descrevemos. Lacan retomou Descartes incessantemente ao longo de seu ensino, de maneiras distintas e sob os mais variados ângulos. Dedica-se, especialmente, ao célebre enunciado *cogito ergo sum* — penso, logo existo — do *Discurso do método,* a partir de sua enunciação fundamental na segunda das *Meditações metafísicas*. Lembra que "desde o 'eu penso' que, ao supor-se a si próprio, funda a existência, demos um passo, o do inconsciente"[13*] . Indica assim que, a partir de Freud, as coisas devem ser situadas de outra

* Os números dos seminários estão em negrito, seguidos do número da lição (também em algarismos romanos). Acrescentei os números 1, 2 e 3 que correspondem a uma subdivisão da lição em três seções.

maneira sem que se desconsidere, contudo, as substâncias cartesianas, pois não temos nada melhor para pôr em seu lugar que um pseudomonismo, holístico (geralmente orientado pelo oriental), em que se busca um equilíbrio entre duas potências supostas, em si, inexistentes.

Para apreender o passo freudiano do inconsciente, dualista e ao mesmo tempo monista (ou, ao menos, de um dualismo não cartesiano), é necessário precisar, no enquadre cartesiano, as características das relações que aí entram em jogo, para melhor apreender o remanejamento operado pela psicanálise e o modo como Freud utiliza e subverte este modelo.

Sabemos que, de acordo com esta perspectiva, colocar o dualismo extensão-pensamento sob a responsabilidade exclusiva de Descartes seria uma simplificação grosseira. De fato, Alexandre Koyré, referência fundamental de Lacan, é o primeiro a lembrar que Descartes insere-se, quanto a este ponto, na tradição platônica e mesmo na escolástica medieval.[14] Entretanto, haja vista o que foi dito acima sobre a história, Lacan não se situa em uma perspectiva histórica. Descartes é tomado aqui menos como um sistema em si do que como o nome de um quadro constituído a partir da ruptura efetuada pelo surgimento da ciência moderna. Isto nos permite retomar certas teses cartesianas, menos para compreendê-las como se deve, inseridas na história do pensamento ocidental e no sistema cartesiano, do que para constituir o quadro paradigmático de uma posição que esclareça, no âmbito do pensamento moderno, as relações entre o corpo e a alma que informam a idéia de afeto.

## O enquadre cartesiano

Com estas ressalvas em mente, explicitarei agora as noções que fundam este quadro a partir das *Meditações metafísicas*, para, em seguida, examinar como Lacan o retoma.[15]

1. O pensamento nos fornece uma idéia clara e distinta da alma como substância separada do corpo.

2. A extensão nos fornece uma idéia clara e distinta do corpo como substância separada da alma.

3. Uma vez que já se provou que Deus existe e não é enganador, as coisas que concebo como distintas umas das outras podem ser afirmadas como sendo verdadeiramente distintas. Alma e corpo são, então, substâncias separadas.

4. O bom Deus, cujos desígnios são impenetráveis, nos criou como *compostos* (sexta meditação, § 24) dos quais não temos idéia clara e distinta (a que temos corresponde a um mínimo de realidade objetiva).

A partir destas proposições, que se enunciam após o percurso estabelecido a partir do *cogito*, podem-se resumir as relações corpo e alma da seguinte forma: "entre duas substâncias separadas e incomensuráveis, a união só pode resultar em associação arbitrária" ou "a separabilidade das substâncias assegura a arbitrariedade de sua união".[16] Se esvaziamos seus termos da carga teológica da tradição cristã, veremos o quanto estas teses configuram o enquadre do pensamento moderno. A idéia de uma mistura entre corpo e alma definindo o homem, por exemplo, concentra um dos pontos-chave para nosso percurso. Há um animal racional dividido entre razão e emoção. Ele queixa-se desta divisão, mas é incapaz de tocar suas bases, ponto zero de seu ser, sendo assim incapaz de articular suas paixões a partir de outro enquadre. Este é o homem que procura a análise e que muitas vezes sai dela transformado.

Quanto ao nosso tema, o importante é perceber que tal gênero de união implica que uma substância atue sobre a outra. Descartes, em seu tratado *As paixões da alma*, situa a paixão como alguma coisa que se produz na alma, mas que é causada pelo corpo (art. 27). Há apenas paixão da alma, mas toda paixão é causada pelo corpo. É importante sublinhar o caráter decisivo da afirmação: ainda que tenhamos imaginações instituídas pela alma engendrando paixões, é como representantes do corpo (arts. 44-46), e não da alma, que elas exercem seu papel (art. 34). Desta forma, a alma é intimamente associada ao corpo, formando com ele um todo, o que justifica que Descartes negue a idéia de uma alma que seria "o piloto no navio". Apesar disso, ela se mantém afetada pelo corpo através de "espíritos animais", "corpúsculos", sendo a glândula pineal o lugar onde estas relações acontecem (cf. arts. 31, 34, 36).

Examinemos agora como Lacan descreve o enquadre cartesiano. Seu interlocutor não é, como no nosso caso, algum psicanalista, mas Henry Ey, psiquiatra que com seu organo-dinamismo se propunha a incorporar as teses freudianas em uma teoria da gênese da patologia como reação de personalidade a um distúrbio orgânico. Não poderemos retomar esta discussão e vamos apenas destacar dela os pontos essenciais da argumentação de Lacan quanto ao enquadre cartesiano. Ele diz: "Henry Ey não pode repudiar o enquadre em que o confino. Fundado sobre a referência cartesiana (...) esse quadro designa o recurso à evidência da realidade física, que vale para ele como para nós e para todos desde que Descartes a fundou sobre a noção de extensão". A partir daí, Henry Ey só pode relacionar a gênese da perturbação mental ao "jogo de aparelhos constituídos da superfície interior à pele do corpo".[17]

O que é esta "evidência da realidade física" senão o pressuposto de que os corpos são *per se*? Desde este ponto de vista, o homem seria o resultado da articulação arbitrária de duas substâncias de existência indiscutível. Neste quadro, é a interação entre estas substâncias, ou seja, "o jogo de aparelhos constituídos" o que causa as paixões. Basta que a alma seja pensada como mais um aparelho, órgão, psiquismo etc. e passamos a descrever e analisar as paixões a partir deste ponto de vista, pois o corpo causará paixões na alma, sejam elas doenças ou afetos. O enquadre cartesiano promove, assim, o agenciamento das substâncias que interagem entre si sempre, como dirá Lacan mais tarde, em uma correlação *partes extra partes*, em que cada corpo tem sua individualidade garantida.

Neste quadro, como cada corpo é formado pela combinação de vários corpos, como no caso dos órgãos do corpo humano, por exemplo, somos conduzidos a definir os limites de cada corpo e condenados a buscar os pequenos tijolos fundamentais da matéria. Neste contexto, a linguagem aparece como um corpo a mais, um órgão recentemente adquirido no curso da evolução humana. Ora, justamente sobre este ponto incide a novidade freudiana, pois ela introduz um fazer, uma técnica que materializa efeitos de um pensamento incorporal sobre o corpo, efeitos das palavras sobre o real do sintoma. Não se trata de uma alma, uma psiquê, um *diabinho*, que causa perturbações na consciência, mas de pensamentos que se desenrolam ali onde não há nem corpo nem consciência — no sonho, por exemplo. Temos, assim, uma nova concepção de linguagem que estabelece uma nova correlação causal, dimensão em que os corpos não funcionam, obrigatoriamente, como matéria compacta e predefinida.

Este conjunto de proposições cartesianas constitui o enquadre de base da maior parte dos leitores de Freud. Compreendemos até que ponto foi atraente superpor este sistema àquele que Freud propôs em seus artigos metapsicológicos e situar o afeto como acúmulo de energia pulsional de origem corpóreo-somática, que, dessa forma, seria oposta à representação. Ela estaria, ao mesmo tempo, ligada ao universo racional e estabelecendo uma relação de causalidade entre as duas substâncias, pois a energia pulsional acumulada levaria ao recalque e ao aparecimento ou desaparecimento de certas idéias, as quais, por sua vez, seriam capazes de causar a descarga da pulsão ou de provocar o seu acúmulo.

Resta lembrar que somente a difusão, na cultura, do ideal de uma ciência pura pôde dar a alguns a ilusão de que haveria oposição entre o modelo cartesiano e o senso comum. Na verdade, eles têm uma vinculação essencial. Como vimos, o fantasma de uma alma puramente racional independente do corpo não tem nenhum ponto de apoio em Descartes. O corpo age movido por representações, mas elas não têm nenhuma autonomia. Descartes não afirmou que as representações poderiam agir; apenas o corpo pode, de forma que o intelecto representa o mundo a partir de imagens fornecidas pelo corpo. Não se trata de conceber e temer um computador com vida própria. A psicanálise não aponta este perigo, ela desvela que não conseguimos, no âmbito deste modelo, dar conta do que aciona a máquina e a faz funcionar ou não, a menos que fixemos o lugar, o elo, entre corpo e alma.

Nosso programa aparece então com clareza: em vez de procurar fixar este ponto onde as duas substâncias se articulam, ou de tentar fixar o afeto em um ou outro lado, devemos constituir conceitos que funcionem em um espaço onde impera uma nova concepção das substâncias, articuladas de nova maneira.

## Freud, Descartes e a ciência

Há um último ponto a esclarecer antes de começaremos nossa busca deste novo espaço conceitual: será que a ciência só encontra suas condições de funcionamento no enquadre cartesiano? A psicanálise, por deslocar-se para outro plano, seria então uma anticiência? Uma nova teoria holística? E o afeto, pode ele ser cientificamente objetivado ou deve ser situado do lado das forças demoníacas anti-racionais?

Se aceitamos os desenvolvimentos de Alexandre Koyré retomados por Lacan em seu texto "A ciência e a verdade", é preciso responder negativamente às duas primeiras perguntas. Koyré postula que a ciência não opera com substâncias, mas sim a partir da matematização do fenômeno, que justamente esvazia as substâncias. Ao descrever o movimento dos astros, deduzindo as leis de gravitação universal, Newton marca o surgimento da ciência moderna, demonstrando a possibilidade do cálculo do comportamento dos corpos celestes. De certa forma, temos uma primazia da forma da letra sobre a matéria do corpo. Isto não significa que passamos agora a trabalhar unicamente com fórmulas, sem contato com as coisas e com o mundo, mas que agimos no mundo a partir da letra, livrando-o de seus contornos idiossincráticos. Por isto, esta matematização não pode ser desvinculada de uma técnica específica, que lhe dá o arcabouço substancial, inicial, necessário para que ela não se torne pura especulação lógica. O fenômeno matematizado é um recorte da massa disforme de fenômenos que constituem o real. Fundamentalmente, trata-se de descartar as pequenas variações de cada corpo, trabalhando como se estes fossem matematicamente perfeitos. Parte-se de uma técnica específica que recorta o fenômeno a ser matematizado e constitui o campo em que aquela fórmula irá operar, retornando constantemente sobre ela.

A ciência age, portanto, sobre o mundo, manipulando os corpos a partir desta logicização do universo empírico. Torna-se possível estabelecer uma forma determinada de apreensão e intervenção na natureza a partir da superposição do simbólico ao real, com o esvaziamento dos detalhes, do "mais ou menos" imaginário. Estando à entrada de uma caverna, se supomos que se trata de uma caverna como todas as outras, ingressamos nela como exploradores decididos, descrevemos seus detalhes e ali encontramos muitas coisas interessantes. Entretanto, elas não serão jamais capazes de escapar às possibilidades lógicas do cálculo anterior ao acontecimento. Por outro lado, é somente com este esvaziamento prévio das possibilidades impalpáveis que é possível entrar na caverna, deixando de adorá-la como ídolo do inescrutável.

Os acontecimentos perdem, assim, seu peso de imprecisão e obscurantismo, da mesma forma que os corpos perdem a imanência de suas qualidades sensíveis como qualidades antecipáveis. A partir daí, as qualidades estarão sempre em vias de advir ou, para utilizar um vocabulário psicanalítico, estarão referidas ao registro imaginário. Vemos como o procedimento científico supõe, necessariamente, um sujeito esvaziado, sem temperamento, sem substância. Bachelard já indicava como, para se fazer ciência, é preciso dessubjetivação, pois uma experiência científica desenrola-se sem interferência do estado de espírito do experimentador. Com Koyré e Freud, entretanto, Lacan leva esta des-subjetivação mais longe, pois não se trata mais de afastar a subjetividade do cientista, mas de situar um sujeito que nada tem de subjetivo, temperamental. J.C. Milner constrói uma demonstração rigorosa deste percurso indicando que é este sujeito que o *cogito* faz emergir, após Descartes tê-lo livrado de todas as qualidades sensíveis, expostas à dúvida hiperbólica e recusadas em seu status ontológico. Ele é um puro pensamento vazio que insiste no éter: 'sou, logo existo' ou 'sou, porque e enquanto penso'.[18]

Este puro pensamento sem corpo, que não tem existência a não ser na duração de sua enunciação, é o mesmo sujeito da psicanálise pois, a partir de Freud, temos de admitir que há pensamento onde não há consciência ou eu. O pensamento onírico não tem corpo. Não se trata do pensamento de um eu oculto para o eu consciente, o *diabinho* inconsciente, mas sim de um puro pensamento que parasita o eu e o atormenta.

Entretanto, Descartes não pára aí. Passa imediatamente a associar, a este puro pensamento, qualidades sensíveis, apesar de nada deste puro pensamento garantir-lhe um corpo. De fato, trata-se de pensamento qualificado, a partir do momento em que dizemos que ele é "uma coisa que pensa, ou seja, que duvida, que concebe, que afirma, que nega, que quer, que não quer, que imagina e que sente".

Nesse sentido, a ciência é de certa forma menos cartesiana que Descartes. Ele esvazia as substâncias de suas qualidades sensíveis apenas para recuperá-las em seguida, enquanto ela trabalha, do começo ao fim, com um sujeito sem qualidades. Recuperar as substâncias após seu esvaziamento traduz a passagem do sujeito da ciência para o sujeito de um pensamento qualificado e permite a instauração do que viemos chamando de enquadre cartesiano. Podemos perceber que com a expressão "enquadre cartesiano", fundado sobre a oposição de substâncias, designamos o que se encontra além do ponto fundamental do *cogito*. O sujeito qualificado é a figura do pensamento materializado, definida por suas qualidades; é figura da consciência, marcada pela individualidade empírica oposta ao irracional; é, assim, a reintrodução da individualidade imaginária que fora afastada na primeira meditação com a dúvida hiperbólica; é, também, incompatível com o inconsciente, pois este implica que "isso pensa", onde não há consciência, onde não há qualidades, nas formações do inconsciente. Introduzindo a distinção entre "sujeito" e "eu", Lacan permite que se reserve, como propõe J.C. Milner, o termo "eu" para este nível, a partir do qual se desdobra o pensamento qualificado, propondo, ao mesmo tempo, reservar a noção de sujeito para o sujeito da ciência, o mesmo sujeito do inconsciente, sem qualidades.

Lacan não aceita congelar as substâncias na oposição entre o afetivo e o intelectual, porque ela supõe que o sujeito seja definido por suas qualidades substanciais e pelas interações entre estas duas substâncias, ou, ainda, que haja dois sujeitos: o somático e o psíquico. O primeiro seria anterior ao fenômeno, um inconsciente estranho ao sujeito que pensa, não estaria relacionado nem com a verdade, nem com a palavra; é o que Lacan designa sujeito protopático, anterior ao *pathos*. Quanto a este sujeito, protopático, sujeito do fenômeno, suposto pela psicologia e implicado numa teoria geral do afeto, Lacan é definitivo:

> Nada que se ordena da astrologia judiciária onde se banha o psicólogo nos servirá. Nada que procede da qualidade, nem do intensivo, nem de nenhuma fenomenologia da qual possa assegurar-se o idealismo. No campo freudiano a consciência é tão traço caduco para fundar o inconsciente sobre sua negação (...) quanto o afeto é inapto para desempenhar o papel de sujeito protopático, já que este é um cargo que não tem titular.[19]

O afeto situa-se, pois, no nível em que se constitui o enquadre cartesiano, no momento em que o sujeito aparece na roupagem brilhante de seu eu, a partir da introdução das duas substâncias primeiras. A psicanálise não se propõe a descartar as substâncias, pois são elas que fundam o mundo dos existentes: Não se trata de recusar as substâncias, pois, como diz Lacan, "desde que se substantive, supõe-se a substância; as substâncias, meu Deus! Em nossos dias, não as temos a rodo. Temos a substância pensante e a substância extensa".[20] Trata-se, no entanto, de um agenciamento destas substâncias que não impossibilite a suposição de um pensamento sem corpo. Para tanto, temos de situar essas qualidades — dentre elas, o afeto — em sua relação com o ponto vazio de constituição do sujeito.

Capítulo II

# DE UM OUTRO FREUD

## O método freudiano

Para escapar aos impasses que embaraçam a leitura de Freud, é preciso estabelecer novas bases e introduzir algumas chaves que permitam delimitar um enquadre diferente do enquadre cartesiano. Partiremos, para tanto, daquilo que é específico do método freudiano para analisar as formações do inconsciente e que fica melhor evidenciado nos chistes. A interpretação freudiana do chiste, aparentemente simples, opera uma verdadeira revolução epistemológica. Trata-se de uma renúncia, por parte do analista, a se basear no que ocorre no nível da explicação, da compreensão. Se quisermos, pois, saber o sentido do que se passa no inconsciente, por exemplo, em um sonho, não devemos esperar respostas sobre o que ele significa, mas sim atentar para o fato de que toda pergunta é, em si, meia resposta. Isto é o que aprendemos com Lacan: "Percebemos que é infinitamente mais fecundo apreender a fala como tal e procurar articular a ordem que ela instaura, desde que tenhamos referenciais seguros, do que partir da idéia de que a fala é essencialmente feita para representar o significado, senão ficaríamos imediatamente confusos, porque recairíamos nas posições precedentes, ou seja, nas quais não conhecemos o significado."[1]

Lacan, em seu *Seminário 5, As formações do inconsciente*, se utiliza da lógica significante para retomar estas indicações freudianas sobre o *Witz*. Percebemos, a respeito disso, que, de um ponto de vista lógico-formal, Freud já marcava uma diferença com relação aos seus autores de referência. No começo de seu livro sobre o chiste, há uma longa discussão que envolve toda uma série de concepções aventadas por diversos autores para explicá-lo. Lacan ressalta as construções de um deles, Theodor Lipps, para exemplificar o tipo de engano no qual incorrem também os demais autores.

Apesar do mérito de insistir no que o *Witz* tem de desconcerto e de esclarecimento, Lipps, ao final de seu raciocínio, acaba supondo alguma entidade psicológica que se manifestaria no riso e da qual proviria a sua verdade. Bergson, também retomado por Lacan nesse seminário, parece mais livre da obrigatoriedade da suposição de um *animal* no homem, mas incorre num erro análogo ao opor uma força primária, de vida, graça e beleza, a um autômato social, situando, no riso, a restauração da harmonia.

Com Freud, certamente, estamos em outro registro metodológico: não o "por que" mas o "como". Aos partidários do psicologismo, Freud responde com a lingüística. Contudo, ele não se restringe, como faz o lingüista, a descrever a combinatória significante na origem do chiste. Interessa-se, claro, pela satisfação especial que advém do chiste, mas evita a circularidade denunciada por Lacan, dedicando-se a delimitar a lógica própria em jogo na combinação literal, em vez de partir de alguma força que se transmite, se extravasa e se liberta da censura. Trata-se, então, de abrir mão de qualquer espécie de significação primordial que revelaria o segredo do *Witz*. A partir daí, ele se abre a uma outra concepção do real primordial e a uma maneira original de lidar com ele, sem constituí-lo como um reino fora da linguagem e oposto a ela.

## A estrutura

Lacan dedica seu trabalho neste seminário, portanto, a instrumentalizar teoricamente, a partir das formações do inconsciente, uma determinada lógica relacional, que se depreende do célebre aforismo "o inconsciente é estruturado como uma linguagem". Com a idéia de estrutura, Lacan pôde elaborar para a psicanálise a idéia de uma categoria que se funda em uma determinada articulação de seus elementos, com independência relativa de suas essências. Esta categoria compreende não uma mesma classe de objetos afins, mas uma série de acontecimentos produzidos sob as mesmas leis. Nesse caso, como diz Hjelmslev: "as relações definem a magnitude e não o inverso".[2] Isso indica claramente como, a partir da idéia de estrutura, se invertem tanto a relação entre as essências, agora relativas e não mais absolutas, quanto as determinações, agora fundamentais.

Com esta axiomatização da premissa freudiana, Lacan pôde assim reunir fenômenos diversos sob a rubrica "do inconsciente" por ter constituído um aparato conceitual capaz de situar nestas "formações" a mesma estrutura. Isto desobriga a supô-las armazenadas no mesmo saco, ou no mesmo porão, e permite pensar, com Freud, no inconsciente como aquele que marca, forja, esculpe formações, afastando-nos do risco de reificação, da figura do artífice incansável e infernal dentro do homem.

Lacan, no mesmo sentido de Freud, afasta o inconsciente adjetivo, referido à geometria euclidiana, à idéia de uma região inconsciente que bastaria para classificar uma determinada formação. Em Freud escapamos da ilusão de que determinada coisa, que por si mesma existisse, passaria a ser "do" inconsciente ao se esconder nas masmorras da civilização. Se cada formação fosse definida apenas por seu lugar e não, digamos, por sua especificidade formal, precisaríamos conhecer os sinais que acompanhariam esta formação e que indicariam sua origem, radicada nas profundezas pulsionais. Algo como o odor de enxofre, que acompanha o diabo e que nos certifica, nas histórias do capeta, de que sua aparição não é apenas uma brincadeira de mau gosto, mas que alguma coisa diabólica vai acontecer. Necessitaríamos, neste caso, de um saber extradiscursivo para distinguir o discurso comum do discurso inconsciente, pois nada na formação em si mesma garantiria seu status inconsciente. Essa via conduz o analista a se interessar cada vez mais pelas supostas manifestações pré-discursivas, como o afeto, os signos corporais etc., que acompanhariam o discurso, imprimindo-lhe um selo de verdade. Pode-se até chegar a extremos nos quais a descoberta de Freud é completamente invertida. Lacan diz isto da seguinte forma: "De fato, ao fugir do para-aquém da razão desse discurso, ele é deslocado ao para-além (...). Qualquer outra manifestação da presença do sujeito logo parece dever ser-lhe preferida: sua apresentação na chegada, seu andar, a afetação de suas maneiras e o cumprimento na hora da despedida (...) acesso emocional ou borborigmo visceral são testemunhas buscadas de mobilização da resistência (...) e a parvoíce a que chega o fanatismo da vivência, chega a descobrir, na inter-subodoração, o auge do requinte."[3]

O retorno a Freud de Jacques Lacan começa no ponto em que se reconhece a radicalidade deste novo método freudiano, ao qual Lacan será fiel até nos momentos mais tardios de seu ensino.

Trata-se mais de *ler* do que propriamente de *escutar*, de deixar de buscar insistentemente o imaginário da significação e centrar-se no significante, no texto do analisante, e não em seus sentidos. Assim, novos insuspeitados sentidos podem surgir.

Entendemos, então, o primeiro grande passo de Lacan. Furtar-se à força cativante da boa forma e perceber que muitas outras coisas se escrevem diante de nossos olhos (ou ouvidos). Reconhecer a complexidade da proposição freudiana "existe uma verdade oculta no inconsciente" é um dos sentidos do retorno a Freud: percebe-se, assim, da mesma forma, que Freud disse bem mais quanto ao afeto do que puderam ler os seus seguidores, ocupados que estavam com a imagem das substâncias originárias.

## O fenômeno

Com estas coordenadas em mente, passemos às referências freudianas sobre o afeto. É singular a posição ocupada pela noção de afeto na obra de Freud: embora um lugar importante lhe seja reservado em inúmeros escritos, ele não parece um termo essencial no âmbito mais geral da teoria. Além da ausência evidente de uma definição descritiva do afeto, há bastante dificuldade de localizar uma definição propriamente metapsicológica do afeto. É possível afirmar, de maneira segura, que não há definição de afeto em Freud, se compreendermos por isso uma descrição detalhada que permita reconhecê-lo e distingui-lo como tal. Com efeito, Freud jamais privilegiou esse gênero de definição e procura apoiar-se, a cada vez, numa noção geral, implícita, um saber comum sobre o afeto. Parte-se do princípio de que cada um sabe o que é um afeto, ou ao menos é capaz de reconhecê-lo. Ainda que possa ser transformado, o afeto está ou não está, como Freud mesmo diz ao início da conferência de 1916 sobre a angústia:

> Sem dúvida, eu não tenho necessidade de apresentar-lhes a angústia; cada um de vocês experimentou, ainda que uma vez, essa sensação [*Empfindung*] ou, mais exatamente, esse estado afetivo [*Affektzustand*] em sua vida.[4]

Esta afirmação não é fruto de um mentalismo. Freud não quer tornar a experiência subjetiva um critério de verdade. Aqui não se define o afeto, porque defini-lo descritivamente implicaria apoiar-se na noção de fenômeno, que ocupa uma posição delicada na teoria psicanalítica. A psicanálise demonstra que não há acesso direto do sujeito ao mundo que não passe pela linguagem e que se produza sem a mediação do Outro, seja ele definido como "intra" ou como "extra" psíquico. Daí a asserção de Lacan segundo a qual "não confiamos *a priori* no fenômeno"[5] e a idéia de que os conceitos em psicanálise não correspondem simplesmente a fenômenos observáveis, estabelecidos como universais por uma definição de ordem descritiva. O fenômeno não nos conduz à nenhuma intencionalidade primordial e não corresponde, tampouco, a qualquer processo causal, seja ele escondido, ancestral, transcendental ou essencial. Não há idealismo possível, nem fenomenologia, segundo a qual poderíamos conceber um acesso, ainda que indireto, do sujeito à coisa, a partir desse sujeito primordial, como queria Husserl.

Não se trata de recusar o fenômeno, mas de compreendê-lo a partir de sua relação com a estrutura. É o que afirma Lacan, desde seu seminário sobre as psicoses até *L'insu que sait...*: a estrutura somente pode ser abordada a partir de uma experiência, e esta somente se dá organizada pela estrutura.

Poderíamos colocar esta distinção entre fenômeno e estrutura de outra forma, opondo objeto e sujeito; visível e invisível; ou, ainda, prática e teoria. Estes binômios, com a entrada do método freudiano, sofrem uma verdadeira implosão porque seus dois pólos passam a se inscrever num mesmo ponto indiferenciado que constitui a "carne do mundo", trazida à luz por uma fenomenologia, segundo Lacan, mais em ressonância com a experiência psicanalítica, a de Merleau-Ponty.[6] Tomemos o par sujeito-objeto, por exemplo. Só há sujeito na psicanálise porque alguma coisa fala e, falando, busca alcançar a verdade, tocar seu interlocutor, o Outro que escuta, enfim, atingir seu objeto. Falando, um sujeito busca o que lhe falta mas, ao mesmo tempo, se constitui como sujeito de sua fala. Ao falar, o sujeito diz o que quer e, sem querer, articula um dizer sobre si. Entende-se então que o sujeito só se constitui como tal no desenrolar da cadeia significante que, em movimento de ida e volta, do sujeito ao Outro, inscreve o circuito da pulsão e esboça os contornos do objeto. Tentar fixar o sujeito é, pois, negar a lógica deste movimento. Do mesmo modo, torna-se impossível apreender o objeto sem referência ao sujeito.

Com respeito ao par "teoria-prática", a mudança de ponto de vista fica ainda mais clara: a teoria sem a prática, assim como a estrutura sem o fenômeno, é o lugar da inibição; a prática sem teoria, a abordagem do real do fenômeno sem nenhuma ordenação, reduz-se a um mergulho na angústia. Todo aquele que se aproxima da clínica, que trabalha em um hospital, por exemplo, cedo percebe que é preciso "saber um pouco" para não se perder na angústia. Um problema freqüente, neste ponto, é a busca, como solução, de um mestre que obture esta angústia com um tampão de saber *ready made*. Em contrapartida, aquele que pretende só passar à prática após adquirir todas as ferramentas conceituais necessárias para um trabalho sem angústia, termina por nada fazer, presa da inibição.

Os pares de conceitos que eram tomados nos termos de oposições simples, excludentes, passaram, com Lacan, a serem abordados do ponto de vista de uma topologia, de uma lógica do reviramento, a partir da qual, por exemplo, uma mesma luva é tomada como esquerda ou direita dependendo de sua posição e não de sua forma intrínseca. Basta virá-la do *avesso*.[7] Do mesmo modo, não falamos do afeto como os pós-freudianos, que o consideravam coisa e que tomavam, em geral, sua representação, suas insígnias, ou ainda, seus efeitos sem relação com qualquer forma de estruturação. Se tomamos a perspectiva lacaniana, o afeto, como fenômeno psicanalítico, concebe-se, ao contrário, no quadro das relações do sujeito com o Outro. Nesse contexto ele se relaciona, estruturalmente, com aquilo que determina o sujeito como tal, o objeto. Ele é "o produto da tomada do ser falante em um discurso, enquanto este discurso o determina como objeto".[8]

Podemos agora colocar a questão do afeto nos seguintes termos: se o afeto não é uma coisa em si, signo de um corpo também concebido como coisa em si, devemos identificá-lo ao fenômeno e situá-lo neste plano em que a experiência não traz em si a verdade? Ou teria ele lugar no nível das leis mínimas de ordenação, onde podem intervir os conceitos metapsicológicos da teoria freudiana?

A metapsicologia, como aprendemos com Freud, procura dar conta das causas, a partir das relações tópicas, dinâmicas e econômicas, esclarecendo e ordenando a experiência pela via de certos princípios e conceitos gerais. Estes princípios e conceitos são constituídos como hipóteses necessárias e até mesmo como mitos, em vez de simples sistematizações de dados empíricos. Assim sendo, haveria lugar para o afeto no nível da metapsicologia? Já que não há definição descritiva do afeto em Freud, haveria definição metapsicológica?

## Panorama do afeto

O afeto é definido, uma única vez, nos artigos metapsicológicos de 1915 e esta definição toma uma aparência fenomênica. É aí, no entanto, que Freud forja as ferramentas conceituais necessárias à sua abordagem do afeto. O que parece problemático não é tanto que tenha sido necessário esperar esta data para que Freud se dedicasse a este problema, tão presente em seus primeiros escritos, a fim de explicar o papel deste elemento nos processos psíquicos. O surpreendente é que não o faça mais tarde, em razão das reformulações profundas que sua teoria do aparelho psíquico viria a sofrer. O que se observa é que o afeto se torna cada vez menos presente nos textos posteriores de Freud. Do lugar essencial que tinha nos primeiros escritos, chega quase à ausência nos últimos. Por outro lado, a angústia torna-se mais e mais um assunto ao qual Freud se dedica. Ele volta por várias vezes a ela para tratá-la de maneira específica e para investigar suas causas.[9] Tudo se passa como se tivesse havido uma parada na teorização freudiana do afeto, como se alguma coisa tivesse interrompido sua conceituação metapsicológica, que voltará, de agora em diante, para a angústia.

De maneira concomitante, observamos uma inversão radical da teoria da angústia, assinalada pelo próprio Freud. Esse corte pode ser estendido ao afeto, de forma que possamos interrogar as relações entre este e a angústia, assim como as conseqüências da segunda teoria da angústia no campo do afeto. O fato de Freud não ter retomado o afeto depois de ter operado esta reformulação deve ser relacionado menos a uma falta de interesse de sua parte do que ao estatuto do campo afetivo neste segundo momento freudiano. Nosso trabalho será o de tornar explícito este estatuto.

O afeto, tal como situado nos primeiros escritos freudianos, pode ser concebido como uma entidade muitíssimo vasta, abrigando conceitos que se individualizarão mais tarde, como a pulsão por exemplo. A primeira hipótese possível é a de que, uma vez estes conceitos criados por Freud, o que é correntemente chamado de afeto passou a ser por eles representado no nível metapsicológico. O afeto restaria situado, assim, apenas no nível do fenômeno. Em contrapartida, se admitirmos a idéia de que o afeto ocupa ainda um lugar dentro da teoria freudiana após essa reformulação e também de que ele não se reduz à angústia, cabe então precisar que lugar seria este, e é esta via que escolhemos tomar daqui por diante.

Há alguns recortes possíveis do texto de Freud que permitem circunscrever o afeto, mas também interrogar as relações entre a reformulação da teoria da angústia e a construção do conceito de pulsão. O texto "Inibição, sintoma e angústia" (*ISA* de agora em diante) serve de ponto de divisão fundamental, assim como de base para nossa posição, já que assinala a introdução da segunda teoria da angústia. Examinaremos alguns textos que compreendem o período anterior a 1915, os artigos metapsicológicos de 1915 e, finalmente, *ISA*.

## Do *Projeto* à *Interpretação dos sonhos*

O *Projeto para uma psicologia científica* marca o fim de um período, de todo um caminho percorrido por Freud no sentido de situar o afeto nos termos de uma energia objetivável, inserindo-o na dinâmica da homeostase e das relações quantidade x qualidade. Trata-se de uma via que mudará radicalmente de direção com o abandono deste texto.

Este enorme e último esforço de síntese que é o *Projeto* será abandonado em favor das descobertas da *Interpretação dos sonhos*. Lacan adverte, contudo, que não se trata aí, como pensaram muitos, de passar da fisiologia à psicologia:

> Vejam o *Projeto*... [...] Freud tentou edificar [...] uma teoria do funcionamento do sistema nervoso, mostrando que o cérebro opera como órgão-tampão entre homem e realidade, como orgão de homeostase. Ele pára, titubeia, sobre o sonho. É na máquina dos sonhos que ele encontra o que lá estava desde sempre sem ser percebido: que é no nível do mais orgânico e do mais simples; do mais imediato e do menos manejável; do mais inconsciente, que o sentido e a palavra se revelam e se desenvolvem em sua totalidade. Donde a revolução completa de seu pensamento e a passagem à *Interpretação dos sonhos*. Diz-se que abandonou a perspectiva fisiologista, por outra psicologizante. Não é disso que se trata. Ele descobriu o funcionamento do símbolo como tal, a manifestação do símbolo no estado dialético, no

> estado semântico, em seus deslocamentos, os trocadilhos, os jogos de palavras, as brincadeiras, funcionando sozinhas na máquina de sonhar. Foi tal a virada que nem ele soube o que lhe acontecia. Foi preciso percorrer ainda vinte anos de sua existência, já avançada no momento desta descoberta, para poder retornar sobre suas premissas e esforçar-se por reencontrar o que isso significa sobre o plano energético. Eis o que lhe foi imposto: a elaboração nova do além do princípio do prazer e do instinto de morte.[10]

Se substituírmos "símbolo" por "significante", encontramos primorosamente articulado o que dissemos até aqui. No que diz respeito diretamente ao nosso assunto, os efeitos desta primazia do símbolo sobre a energia se manifestaram, entretanto, muito lentamente. Foi preciso que Freud passasse por um esforço de síntese em seus artigos metapsicológicos de 1915, para articular a máquina de sonhar à concepção do afeto de seus primeiros escritos. Foi necessário esperar até que os desenvolvimentos de *Além do princípio do prazer* — explicitando um novo enquadre, diferente do cartesiano — se refletissem, ainda que de modo implícito, na teoria do afeto, o que só acontece em *Inibição, sintoma e angústia.*

Resumindo: para Lacan, o sonho e as formações do inconsciente em geral aparecem, não somente como a via régia para o inconsciente, mas também como uma boa porta de entrada para um registro que se encontra além do princípio do prazer. O fracasso parcial da concepção inicial e otimista de cura vinculada ao princípio do prazer, em que o sintoma se desfaria uma vez interpretado, cede lugar à importância atribuída à compulsão a repetir, resistente à interpretação. Freud introduz, neste nível, aquilo que parece se satisfazer no sofrimento e que diz respeito à pulsão de morte. A intuição fundamental de Lacan é a de que a compulsão a repetir, este além do prazer, se esclarece a partir de sua vinculação com o inconsciente. Ou seja, é somente fazendo entrar em jogo, no exame das formações do inconsciente, o método lingüístico-psicanalítico de Freud em toda a sua originalidade, que podemos vislumbrar novas bases conceituais, fora do enquadre cartesiano. Em termos mais clínicos, trata-se da entrada do registro da pulsão de morte na consideração psicanalítica.

Vejamos o exemplo do sonho. Freud parte da constatação da imutabilidade do afeto, ou seja, do fato de que no sonho o afeto pode ser transformado ou deslocado, mas mantém-se idêntico a si mesmo. Tanto na vigília quanto no sonho e nas outras formações do inconsciente, o afeto aparece da mesma forma; por esta razão podemos supor que a chave para a compreensão destas formações encontra-se em outro lugar. Vale mais procurar a verdade do sujeito do lado das representações, do texto do sonho, bizarro e incompreensível: "Quando, no sonho, eu tenho medo de bandidos, os bandidos são imaginários, mas o medo é real [...] a análise nos ensina, de fato, que os conteúdos representativos sofreram deslocamentos e substituições, ainda que os afetos não tenham mudado."[11]

Todo o percurso de Freud na *Interpretação dos sonhos* se faz assim, ao contrário do sentido comum. De hábito, costuma-se reter, do sonho, seu afeto e esquecer rapidamente os significantes que ali se articulavam. O que é marcante do procedimento freudiano é conduzir-se no sentido inverso: deixar temporariamente de lado o afeto e lançar-se em busca da causa, delineando, neste caminho, os contornos e o funcionamento da "máquina de sonhar".

Para Freud, o afeto em si é compreensível. Ele pode parecer discordante quanto ao que se passa no sonho, mas o enigma a esse respeito é o deslocamento do afeto, pois considera-se que quando o recalque age sobre as representações proibidas, o afeto que lhes pertencia desloca-se para significantes substitutivos. O afeto, em si, não é um enigma; é, bem ao contrário, o que nos distancia do enigma fundamental — o desejo veiculado no conteúdo latente — através do sentimento de verdade que ele acrescenta aos conteúdos manifestos. A tristeza não é em si uma questão; não duvido da legitimidade da tristeza de alguém que chora, entretanto, posso me perguntar se o que responde por esta tristeza é o discurso que a acompanha ou, ainda, se os termos, por vezes ocultos, deste discurso estão necessariamente vinculados à significação habitual da tristeza, uma perda, por exemplo. O choro pela perda de um namorado pode assinalar a perda de um futuro marido, de um grande amante ou, ainda, do próprio lugar de amada, o que nem sempre significa uma perda do ponto de vista das relações do sujeito ao desejo. Espinosa, como veremos vai interessar a Lacan justamente por formular uma concepção do afeto fundada nesta disjunção entre os bens do mundo, objetos dos circuitos da troca e aquilo que causa o desejo, o soberano Bem.

### Os textos metapsicológicos de 1915

Em seus momentos iniciais, a teorização da pulsão aproxima Freud novamente de noções psicofisiológicas que aparentam voltar a se encaixar no enquadre cartesiano. A primeira conceituação da pulsão, introduzida nos *Três ensaios*, terá suas conseqüências no âmbito do afeto plenamente articuladas em 1915, em *As pulsões e seus destinos*. Neste texto, o afeto é situado quase que exclusivamente no plano econômico. Entretanto, fica pouco clara a natureza de sua oposição à representação, pois, de agora em diante, é o conjunto representação-afeto que se oporá à pulsão.

Freud retorna, em 1915, ao problema das relações entre energia e representação, introduzindo novas idéias, remanejamentos, em especial no que diz respeito ao conceito de *representação*. Articula, com uma concepção original do que é representar, a idéia, o afeto e a pulsão, considerando que os dois primeiros são "representantes" da última.

Abordaremos o modo como Freud concebe a representação mais adiante. Por hora, vamos nos deter em um ponto específico desta articulação, onde se confundem os termos afeto (*Affekt*), quota de afeto (*Affektbetrag*) e pulsão (*Trieb*). Esta relativa imprecisão dará origem a uma noção muito controvertida: o afeto, ou sentimento (*Gefühl*), inconsciente. A pulsão só existe quando presentificada, no inconsciente, por seus representantes afetivo e ideativo. No entanto, logo após estabelecer que a pulsão jamais pode ser consciente, Freud se pergunta se é possível conceber sentimentos inconscientes. Sua resposta é formal: "é da essência de um sentimento ser percebido, ser conhecido da consciência". Só podemos falar de afetos inconscientes por abuso de linguagem, para indicar que o sentido do afeto só pode ser apreendido na referência à relação estabelecida entre as representações imediatamente disponíveis e aquelas em vias de advir. Nos termos de Freud, os afetos se destacam de uma representação e se reportam a outra.[12]

Em 1923, em *O eu e o isso*, Freud aponta que, caso um afeto seja bloqueado, há uma "outra-coisa" que pode permanecer no inconsciente e que corresponderia à uma energia pulsional. Para esta outra coisa, um fator quantitativo do afeto, Freud aceita, com reserva, a expressão "sensação (*Empfindung*) inconsciente", indicando, entretanto, que se trata de uma maneira apressada e inexata de lidar com a questão. Nomeia, então, a tal coisa com o termo

*Ansatz*, que passa a definir o que é da ordem do afeto no inconsciente.

Nas diferentes traduções deste termo, manifestam-se diferentes visões do inconsciente e de suas relações com a pulsão, assim como diferentes encaminhamentos de leitura de Freud. Concebendo o afeto como linguagem ancestral rudimentar, na origem da linguagem verbal, Ernest Jones e muitos outros conferem a ele um peso de verdade no manejo da clínica. Acreditam numa indicação de Freud de um estado rudimentar do afeto no inconsciente, utilizando-se de uma "analogia que não é inteiramente justificada, com as representações inconscientes".[13] Opondo-se a este tipo de pensamento, que tende a descaracterizar a psicanálise como tal, Lacan traduzirá *Ansatz* por "apêndice". O afeto é, assim, tomado como apêndice do recalcado, do significante, do *Vorstellungsrepräsentanz*. Podemos assim pensar num tipo de relação entre afeto e representação em que não há essência *a priori* nem para o afeto, nem para a pulsão. O que há, ao contrário, é, por um lado, a relação entre as palavras e seus traços e, por outro, algo incorpóreo, estruturalmente vinculado a elas e ao seu encadeamento.[14]

Parece claro que os sentimentos são, aos olhos de Freud, fenômenos pontuais da consciência. Além disso, o afeto aparece como "manifestação de idéia". "A idéia tem seu afeto" indica que o segundo é efeito pontual da primeira. Não há, portanto, sentimentos inconscientes, mas transformações do afeto (deslocamento, inibição...) como efeito de substituições significantes. Restaria entretanto, perguntar: Por que uma representação permite a descarga e outra não? Mais ainda: Por que uma mesma representação pode, em circunstâncias distintas, engendrar ou não um afeto?

Isto porque uma tal concepção das relações entre o afeto e o significante nos levaria a assimilar o afeto à uma tonalidade qualitativa da descarga, a um efeito das vicissitudes da representação sem nenhum papel de mensagem, de significação em si. Acabaríamos eliminando todo traço de verdade do afeto. Trata-se de uma leitura possível de Freud, dado que ele afirma que o afeto jamais será inconsciente. A conseqüência disto, contudo, é reduzir o afeto apenas a um resto do recalque, efeito pontual que nada indica em relação ao significante que ele acompanha, este sim capaz de situar a pulsão e o desejo.

Em compensação, se formos longe demais no sentido oposto, tentados a identificar o afeto a um representante mais autêntico da pulsão, que diria sua verdade — agressiva, erotizada etc. — daríamos conta dos efeitos de significação do afeto, particularmente do sentimento de certeza que ele provoca no sujeito. Perderíamos, porém, toda a efetividade clínica que decorre do privilégio dado à fala articulada na experiência analítica, valorizando todo elemento extradiscursivo em detrimento da fala na condução do tratamento.

Como Freud fornece indicações tanto num sentido quanto no outro, vários caminhos se abrem para seus leitores. Para evitar estas contradições, pode-se escolher uma via em detrimento da outra ou optar por uma solução de compromisso entre ambas. Uma outra solução possível é fazer apelo a distinções terminológicas. Neste sentido, considera-se que Freud não teria, por exemplo, distinguido suficientemente pulsão e afeto. Mas o que fazer então com a série de termos freudianos que fazem referência ao chamado registro energético, *Affektbetrag*, *Erregungssumme*, *Bezetzungsenergie*, *Gefühl* etc.? O problema aqui é que seria necessário definir um conceito para cada um destes termos.

Uma outra maneira de tratar o problema seria considerar o recalque somente como proteção contra a angústia e não contra o afeto em geral. Seria preciso, neste caso, definir a relação entre a angústia e os demais afetos, pois teríamos partido da premissa de que a distinção entre elas é estrutural, o que tende a torná-los excessivamente dissemelhantes.

Enfim, os textos metapsicológicos de 1915 sintetizam todo um percurso de Freud. Eles são essenciais para compreender o afeto na teoria psicanalítica. Devem, entretanto, ser lidos à luz dos desenvolvimentos posteriores de Freud, para escaparmos à tendência de privilegiar excessivamente a idéia de energia natural.

## A primeira teoria da angústia e a libido

A partir da consideração da angústia, Freud introduz um modelo definitivamente não cartesiano do afeto. É este modelo que passaremos a delinear. Começamos com a "Carta 18" a Fliess, em que Freud situa três destinos para o afeto, articulando-os às diferentes estruturas clínicas: conversão [*Affektverwandlung*] (histeria de conversão), deslocamento [*Affektverschiebung*] (obsessões), transformação [*Affektvertauschung*] (neurose de angústia, melancolia).[15]

A conversão e o deslocamento, como já vimos, seguem as duas vias de descarga do afeto, a simbolização-catarse e a associação, ambas abordadas nos *Estudos sobre histeria.* A transformação, porém, é uma noção nova. Freud opera aí, explicitamente, com a noção de transformação, de mutação da energia psíquica. A angústia ganha, assim, um espaço singular com relação aos afetos. Ela aparece como "moeda corrente" dos afetos, dado que todo afeto pode se transformar em angústia, e, finalmente, aparece como resultado da transformação de uma energia em outra.

O termo "transformação" está presente também no "Manuscrito E" de 1895, onde a angústia é concebida como a transformação direta, "automática", dirá Freud mais tarde, da excitação somática acumulada por ausência de descarga. Esta "excitação somática" não deve ser considerada um processo exclusivamente corporal, exterior à transferência, apesar da formulação inicial de Freud neste sentido. Com efeito, nas formulações sobre a angústia da passagem do *Projeto* à *Interpretação dos sonhos*, especialmente nos *Três ensaios*, a angústia não é mais concebida como o produto da transformação direta da energia somática, mas sim como o produto da transformação da libido. Apesar de estar relacionada mais fundamentalmente com o fator sexual do que os demais afetos, ela será considerada agora um resultado do recalque. O sintoma, nesta medida, se forma para proteger o eu da representação que acompanhou o trauma, e a energia associada a esta representação transforma-se em angústia.

Eis um esboço da primeira teoria da angústia e do afeto, que será formulada em termos econômicos em 1915. Define-se, deste ponto em diante, o papel da angústia com relação ao recalque: "Um dos resultados mais importantes da pesquisa psicanalítica é a descoberta da origem da angústia neurótica a partir da libido. Ela é o produto da transformação desta última, ela relaciona-se, assim, com ela como o vinagre com o vinho".[16] A simples substituição da noção de energia neuronal/somática dos primeiros escritos pelo conceito de libido comporta uma verdadeira revolução, razão pela qual devemos explicitar melhor, recorrendo a Lacan, do que trata a libido:

> A libido permite falar do desejo em termos que comportam relativa objetivação. É uma unidade de medida quantitativa, embora não a saibamos medir. Não sabemos o que é, mas supomos ter estado sempre

> ali. Esta noção quantitativa permite unificar variações de efeitos qualitativos e dar coerência a sua sucessão (...) [para dar conta destes efeitos] têm-se recursos implícitos, com a noção de um limiar e ao mesmo tempo de um nível e de uma constância. Supõe-se uma unidade quantitativa, indiferenciada e suscetível de entrar em relações de equivalência. Se não pôde descarregar-se, encontrar sua expansão normal, expandir-se, produzem-se ultrapassagens a partir do manifestado por outros estados. Falaremos de transformação, regressão, fixação, sublimação da libido, único termo concebido quantitativamente.
>
> A noção de libido [assim concebida] não comporta na origem este emprego elaborado e saiu pouco a pouco da experiência freudiana. (...) Seu uso situa-se na linha tradicional de toda teoria que tende a resultar no mundo da física clássica ou em um campo unitário, ideal da física einsteiniana (...). A libido é solidária do mesmo ideal (...). Nada mais distanciado da experiência freudiana [que] começa por colocar o mundo do desejo, anterior a toda espécie de experiência, a qualquer consideração sobre o mundo das aparências e o das essências. O desejo está instituído no interior do mundo freudiano, onde se desenvolve nossa experiência, cujo manejo ele constitui e que não pode ser apagado em nenhum instante do de nossa experiência. O mundo freudiano não é um mundo de coisas, não é um mundo do ser, é um mundo do desejo como tal.[17]

Desta forma, se por um lado a libido positiva o desejo, por outro não podemos perder de vista que resta um substrato intangível. Se tomamos a libido unicamente no sentido econômico e quantitativo, algumas conseqüências evidentes devem ser consideradas. É certo que tratar a libido como moeda energética possibilita uma abordagem relativamente matematizada do desejo. Não podemos esquecer, entretanto, que Freud, diferentemente de Helmholtz, não considera que o energético possa ser pensado a não ser a partir do explicativo-hermenêutico: "...[tudo] o que [...] se sente, inclusive nas tripas [...] não pode ganhar nem mesmo sua seqüência de reações vago-simpáticas, a não ser em função da cadeia de questões [que se] tiver introduzido".[18] Este modelo não deve ser tomado como tradução de uma "energia natural", fundadora da metapsicologia. Estaríamos decididamente abandonando o quadro da experiência freudiana.

A transformação da libido em angústia pode ser compreendida de outra maneira. Podemos abordá-la a partir de um modo de implicação profunda com o desejo, que dá a ela um sentido novo.

A libido deixa de ser compreendida unicamente como transformação energética, e passa a estar referida ao que traduz o encontro do sonho com o desejo no que este aponta o traumático inapreensível do sexual. Vejamos como.

## A primeira teoria da angústia e o perigo

A substituição da energia somática pela libido conduzirá à ênfase na idéia de perigo (*Gefahr*), profundamente ligada ao recalque. Freud estabelece, então, novas nuances em sua tipologia da angústia, agora com relação ao perigo. Ele havia oposto as neuroses atuais às psiconeuroses. As primeiras diziam respeito à concepção de energia somática, às perturbações causadas por puro acúmulo de energia, que apresentam mecanismos físicos e que não dependem de análise psicológica. As segundas, por sua vez, referiam-se às neuroses de transferência propriamente ditas. Neste segundo momento, as afecções serão situadas de outra maneira. A distinção entre os gêneros de angústia não mais se faz unicamente de acordo com a descarga, mas antes de tudo com relação ao perigo. A angústia real diz respeito a um perigo real externo (exopsíquico) e sai do quadro da psicanálise. Ela se opõe à angústia neurótica que se instaura a partir de um perigo endopsíquico e que se divide em angústia difusa e angústia localizada.

A idéia de perigo altera profundamente a classificação anterior, pois instaura-se um tipo de perigo fundamental, o perigo endógeno. Além de a diferença entre perigo real e endógeno não poder ser definida de modo nenhum, um perigo endógeno, circunscrito pelo significante, torna-se o único realmente abordável pela psicanálise. Freud retoma e revaloriza aqui uma noção já introduzida desde seu "Manuscrito E", onde afirmava a excitação exógena não traz problemas ao psiquismo, podendo ser tratada "segundo sua quantidade", enquanto a excitação endógena requer "ação específica".

A idéia de origem da angústia ligada ao perigo já estava presente desde 1895. Entretanto, a conseqüência maior da introdução do conceito de libido é uma nova articulação entre estes elementos, pois o perigo coloca em série os três gêneros de angústia.[19] Em termos de descarga, ainda podemos distinguir a angústia difusa, real, da angústia localizada, em que não há descarga, mas isto durará pouco. Além disso, o gênero do perigo em causa virá, mais tarde, também fazer a diferença entre as modalidades de angústia em cada estrutura neurótica.

Estas articulações instituem modos de relação entre sintoma, recalque e angústia distintos daqueles em vigência em 1915. Ao passar de uma concepção da angústia ligada à descarga para uma concepção da angústia ligada ao perigo, Freud deixa o fator econômico em segundo plano em favor de um novo discriminante, marcando uma ruptura conceitual que se estabelecerá com *ISA*.[20]

Antes mesmo de examinarmos *ISA*, podemos constatar que a primeira conseqüência do reordenamento operado por Freud é a mudança nas relações entre representação e energia. Em lugar da clivagem consciente/inconsciente, temos fronteiras difusas entre os registros, com um novo tipo de relação entre exterior e interior. Este processo já estava em curso em *O eu e o isso* (1923), onde Freud não mais se interessa pelo suposto suporte energético que seria o responsável não só pela constituição do afeto, mas também por sua emergência. Freud procurará agora explicar o afeto a partir de relações entre as diversas instâncias e dos conceitos metapsicológicos. Em *Novas conferências*, Freud afirma: "Com esta nova concepção, a função da angústia como sinal, indicando uma situação de perigo (...) passou ao primeiro plano; saber de que a angústia é feita perdeu seu interesse."[21]

## Inibição, sintoma e angústia

Podemos seguramente considerar *Inibição, sintoma e angústia* um dos grandes assentamentos conceituais da metapsicologia freudiana. Neste texto são abordados assuntos essenciais, tais como a formação de sintoma, o luto, o afeto, a neurose, o automatismo prazer-desprazer e até as relações entre a psicanálise e a filosofia. Trata-se de um dos últimos trabalhos de Freud e, com certeza, é o último no que diz respeito ao afeto. Numerosos conceitos são ali retomados à luz da segunda tópica e, de certa forma, dos desenvolvimentos de *Além do princípio do prazer*.[22]

A revolução metapsicológica marcada pela introdução da pulsão de morte se manifesta, no campo do afeto, a partir de uma reviravolta na teoria da angústia. Freud critica o modo como até então estavam vinculados angústia e recalque. De maneira resumida, Freud constata a inconsistência do fundamento da teoria do sintoma que havia elaborado nos termos da acumulação de energia. Com efeito, a angústia não provém da libido acumulada, como Freud pensava antes.[23]

A partir desta constatação, foi preciso rever os fundamentos da teoria da angústia, assim como as conseqüências imediatas desta reviravolta teórica. O elemento que permitirá a Freud retomar sua antiga teoria da angústia à luz dos novos desenvolvimentos, articulando duas origens aparentemente incompatíveis da angústia, será o novo papel dado à castração. Somente depois de ter examinado longamente a angústia e a formação de sintomas na neurose obsessiva, na histeria e nas fobias e, também, após retomar os casos do Pequeno Hans e do Homem dos Lobos, é que Freud poderá trazer à luz este elemento.

O caso do Pequeno Hans, em especial, é fundamental para o entendimento de como Freud chegou às suas novas concepções. Hans não conseguia sair de casa por medo de que um cavalo, puxando uma charrete ou carroça, viesse a mordê-lo. Temia também que o cavalo caísse e causasse um "estrago". Eis como o menino Hans tentava situar-se com relação ao sexo e à sua posição na família. Ele constitui e reconstitui teorias sobre a diferença sexual, sobre a vinda de suas irmãs, especialmente Anna, a mais próxima e mais invejada, e, por último, sobre a recusa (*Verleugnung*) da castração. Até entrar em análise, Hans havia construído uma solução: uma montagem fóbica. Freud demonstra que a substituição do "cavalo" pelo "pai" pôde fazer com que o objeto fóbico fosse isolado na realidade exterior, tornando-se objeto de medo. Com sua análise, Hans pôde então construir algo além da imaginarização do cavalo como objeto de medo, significante escolhido entre vários sentidos que remetem à angústia de castração. Com a análise, o menino passa a confrontar-se com uma angústia que não é apenas angústia diante de alguém, mas uma angústia mais originária, que é simbolizada de uma forma nova. A castração ganha, assim, um lugar no mundo, perdendo o estatuto imaginário de perigo a ser evitado.

Freud chegará a estas conclusões após partir, em *ISA*, da seguinte questão: que perigo é este que aterroriza Hans e põe em marcha o recalque? Movendo-se em um mundo não cartesiano, Freud evitava entender este perigo como um desejo natural, arcaico e proibido do menino por sua mãe. Inicialmente, apoiou-se em uma constelação de causas e, em seguida, na tripartição entre os pontos de vista tópico, dinâmico e econômico. Teria sido simples optar pela dicotomia: a moção pulsional seria o perigo, o recalque viria então afastá-la, eliminando da consciência a representação que a ela se associava, constituindo o sintoma. O importante, então, seria conhecer o teor desta moção e dominá-la ou dirigi-la para conteúdos mais interessantes. A psicanálise se aproximaria, assim, de uma prática decididamente pedagógica, além de afastada da experiência clínica, a partir da qual a representação tomaria o valor fundamental, tantas vezes enfatizado por Freud.

Assim, em vez de opor o campo pulsional ao campo das representações, Freud introduz um novo raciocínio. A castração aponta um tipo especial de perigo. E o que isto significa? Inicialmente, indica que é preciso complexificar as relações de determinação entre o sintoma e suas causas. O amor pela mãe não pode ser o responsável pelo recalque. Ele não é naturalmente inaceitável, mas sim *tornado* proibido. O menino não teme seu amor por sua mãe, pelo contrário. É preciso uma intervenção externa, uma ameaça, que dará a este amor o caráter de um perigo interno, fazendo o menino modificar sua posição libidinal.[24] Mas que poder é este que uma ameaça externa possui? Certamente não se trata do poder de apagar este amor ou transformá-lo. Trata-se apenas do poder de utilizar a angústia previamente existente para tornar este amor proibido e ameaçador. Freud postula que a angústia é anterior ao amor, à relação com a mãe, e que está sempre presente. A ameaça de castração, na verdade, transforma este amor em algo proibido por vincular a angústia aos conteúdos deste amor, levando-os, assim, a serem recalcados.

No caso de Hans, o recalque opera uma substituição do cavalo pelo pai não incidindo diretamente sobre a angústia. Ela será, em vez disso, circunscrita pela representação fóbica, à qual a ameaça passará a se vincular após o recalque. O pai como ameaça é fundamental para que o cavalo possa emergir como solução sintomática.

Assimilar a castração ao perigo que faz agir o recalque não é novidade: as coisas se apresentavam desta maneira no caso Hans. Encarar a angústia como reação ao perigo e como sinal já fora introduzido nos textos metapsicológicos de 1915. A insistência de Freud sobre a questão da castração não significa que o mais importante é a presença da ameaça externa, mas sim da operacionalidade deste novo modo de concatenação dos elementos clínicos.

Apesar das aparências, a ênfase dada por Freud à função da castração como perigo que move os processos inconscientes dá-se em detrimento da idéia de um perigo externo originário. A angústia torna-se fundamental, assim como a castração. É, pelo menos, contemporânea ao recalque. A solução para Hans, por exemplo, será situar esta angústia com relação ao seu lugar de sujeito na cadeia das gerações, em vez de tratá-la como produto externo. Trata-se, para Freud, não de valorizar o papel do ameaçador, mas universalizar o lugar da ameaça.

Esta mudança de perspectiva é radical, assim como o são as suas conseqüências. Anteriormente, Freud considerava que o elemento primordial da constituição do sujeito era o desejo pela mãe. Proibido, este desejo causava a operação recalcante e a formação do sintoma. A angústia seria, então, produzida juntamente com o sintoma, a partir da transformação da libido correspondente a este desejo. Seria um efeito do recalque e da transformação da energia comportada pelas moções pulsionais. A partir de *ISA*, entretanto, a angústia pode ser considerada segundo uma anterioridade lógica e, materialmente, como o elemento que, articulado à castração, alimenta o recalque com sua energia. Do ponto de vista do desejo, passamos de uma consistência inicial, de um desejo significado, moção pulsional, originariamente ameaçadora, para um desejo esvaziado, sempre em vias de articular-se com o sentido. Paradoxalmente, há, de um lado, uma ameaça, de outro, uma promessa.

Do ponto de vista econômico, a angústia permanece inalterada ao longo da formação do sintoma. O que acontece é que, na passagem do pai ao cavalo, por exemplo, a angústia ganha um significante no mundo, perdendo seu caráter difuso e vinculando-se a uma representação específica. Os conteúdos da angústia, ser mordido pelo cavalo, por exemplo, é que mudam com o recalque. São substitutos, por deslocamento, do conteúdo inicial único: ser castrado pelo pai. Com a formação da fobia, passa-se, assim, da angústia ao medo. O medo transforma a castração estrutural em uma ameaça concreta, mitificada e mundana.

Ao passar o ponto de vista energético para um segundo plano, Freud pode extrair todas as conseqüências do fundamento da neurose sobre a castração. Tudo funcionará sobre um perigo, a castração, que coloca em marcha os processos inconscientes. Por outro lado, Freud recupera algo assinalado em seus primeiros escritos, nos quais a angústia é colocada quase que fora do espectro do recalque. Toda angústia é angústia real, fruto de um perigo que é externo, entretanto, em novos termos. De maneira análoga ao que tinha realizado com relação à neurose atual nos primórdios da psicanálise, Freud situa a angústia agora em uma esfera que analisaremos mais adiante, mas que impõe um tipo mais complexo de relação com o recalque. A angústia vincula-se de maneira mais direta à coisa sexual, sem perder sua dependência da operação recalcante. Ela está localizada neste registro quantitativo, excessivo, que insiste no universo do recalque, indicando uma dimensão ao mesmo tempo externa e essencialmente interna.

## *O trauma e seu sinal*

A angústia, tomada a partir de novas relações interior-exterior, passa a referir-se ao elemento que, ao mesmo tempo que emerge do mundo das qualidades, o excede e o desestrutura. Eis a idéia propriamente psicanalítica do trauma como dado de estrutura. O trauma não se origina mais do encontro com a sexualidade do adulto. *Não acredito mais em minha neurótica* é o marco deste ponto de virada que ganha contornos precisos em 1920. Freud postula aí um momento mítico de desamparo, de contato sem intermediários com o mundo, que só pode ser vivido na forma horrorizante de um "afluxo incontrolado de idéias". Traduz-se, assim, a incapacidade da criança de significar a realidade sem a intervenção do Outro materno. O trauma não é mais caracterizado como um excesso ocasional de tensão, como disparidade entre o mundo e a capacidade de leitura da criança. Um trauma deste tipo se resolveria com o crescimento e com o desenvolvimento dos mecanismos de adaptação responsáveis por um certo processamento do afluxo do mundo. Ao contrário disso, com Freud, somos conduzidos a uma concepção original do trauma, anterior à própria realização do mundo.

Para melhor situar este novo ponto de vista sobre a natureza do trauma neste momento, Freud retoma as formulações de Otto Rank. Para Rank, o trauma é efeito do encontro entre duas entidades distintas, o bebê e o mundo. Nesta perspectiva, o pequeno ser é, de saída, dotado de uma essência autônoma, de características próprias. Estas características podem variar segundo o autor. Ferenczi, por exemplo, concebia uma "linguagem da ternura", Chomsky, por sua vez, apostava em algo como uma matriz genética, uma disposição inata para constituir características quaisquer. Basta, então, que o bebê entre em contato com o mundo de maneira apropriada para que adquira progressivamente uma leitura eficiente da realidade.

O mérito de Rank foi compreender que o encontro com o mundo é sempre traumático. Não lhe foi possível, entretanto, perceber que a partir de Freud não podemos mais situar o trauma em um acontecimento fundamental. A solução para este autor foi localizar o trauma num ponto, de certa forma limite, da história individual. O trauma do nascimento seria assim o ponto zero, inevitável, de todos os encontros traumáticos entre o ser e o mundo. Rank, portanto, ainda não partilha da perspectiva freudiana em sua radicalidade. Freud também buscou o ponto zero da história subjetiva mas, especialmente após sua análise do Homem dos Lobos, passou a construir uma nova articulação entre o ser, o mundo e o trauma, a partir da qual eles se tornam elementos constitutivos da realidade e organizam as experiências da vida.

O que aponta a radicalidade da concepção freudiana do trauma é que ela se refere não ao encontro entre duas entidades distintas, mas, sim, à ausência de qualquer entidade prévia à constituição do ser. O sujeito humano, capaz de ler o mundo e nele sobreviver, só se constitui como fruto da entrada em ação de uma grade de leitura do caos, que, de certa forma, separa o bebê deste afluxo sensorial incontrolável. Em termos especificamente freudianos, o aparelho psíquico constitui-se como uma camada de proteção contra o excesso de estímulos. Somente a partir desta operação inaugural, torna-se possível ler o caos e fazer dele um mundo.

Esta é a razão pela qual o trauma é referido a um tempo mítico, universal, e é caracterizado como desamparo. É como se houvesse um ponto entre o nascimento e o choro que marca um suposto intangível, em que uma criança reagiria ao mundo como se este não fosse mundo ainda. O mundo, como tal, só abre suas portas ao entendimento a partir do momento em que o choro marca uma referência a um Outro, depositário de alguma grade de leitura do que chamamos caos.

Fica evidente, então, como o caos, em vez de desaparecer ou de ser dominado, mantém-se como fundo do qual se destaca a ordem do universo. Fica claro também o que esta disjunção figura-fundo tem de artefato, o que torna inevitável que o caos não se contente com o papel de fundo imperceptível da realidade e que venha a insistir em desregular a ordem no proscênio.

Em *Inibição, sintoma e angústia*, Freud deixa claro que o nascimento só pode ser considerado um trauma se for tomado como um momento paradigmático, mítico, em que se inscrevem tanto o sujeito quanto o mundo. Como vimos, é esta operação que "produz" o trauma, que passa a insistir, tendendo a se presentificar em pontos determinados da história. Por isso, Freud recusa qualquer possibilidade de ab-reação do trauma, esteja ele localizado no nascimento ou no encontro com a sexualidade do adulto. Nenhuma ab-reação pode apagar a perda fundamental que é dada na estrutura, pois é ela que constitui o aparelho psíquico.

O caos inicial, portanto, jamais será totalmente afastado, fato clínico que justifica o conceito de castração. Ele passa a marcar uma ameaça de dissolução sempre presente, uma vez que o movimento próprio da pulsão, de morte por excelência, é de retorno a este momento mítico. A angústia é quem faz referência a ele no âmbito do aparelho psíquico, uma vez que ela reproduz o desamparo, a *Hilflosigkeit*, não se reduzindo, portanto, unicamente a um gênero específico de descarga. Nesta posição, o trauma dá conta da angústia e da estruturação neurótica, devendo, entretanto, ser apreciado no mesmo nível do mito.

A angústia se mantém, assim, articulada ao perigo. Situação de perigo é toda aquela que evoca a possibilidade da dissolução, miticamente situada em um momento de desamparo fundamental. É por esta razão que Freud usa o termo sinal para definir a função da angústia: "Nosso resultado se enuncia: a angústia é uma reação à situação de perigo; poupamo-nos aí de pensar que o eu faz alguma coisa para evitar a situação ou subtrair-se dela. Poderíamos dizer que os sintomas são criados para evitar o desenvolvimento da angústia, mas isto não nos permite ver em profundidade. É mais exato dizer que os sintomas são criados para evitar a situação de perigo [*Gefahrsituation*] assinalada [*signalisiert*] pelo desenvolvimento da angústia [*Angstentwicklung*]."[25]

A concepção de sinal do "eu" pode ser compreendida como ação efetiva do "eu", numa espécie de leitura antropologizante. Há várias metáforas de Freud que seguem neste sentido. Uma outra maneira de entender o sinal do eu é como um sinal produzido *no* "eu".[26] Neste caso, pensar em um sinal como reprodução do caos que é efeito da castração nos parece mais condizente com o arcabouço de *ISA*.

A partir de *Inibição, sintoma e angústia*, a castração deixa de ser localizada historicamente e é elevada à categoria de dado de estrutura. A partir deste ponto, ao consideramos que castração é o nome da insistência estrutural da ameaça de dissolução, tanto ela quanto o perigo são termos que nomeiam o caos ao qual o afeto de angústia dá a forma de um sinal.

## *Reviravolta na teoria do afeto*

Assimilar a castração ao perigo que faz agir o recalque não é novidade: as coisas se apresentavam desta maneira no caso Hans. Da mesma forma, a angústia já havia sido definida como reação ao perigo e como sinal desde os textos metapsicológicos de 1915. É esta grande reviravolta na função da castração que marca um corte na teoria freudiana do afeto.

Inicialmente, o fator econômico predominante na conceituação do afeto implicava a identidade energética entre angústia e pulsão. Freud desloca-o agora, como já dissemos, para segundo plano. O fato de que a angústia e a pulsão se aproximam de um ponto de vista energético, não impede que sejam distintas de maneira decisiva no nível metapsicológico. É aí que devemos localizar o corte. Freud, libertando-se do império da energia, desenvolve plenamente todas as conseqüências da idéia de um complexo de castração, situado a partir do complexo de Édipo, como aquilo que está na base das perturbações neuróticas e da constituição da realidade psíquica. A castração em *ISA* não é saturada pela ameaça de castração, supostamente proferida em um dado momento da história de Hans, por exemplo, por sua mãe. Ela é um operador, referido a uma operação menos conjuntural do que uma ameaça e estende-se à formação dos sintomas nas demais neuroses. A angústia aparece como âncora clínica, a partir da qual Freud aborda o caso Hans e traça uma estrutura comum para os diferentes tipos de neuroses, partindo da premissa de que todas elas são maneiras de lidar com a castração. A partir daí, a diferença entre as neuroses será referida às diferentes respostas sintomáticas à castração que elas manifestam.

Eis o corte que nos interessa. A castração tanto é problema quanto solução. Todo sujeito, necessariamente, se constitui como resposta, grade, ao caos. A castração é o nome tanto do que esta resposta tem de falha quanto de eficaz. Hans retorna, em sua análise, ao drama edípico para encontrar uma saída ao impasse da fusão angustiante. Neste sentido, Hans não era neurótico porque teve de se haver com a ameaça da castração vinda do pai (que, inclusive, era doce e passivo). Ao contrário, Hans era fóbico porque encontrou uma maneira singular de lidar com a castração, em que a angústia é circunscrita em uma representação específica da castração e transforma-se em medo. A castração desta forma fixa a relação entre o sujeito e o Outro, sob o signo da interdição. Estar abandonado sem a mãe é estar abandonado à mercê da mãe. A castração não é uma proibição violenta que traumatiza, mas sim a marca que faz do caos inicial um perigo a ser recalcado.

## *Balanço de* Inibição, sintoma e angústia

• A angústia tem a função de um sinal, instaurado a partir da articulação entre a castração, a exigência pulsional e o recalque. Ela remete à uma situação traumática, primordial de perigo, ancestral de todos os estados de tensão acumulada em que não houve possibilidade de descarga.

• Todas as situações de perigo são reproduções desta experiência mítica que instaura a castração como um fato de estrutura.[27]

• Com a caracterização da castração como fato de estrutura, abre-se uma nova vertente da teoria do afeto, na qual perde importância sua característica de energia transformada. É como re-criação do trauma fundamental que o afeto, então, encontrará sua articulação metapsicológica mais eficaz. Neste ponto, a angústia reúne-se aos demais afetos.[28]

• A angústia tem sede no eu. Freud indica, sobretudo, que os afetos são fenômenos da consciência com todas as conotações imaginárias que isto comporta. Além disso, a vinculação entre o eu e o afeto mostra, por sua vez, que estes não estão diretamente ligados à memória.

• A passagem da primeira à segunda teoria da angústia em Freud provocou um vasto debate entre os pós-freudianos, assim como numerosas interpretações divergentes do texto de Freud com seus conseqüentes impasses. Ao contrário do que as palavras de Freud poderiam nos levar a crer, uma teoria não vem corrigir a outra. A teoria delimitada nos textos metapsicológicos de 1915 não é simplesmente rejeitada em proveito de *ISA*, como se esta fosse uma nova versão do mesmo fenômeno, uma explicação mais conclusiva e verdadeira. Também não se trata da coexistência de duas teorias incompatíveis, pois sabemos que são claramente interligadas, pondo em jogo conceitos, muitas vezes idênticos.

• As duas vertentes da teoria da angústia parecem contraditórias, mas, ao contrário disso, elas não são excludentes. Na primeira há o germe da segunda. Freud afirma: "As observações que fiz na época são ainda válidas." O que acontece é que as formulações iniciais são postas em segundo plano com relação às formulações de *ISA*.[29]

• É certo que se o perigo não é mais situável a partir de bases energéticas, podemos ser levados a crer que Freud tenha abandonado a explicação econômica em proveito daquela fundada no sentido, na hermenêutica. Entretanto, esta seria uma leitura tão errônea quanto aquelas que situam o afeto unicamente do ponto de vista psicofisiológico. É mais eficaz, ao contrário, pensar o afeto a partir de seu lugar em uma estrutura, situando a descarga em relação a este lugar. Anula-se, assim, a necessidade de um debate entre energética e hermenêutica, como queria Paul Ricoeur.[30] Tratar-se-ia do agenciamento de certos "mitos" como, por exemplo, o trauma, que põem em jogo e organizam a energética.

• De acordo com uma perspectiva psicofisiológica, a angústia corresponde a uma descarga. Do ponto de vista estrutural, trata-se de um processo de tensão, da situação de derrocada do eu em face do real. No primeiro caso há excesso energético, processo psicofisiológico de descarga que implica um "a mais" energético, cuja origem se dá no real da pulsão. No segundo caso, trata-se de reação energética, de trauma reproduzido sobre o fundo caótico, vazio de sentido.

## Do objeto

No quadro que se deduz de *ISA*, o excesso energético não pode mais ser compreendido unicamente como elemento resultante do aumento da tensão. O conceito de libido só tem lugar neste plano se não a considerarmos unicamente como unidade de medida. Freud fala de um excesso *incomensurável* e não *desmedido* (*Unermessliche* e não *Ungemessene*). Trata-se assim de um excesso, afluxo do caos, que só pode ser sentido como sem-sentido. Exterior ao plano do universo, ele só se materializa aí como vazio, ou falta. Apenas em algumas circunstâncias especiais, como na angústia, este caos real assumirá uma forma positivada. Mesmo assim, continua claro o quanto sua essência se vincula à dispersão das formas semânticas constituídas. A angústia é medo de nada, por ser o ponto de encontro entre o caos e o vazio.

Desta forma, este excesso que equivale à falta pode ser tratado no plano do fenômeno, seja como positivo, seja como negativo. Excitação excessiva dos sentidos, gozo, ou falta inscrita no corpo, desejo. É preciso deixar claro, entretanto, que o conceito de gozo será progressivamente trabalhado por Lacan no sentido de situá-lo ao mesmo tempo como excesso e como falta, ou melhor, como o sofrido excesso de uma falta fundamental, inscrevendo, assim, no corpo o real em suas duas vertentes. A teoria do gozo, em Lacan, é inteiramente construída para dar conta disso.[31]

Inscrevemos aí a diferença fundamental que condiciona a leitura dos dois momentos de Freud: a partir dos avanços de *ISA* não é mais possível ler a metapsicologia de 1915 com as lentes de antes. É preciso introduzir a noção paradoxal, veiculada pela castração, do excesso de uma falta, ou de uma falta que faz do caos, gozo.

Podemos agora retomar as relações entre as duas formulações freudianas do ponto de vista do objeto. Em 1915, o afeto nascia de um acúmulo de tensão, pelo fato da interdição do objeto. Ainda que a causa necessária da angústia fosse a perda do objeto, sua causa suficiente residia em um "excesso" que, em sua descarga, dava lugar ao afeto. Tal concepção não fundava o afeto sobre a perda. Estava, por conseqüência, em desacordo com a idéia de um objeto perdido desde sempre, além de não afastar definitivamente a miragem de uma satisfação direta, ao menos em potencial. Em *ISA*, Freud se situa mais nitidamente do lado da impossibilidade do reencontro do objeto. O sinal de perigo da angústia produz-se porque a castração, ao conferir ao caos o caráter de gozo proibido, constrói apenas retroativamente a promessa de satisfação. Desta forma, entendemos que o que há para todo sujeito é o caos original e não a satisfação original. Agora, o perigo está sempre presente e o objeto não está mais neste mundo. Estas considerações introduzem, no entanto, a questão: como temer a separação de um objeto do qual sempre se esteve separado? Ou ainda: o que é um objeto que não é deste mundo? Lacan responderá a estas questões com o objeto *a*. Nós retornaremos a este ponto.

Finalmente, uma palavra sobre as relações entre afeto e pulsão. Vimos que Freud inicialmente chama de afeto algo que ele mais tarde designará pulsão. Não há surpresa, pois, para o senso comum, a paixão refere-se ao animal no homem, oposto à razão. Contudo, Freud separa-se progressivamente desta visão, aproximando afeto e pulsão e desanimalizando a pulsão em vez de animalizar o afeto.

A rigor, ainda não poderíamos delimitar precisamente a relação entre *ISA* e a teoria das pulsões. Minha hipótese é a de que esta relação será esclarecida com o reordenamento teórico operado por Freud em *Além do princípio do prazer*. É a pulsão de morte que permite a Freud situar a castração como um ponto universal da estrutura. *ISA* desenvolveria as conseqüências, no campo do afeto, deste reordenamento. A partir da oposição entre pulsão de morte e pulsão de vida, Freud explora o paradoxo de uma negatividade operante, e mesmo operária, que constrói o mundo no trabalho exigido pela pulsão e vetorializado pelo desejo.

Veremos que, examinando a relação entre o afeto e a pulsão, revelamos a profunda relação do afeto com o significante. Como transformação da pulsão, o afeto acusa a determinação do significado pelo significante, desvelando a insistência do caos sobre os sentidos constituídos. É o que Freud sustenta no fim da vida, fazendo o levantamento de seu percurso e da própria análise. Ele fala em "idéias súbitas" que, com Lacan, são colocadas em seu justo lugar de significantes que remetem sempre a outras idéias, às experiências recalcadas e aos traços de afeto. Engendram-se, assim, novas experiências afetivas que se inscrevem, decididamente, no campo do desejo humano, radicalmente oposto ao plano do instinto pelo que comporta de mortificação:

> A intenção do trabalho analítico, como se sabe, é levar o paciente a levantar os recalques dos primórdios de seu desenvolvimento [...]. Ele coloca este material à nossa disposição [e] nos permite engajá-lo no caminho das lembranças perdidas. Há aqui coisas distintas: fragmentos dessas lembranças nos sonhos [...]; idéias súbitas [*Einfälle*] que emergem logo que nos deixamos levar pela "associação livre", nas quais podemos reconhecer alusões às experiências recalcadas e traços tanto de moções afetivas [*Affektregungen*] reprimidas quanto de reações contra elas. Finalmente, índices de repetição de afetos pertencentes ao recalcado aparecem em ações mais ou menos importantes do paciente, tanto no interior como no exterior da situação analítica. Aprendemos que a relação de transferência que estabelecemos com o analista é especialmente favorável ao retorno de tais relações afetivas [*Affektbeziehungen*].[32]

Capítulo III

# UM SONHO DE PAIXÃO

## Das profundezas

Vamos tomar como ponto de partida aquilo que constitui, em Freud, uma negação fundadora: não há nada no inconsciente, nem afeto, nem qualquer coisa energética animal. O inconsciente não tem profundidade.[1] As profundezas a partir das quais Freud qualifica sua psicologia devem ser tomadas apenas de maneira metafórica, para designar uma teoria de alcance radicalmente novo. Descrever, pois, a metapsicologia como uma "psicologia das profundezas" não equivale a defini-la em relação a um objeto de três dimensões. Ela não designa o estudo de uma coisa, psique dotada de profundidade.

É o que os críticos de Lacan, que o acusavam de intelectualismo, não podiam ver, fixados que estavam em uma concepção do afeto a partir da qual a miragem das profundezas serve de explicação, de axioma causal. É preciso, certamente, circunscrever alguma coisa que na fala, não se reduz à ela e que não é saturável pela lógica significante. Mas, para fazê-lo, o único meio é partir do que está em ação na ordem do discurso e não se engajar na busca de algo que estaria escondido no mais profundo do inconsciente.

Colocar o afeto dentro ou fora do inconsciente não altera o essencial, se o concebemos a partir da oposição entre a pulsão, nas profundezas do corpo, e a representação, nos cumes racionais da alma.

Portanto, o que nos cabe agora é introduzir uma nova relação e uma nova topografia, fora do enquadre cartesiano, entre representação e pulsão.

Um primeiro ponto diz respeito à premissa do inconsciente sem profundidade, estruturado como linguagem. Isto não significa somente que o inconsciente seja um texto, uma cadeia de pensamento parasita. Isto significa, ao mesmo tempo, que ele é uma irrupção, um corte, um vazio entre significantes que introduz a possibilidade da cadeia. O inconsciente é feito de significantes, que instituem uma relação determinada entre o sentido e a falta. Isto declina-se, no campo do afeto, na forma de: "não há afeto inconsciente". Entretanto, isto, por sua vez, esclarece apenas que o afeto não pode ser assimilado ao significante e a esta dialética de furo e sentido. Ele não se confunde com o significante, justamente porque é efeito dele.

Podemos compreender agora a dimensão da mudança delimitada por Lacan se acrescentarmos a esta indicação as formulações do *Seminário 11*, em que é retomado o conceito de pulsão, trazendo à luz novas noções com importantes incidências clínicas. Com efeito, trata-se de um momento em que, após ter estabelecido o inconsciente como estrutura, ele insere, nesta topografia, a pulsão como a própria realidade sexual deste inconsciente em ação. A pulsão não está "dentro" do inconsciente. Ela é uma pressão constante, inferida a partir do fato da articulação da cadeia significante. A pulsão, como tal, é definida por Lacan como uma "unidade objetiva", que não tem existência em nenhum interior, nem do inconsciente, nem da consciência.[2] Desta forma, a pulsão encontrará sua articulação com o inconsciente nas duas concepções vislumbradas acima, por um lado, o texto, e por outro, o vazio em que consiste a sua negação. Para examinar estas idéias mais de perto, recorreremos à análise de um sonho paradigmático.

## O sonho e o desejo

Lacan retoma o afeto à luz da *Interpretação dos sonhos*. Nesta retomada serão articulados inconsciente e pulsão, por meio da conceituação do binômio desejo-gozo. Depois de balizar o terreno, descartando o afeto inconsciente e a psicologia das profundezas, é então possível situar o desejo. Sem este trabalho prévio, o afeto, tradicionalmente impregnado de uma concepção esférica, naturalista, destina-se a velar a verdade do desejo, aproximando-o do *wishfull thinking*, imediatamente compreensível, de um sujeito protopático.

O caminho escolhido por Lacan para abordar o desejo é o sonho, porque, em sua relação fundamental com o significante, ressalta a versão mortífera e perigosa do desejo humano, colocando em xeque toda tentativa de fazer corresponder a análise a um processo de adaptação.[3]

Lacan analisará um sonho em particular no curso de numerosas sessões do sexto ano de seu seminário, dedicado ao desejo. Este sonho, que chamarei de "sonho do pai morto" é evocado para ajudá-lo a interrogar a articulação do desejo com a negatividade, aí representada pela morte. A partir disso é que Lacan poderá abordar o afeto, não por acaso, no momento em que surge a questão sobre o ponto onde o desejo toca o gozo.

## O sonho do pai morto

Retomemos este sonho tal como é descrito por Freud na *Traumdeutung* como exemplo de sonho aparentemente absurdo:

> Seu pai estava outra vez em vida e falava-lhe como de hábito, mas (coisa estranha) estava realmente morto, só que não o sabia. Este sonho se torna inteligível se, após "ele estava realmente morto", inserimos "de acordo com o desejo do sonhador", e em seguida "só que não sabia", que o sonhador tinha este desejo. O filho, durante o tempo em que cuidara de seu pai, havia freqüentemente desejado sua morte; para ser exato, ele tinha tido um pensamento caridoso: "a morte deveria colocar um fim a seus sofrimentos".[4]

A restituição do enunciado "de acordo com o desejo do sonhador" constitui a interpretação do sonho, situando-o, ao mesmo tempo, como realização de desejo: um desejo de morte do pai, veiculado pelo sonho e materializado pela presença da imensa dor experimentada pelo sonhador, que constitui seu castigo. Aqui, outra vez, devemos tentar evitar o reducionismo. Com efeito, poderíamos cair na tendência comum de interpretar o sonho como aquilo que faria passar o desejo de morte do pai do inconsciente ao consciente, restituindo ao sonhador o seu sentido oculto.

Segundo esta vertente, um desejo seria satisfeito pelo sonho: o desejo edipiano de morte do pai, que se realizaria no texto latente e, em conseqüência disso, faria merecer a punição. Esta é uma maneira possível de conceber o afeto, como aquilo que constitui a punição sob a forma do sofrimento. O desejo aparentemente encontraria seu sentido por meio do afeto, pois o sonho deixaria de ser absurdo no momento em que o texto latente fosse indexado pelo sofrimento do filho. A interpretação do sonho por Freud, restituindo o texto escondido, faria passar o desejo de morte do inconsciente à consciência, restituindo ao sonhador, como já disse, o seu sentido. A transformação do afeto corresponderia, segundo esta leitura, à uma passagem. Passaríamos do prazer inicial da descarga, que acompanha a realização alucinatória do desejo arcaico, de morte, neste exemplo, para o sofrimento. Desta forma, tanto o afeto quanto o desejo seriam transformados pelo recalque: o significante do desejo estaria escondido sob um outro significante e o afeto de prazer seria invertido em dor. O afeto, neste contexto, estaria praticamente confundido com a pulsão ou com uma determinada concepção de pulsão, e seria mais verdadeiro que o próprio desejo, pois este corresponderia apenas à representação do que quer a pulsão. Finalmente, a interpretação do sonho neste contexto teria como função prover a significação do desejo inconsciente a partir do significado do afeto consciente.

Além de reduzir o desejo a um simples nome da pulsão, esta leitura pressupõe um sujeito arcaico do desejo/pulsão, anterior ao discurso, que daria fundamento ao sonho. Um tal sujeito protopático é, espero já ter demonstrado, uma ilusão: alguém quer matar o pai, mas quem é esse alguém? Onde ele está? Se não é o sujeito do texto manifesto do sonho, seria um sujeito inconsciente? Poderiamos assimilá-lo totalmente ao sonhador? Caberia, enfim, ainda perguntar: se há quem se satisfaça neste sonho, quem é?

O que constatamos, então, é que, sem descartar este tipo de leitura que situa a verdade do sonho nos afetos de um sujeito das pulsões, anterior às palavras e que teima em se colocar fora de alcance, ao final, não saberemos mais onde situar a verdade a não ser no plano do saber do analista.[5] A interpretação de Freud, por outro lado, apesar de associar-se a um saber, restitui algo da verdade do sujeito e não de um saber pronto do analista. É justamente daí que decorre a sua eficácia. A interpretação indica o lugar do sujeito. Lacan lembra, então, que, neste sonho, este lugar é ocupado no nível manifesto pelo afeto "dor". Vemos, pois, que o afeto está no lugar do sujeito, mas que a interpretação, apesar de incidir sobre este ponto, visa ao desejo e não ao afeto.

## O desejo e o afeto

É, portanto, fundamental distinguir com clareza os papéis do desejo e do afeto. A novidade trazida por Lacan à abordagem desta questão concentra-se em uma inversão: é preciso primeiro situar o desejo, depois o afeto. Os pós-freudianos, de maneira geral, tendiam a dar sentido ao desejo a partir do afeto em jogo no sonho: porque o filho sofre, seu desejo era matar o pai. Freud, por sua vez, situa o desejo a partir de uma operação significante, a saber, a restituição de um enunciado ("segundo seu desejo") que reconstitui a cadeia inconsciente, localizando assim o afeto.

Vejamos, pois, em mais detalhe, a inversão de Lacan. O primeiro passo foi dado. Negamos a existência do sujeito protopático. Antes de iniciar sua análise deste sonho, Lacan afasta a noção de um sujeito do *Wunsch*, pois a energia pulsional não é "substantivável" e, menos ainda, "subjetivável". Por isso, em seguida, Lacan situa a satisfação do sonho. Ele o fará vinculando satisfação ao ser. Para que possamos abordar o sonho de uma maneira nova, é preciso então perguntar como é possível navegar no universo de uma satisfação sem sujeito.

Ele dirá: *le désir se satisfait de l'être.*[6] Esta proposição perde seu caráter inquietante e equívoco com a tradução, mas ainda assim é capaz de surtir o efeito desejado se explicitarmos seu aspecto paradoxal. Esta é uma afirmação propositadamente ambígua, que pode ser traduzida tanto como "o desejo se satisfaz sendo" ou "o desejo se satisfaz no ser". Ali onde estamos acostumados a procurar uma essência imanente, Lacan, com esta ambigüidade, nos apresenta uma concepção do ser segundo a qual a existência precede a essência. O ser aqui está no plano de um ente que, se satisfazendo, satisfaz seu desejo.

Mais adiante abordaremos com mais precisão a utilização, por parte de Lacan, da idéia de "ser" neste seminário. É possível, porém, afirmar desde já que não há nenhuma materialidade no ser senão aquela que se depreende de um dito. Dito que, uma vez deslocado pela ambigüidade, desvela a fragilidade de sua essência. Vemos que ao atribuir consistência a um ser primordial, arcaico etc., estaríamos apenas colocando este ser protopático em lugar de outro. O ser, ao contrário, não deve caracterizar-se por qualquer substância que não aquela conferida pelo ato de fala que o situa. Por isto mesmo, a materialidade estará sempre mais além, suspensa pelo insondável da enunciação e, ao mesmo tempo, realizada na amarração real que o enunciado permite. Aqui intervém, então, um terceiro sentido da frase de Lacan, perdido na tradução: "o desejo se satisfaz na letra" (*de l'être — de la lettre*): o ser *consiste* apenas na letra.[7]

Desta forma, estamos diante de uma idéia fundamental, que se deixa interpretar pelo menos de duas formas. De acordo com o senso comum, realizar um desejo é satisfazê-lo, consumá-lo. De acordo com a perspectiva que vimos, entretanto, a satisfação do desejo está em fazer o desejo ser. *Ser* traduz-se aqui simplesmente por *desejar*. "Realizar" é tomado não no sentido de consumar, mas sim de fazer existir. Seguindo esta última via, temos um ganho a saber: descobrimos que o ser é definido, fixado, incorporado pela letra. Descobrimos também, a partir daí, que aproximar-se do ser, assim situado, implica uma satisfação perigosa por conduzir ao fim do desejo. O desejo é, assim, eternamente desejo por ser eternamente insatisfeito. Satisfazer o desejo, neste sentido, é fixar a satisfação, consumar o desejo, consumi-lo fazendo-o desaparecer. É aí que vemos aparecer a dor.

## O grafo do desejo

É, de fato, complexa a articulação entre o desejo e sua satisfação. É por esta razão que recorreremos, com Lacan, ao sonho do pai morto. Com respeito a este sonho, Lacan destaca, da interpretação de Freud, três enunciados:

> **Ele estava morto**, apesar de tudo
> **Segundo sua vontade**/desejo
> **Ele não sabia** que fazia este voto/desejo

Estes enunciados serão progressivamente desdobrados e constituirão verdadeiros paradigmas dos processos em jogo no sonho, que presentificam a estrutura da linguagem. A linguagem impõe ao ser falante — o falasser — uma mortificação que permite, ela mesma, a satisfação. O afeto tem aí um lugar de destaque. Resta, entretanto, articulá-lo ao que se passa com a cena principal. Comecemos então a delineá-la: A análise do sonho do pai morto se desdobra em numerosas lições do *Seminário 6* e a progressão não se faz sempre de maneira linear, pois cada um destes enunciados é referido por Lacan a questões específicas, trazendo esclarecimentos essenciais. Com respeito ao primeiro enunciado, Lacan se reporta aos sonhos de criança, à realização alucinatória do desejo e à discussão sobre os processos primário e secundário. A negação, introduzida pelo segundo enunciado, será retomada, em seguida, de maneira aprofundada situando sua vinculação essencial com o recalque e com o inconsciente. Finalmente, o último enunciado engendrará leituras diversas que servirão, entre outras coisas, para localizar a função do desejo.

## *Ele estava morto*

Uma vez superada a leitura que assimila diretamente este enunciado ao desejo do sonhador, Lacan se apoia nas elaborações freudianas para tratar a satisfação alucinatória do desejo no processo primário, convocando os sonhos de crianças com este fim. Estes sonhos apontam este momento de "nudez do desejo" que, em Freud, é denominado processo primário, comumente entendido como império do isso. O sonho de sua filha Anna, que Freud relata na *Traumdeutung*, é retomado aqui por Lacan. Imediatamente após ter sido frustrada em sua demanda por morangos silvestres pelo pai, a menina sonha: "Anna F.eud, molangos, g.andes molangos, pudim, mingau!".[8]

O que o sonho infantil nos mostra, primeiro, é que não há enunciado que possa corresponder ao desejo, porque não há objeto, do desejo, no sentido dos objetos quotidianos. A pequena Anna Freud não sonha com o objeto do seu desejo, simplesmente porque ele não existe em si. Ela apenas sonha com uma representação possível do desejo, a cada vez. Sonha com um banquete no qual a linguagem faz deslizar seu objeto em uma série metonímica de objetos, representando assim algo da satisfação total. O processo primário diz respeito a esta possibilidade primária de prazer na mobilização da linguagem e não a um universo primitivo à parte.

Em segundo lugar, o sujeito em estado nascente parece inscrever-se na articulação das *Vorstellungen*, que incluem, neste caso, seu nome por extenso no texto do sonho. No sonho do adulto, por sua vez, o lugar do sujeito é claramente velado. O sujeito — não o sujeito gramatical do enunciado, mas aquele da enunciação — está presente apenas em sua falta, sendo observado apenas em sua *afânise,* em seu desaparecimento no intervalo entre os significantes.

Marcando a diferença com relação ao sonho infantil, Lacan situa no enunciado — Ele estava morto — o ponto onde um apagamento do nome próprio indica a mortificação do sujeito pelo significante: o desaparecimento do ser do sujeito, coisa morta pela palavra. Este enunciado torna-se uma fórmula paradigmática, pois presentifica a operação de constituição e de mortificação simultânea do sujeito na cadeia.

Enunciam-se assim, ao mesmo tempo, a morte do sujeito e a sua presença. Já estamos, desta forma, no plano do recalque e da alienação do sujeito, escondido e presente na *alethéia* de sua verdade. Concluindo, **Ele estava morto**, como enunciado, indica um desaparecimento e marca também uma presença, pois ganha sentido apenas porque há um ser da palavra que o sustenta em seu desaparecimento. Isto posto, aparece o que há de mortífero no significante. O ser é morto pela operação significante e dá lugar a um *sujeito do significante*, um morto-vivo cujo rastro o desejo delineia em meio às palavras.

## *Ele não sabia*

O enunciado "Ele estava morto", como vimos, representa a própria dimensão simbólica e constitui um dos nomes do Outro. A referência ao Outro, entretanto, não garante a fala, pois se formos detidos aí, se o Outro que mortifica não for ele também mortificado, barrado, ele suspende o sujeito, capturando seu ser. Para que o sujeito possa se inscrever no discurso, é preciso que Outro seja marcado pelo não-saber. Esta operação é a condição para um discurso subjetivado. É necessário que o Outro não saiba tudo, pois, caso contrário, o sujeito pode, como é comum na psicose, condenar-se ao silêncio, posto que tudo é sabido previamente.

Apenas esta separação do Outro no nível do saber permite o advento da falta, que inscreverá o sujeito no trânsito discursivo em meio ao trabalho eterno de significar ele mesmo e seu desejo. O mecanismo que permitirá esta inscrição, o advento do sujeito morto pela linguagem como sujeito desejante, é o recalque fundamental, que o situa dividido entre o que diz e o que se diz em seu dito. Só assim, ignorando sua morte, ele ingressa no universo do desejo.

Está esclarecida, assim, a articulação entre os enunciados "**Ele estava morto**" e "**Ele não sabia**". O primeiro aponta a condição para o advento do saber e o efeito mortificador, sobre o homem, deste saber, que Lacan traduzirá mais tarde por $S_1$. O segundo faz operar este saber por meio da negação, signo de um Outro marcado, barrado, tornando possível a articulação $S_1$-$S_2$, ou seja, o encadeamento de significantes constituinte do discurso. No primeiro enunciado, estamos no registro do que Lacan designa como alienação e no segundo, como separação.

Uma nota interessante sobre o caráter desta negação inscrita no Outro é que ela tem a estrutura da negação gramatical que será retomada por Lacan neste seminário com a contribuição de Edouard Pichon. Demonstra-se no plano lingüístico o que Lacan articula no nível da constituição, tanto do inconsciente, quanto do próprio sujeito. O significante interdita para o sujeito a possibilidade de dizer-se em seu desejo, mas circunscreve o lugar da verdade a partir da negação. Compreendemos, assim, porque é tão difícil sustentar radicalmente a ilusão de que a afirmação exclui a negação e vice-versa.

O ser se introduz, segundo Jean Hyppolite, sob o modo do não-ser.[9] O *não* é sempre um "dito que não" onde se nega o dito, mas, desta forma, algo, por sua vez, se diz. Esta posição especial da negação, em conformidade com a estrutura do significante, é ilustrada por Lacan com uma parábola extraída de Tintin: "Qualquer um que disser diante de mim que o general Tapioca não vale mais que o general Alcazar, terá que se haver comigo." Podemos colocar esta parábola reveladora em série com outra: "Qualquer um que diga que o rei da Inglaterra é um idiota, terá a cabeça cortada!", bastando acrescentar, para figurar o inconsciente, que na noite seguinte, sonha-se que se teve a cabeça cortada. Desta forma, o problema da inclusão do ser em si mesmo, situado pelo menos desde o paradoxo de Epimênides e que ganha uma saída possível com a lógica de Russell, ganha uma nova solução a partir do inconsciente freudiano.[10]

Podemos agora colocar estes dois enunciados e também o binômio alienação/separação em termos freudianos. A *Verneinung* do **ele não sabia** se associa imediatamente à *Bejahung/Ausstossung* primordial, representada pelo **ele estava morto**, condição da palavra. O **ele não sabia,** no nível da enunciação, é o que aponta a existência da palavra, constituída sobre o fundo de uma morte que não se pode apreender.[11]

### *Segundo seu desejo*

Já reunimos, então, tudo o que é necessário para o advento da fala. Todavia, ainda há algo a ser situado. É preciso indicar, agora, qual a articulação entre os dois enunciados que permite a emergência do desejo. Sempre que há fala, há desejo. Este, entretanto, pode comparecer exclusivamente no plano da demanda — aquilo que do desejo reduz-se à sua verbalização — ou num outro registro. Este registro é forçosamente paradoxal por situar-se como um "para além" do universo do discurso, ao mesmo tempo em que só se manifesta a partir do próprio discurso. O *diabinho* do desejo só existe como projeção, em um falso exterior, de um fantasma inerente ao discurso — a suposição de seu para além. Assim entendido, o desejo — além da demanda, insistindo na fala sem consistir em nenhum de seus termos — torna-se uma mera demanda do além. Pode-se então situar o desejo de outro modo que não fixando-o e fazendo-o consistir, como fez Shakespeare em *Hamlet*, na boca de um fantasma.

Claudius, aparecendo como fantasma incorpora esta demanda do além, pois materializa o desejo, em posição exterior a Hamlet. Vemos como nem toda articulação sujeito-Outro garante ao desejo este lugar paradoxal, ao mesmo tempo interno e externo, que Freud chamou de "estranho" e Lacan situou como "êxtimo". O grafo do desejo é uma das formas que Lacan encontrou para formalizar estas relações em sua riqueza, a partir da figuração dos dois enunciados fundamentais. "**Ele estava morto**" e "**ele não sabia**" apontam o paradoxo da relação sujeito-Outro. Claudius, entretanto, no lugar do Outro, sabe. Ele sabe do crime cometido por sua mulher e seu irmão em nome do desejo. Isto paralisa Hamlet pois é preciso que o Outro não saiba para que se possa viver, ignorando que se está morto. O desejo depende da ignorância e da morte, razão pela qual Lacan o insere entre as duas linhas do grafo.[12]

Os três enunciados do sonho são, então, articulados por Lacan para constituir uma interpretação do sonho, a partir de uma nova dimensão de realização do desejo. **Ele estava morto** forma uma espécie de fundo para a enunciação do **ele não sabia**. Um não se justifica, pois, sem o outro: o enunciado esconde a enunciação, e esta é implicada pelo enunciado. Uma vez estas duas cadeias sendo distintas pela interpretação, a chave do desejo, traduzida aqui por **segundo seu desejo,** estará situada entre as duas linhas.[13]

Obviamente, estes enunciados paradigmáticos não se encontram formalizados na experiência clínica. Tomemos o exemplo de Emma, analisado por Freud no *Projeto* e retomado por Lacan.[14] Seu sintoma é uma fobia que se manifesta no medo de entrar sozinha em lojas e no temor dos comentários que ali serão feitos a respeito de suas roupas. Há uma lembrança, associada à ocasião em que ela havia entrado em uma loja, onde fora objeto dos gracejos de um empregado que havia despertado seu interesse. Os comentários, aparentemente, relacionavam-se à sua maneira de vestir. Uma segunda lembrança vai, então, dar sentido à primeira: uma outra vez em que havia estado no interior de um estabelecimento comercial, um senhor de mais idade, proprietário da loja, agarrara suas partes íntimas por cima da roupa. Ela era ainda criança. A lembrança mais antiga adquire, assim, a função de trauma inicial, ao ser confrontada com a excitação sexual causada a partir da segunda cena. Podemos, portanto, pensar estas cenas em uma certa sucessão cronológica. Toda a novidade freudiana consiste em articular as cenas a partir da idéia do ponto de basta, nome lacaniano para o *a posteriori*, ou *Nachträglichkeit* de Freud, que torna possível a ressignificação da primeira cena pela segunda.

Não estamos mais no registro do tempo linear e são necessárias duas seqüências para que se produza um efeito de verdade. Freud descobre que estas duas seqüências nem precisam ser da ordem do factual e que a primeira cena pode ser fantasiada. Mais tarde, descobre ainda que a tal cena pode nem ter sido fantasiada realmente. Basta que seja, tal como no caso do Homem dos Lobos, construída em análise. Esta novidade elimina a obrigação de se procurar um trauma originário. Ele será situado a partir da articulação entre duas cenas.

Percebemos que as duas seqüências ou cenas que originam o trauma são sempre heterogêneas: mesmo que a primeira cena seja da história do sujeito, ela lhe parece estranha e é, desta forma, ao mesmo tempo íntima e estrangeira. Pertence à história do sujeito, mas também porta um novo sentido, dado que algo do Outro a acompanha. Com a passagem de Hamlet para Emma, deixamos o plano da estrutura fundamental da fala que articula sujeito, Outro e desejo e passamos a nos situar no plano da inserção do desejo em uma história. A construção destas duas seqüências põe em evidência a montagem necessária para que o registro do desejo se instale para aquele sujeito. Por esta razão que elas serão figuradas nos dois andares do grafo, onde já havíamos inscrito os enunciados paradigmáticos do sonho do pai morto. Apesar de elas se vincularem aos dois enunciados paradigmáticos descritos acima, não devem ser simplesmente superpostas a eles.

A segunda seqüência, ao ser retomada a partir da primeira, ganha novo sentido. Mais do que isso, esta operação que se dá graças à coexistência de duas cenas vai apontar ao sujeito seu desejo. É o que, no caso de Emma, aparece em análise: ela voltou à loja do senhor idoso uma segunda vez, já tendo sido agarrada, beliscada, antes. Podemos deduzir, assim, um terceiro enunciado: "ela voltou porque quis". Este enunciado tem um lugar distinto dos outros. Ele não está disponível, como tal, no texto do sonho. Ele é constituído por Freud.

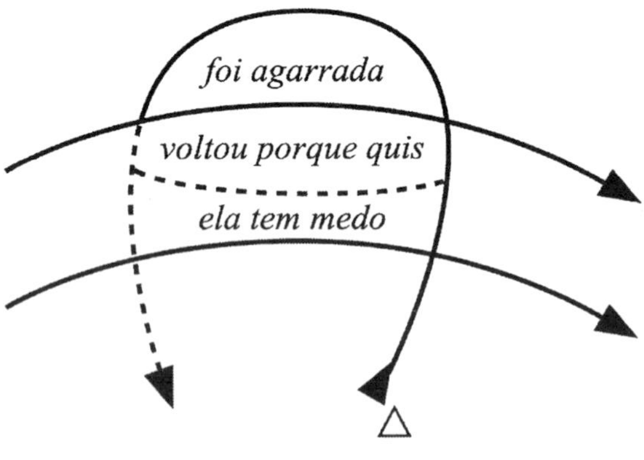

Deste modo, vemos como o efeito de verdade obtido a partir da confrontação entre as duas cenas só existe porque elas são mantidas separadamente. Dizer a Emma, fora da relação de transferência, que seu desejo era ser agarrada pelo dono da loja, a faria na melhor das hipóteses rir bastante. Pior, sob transferência, frente a uma afirmação como esta, talvez ela viesse a acreditar ter descoberto sua verdadeira personalidade animal adormecida. Nenhum dos dois efeitos é o esperado por Freud. Trata-se sobretudo de uma articulação entre as duas cadeias que faz aparecer o desejo que pode agora ser nomeado, e esta nomeação pode gerar efeitos sobre o sintoma. As características destes efeitos dependem da referência à sua dimensão inominável. Emma queria realmente ter voltado lá? Sim e não. O que importa é que algo apareça entre o sim e o não, materializando aquela dimensão para além da fala que foi mencionada anteriormente.

Ao escolhermos sim ou não, fixando um enunciado para o desejo, tendemos a confundi-lo com uma das duas linhas, fazendo-o deixar de ser desejo propriamente e reduzindo-o novamente a uma demanda, que solicita mais e mais interpretação. Portanto, a interpretação de Freud situa o enunciado "segundo seu desejo" entre as duas linhas do grafo. O que faz Freud é garantir a distância necessária entre as duas linhas, para que a dimensão do desejo se manifeste e cause seus efeitos. Uma interpretação que afirme algo sobre o ser do sujeito tenderia certamente a reduzir estes efeitos.

Isto não significa que o importante é suspender a nomeação do desejo, mas sim que, articulando as duas cadeias desta forma, abre-se um espaço em que se presentifica alguma coisa que estava ali mas que não tinha forma, o objeto do desejo. A matriz do gozo de Emma se vincula a algo entre a mão e o agarramento, entre a mão e o beliscão, que condiciona seu retorno à loja. Este algo diz respeito ao inominável do desejo que se corporifica necessariamente em um objeto de gozo. Tomando uma licença teórica, poderíamos supor uma continuação para o caso Emma, em que, a partir desta interpretação de Freud, fosse possível trazer à baila o gozo, até então silencioso, ligado, por exemplo, às suas fantasias masturbatórias.

## A Outra cena

Um novo universo se abre nas relações entre sujeito e Outro a partir deste ponto inominável do objeto do desejo. É preciso agora situar melhor o segundo andar do grafo, ou seja, o lugar do Outro. A expressão "Outra cena" será aqui de grande utilidade. Já nos desvencilhamos da idéia do inconsciente-porão, que Lacan atribui por vezes à uma concepção euclidiana do mundo, designada como uma "geometria do saco". Já nos desembaraçamos também do problema do dualismo essencialista inconsciente/consciência, que nos traria de volta o *diabinho*. É certo que o inconsciente já não habita nenhum porão, mas tampouco devemos atribuir-lhe qualquer imanência, mesmo que deslocada para os bastidores de um teatro imaginário. Neste sentido, Lacan indica que a expressão de Fechner, ao ser retomada por Freud, não se refere à idéia de um discurso inconsciente funcionando permanentemente em outro lugar, onde outra vontade impera e onde viceja, enfim, a verdade, mas refere-se a uma lógica "distinta", que opera no terreno da consciência.[15] Lacan desenha duas linhas, respeitando nossa geometria esférica quotidiana. Entretanto, a experiência do inconsciente aponta um plano que apenas a topologia proverá meios para situar. O grafo do desejo deve ser situado neste registro. Topologicamente, as duas cadeias são apenas pontualmente separadas. Isto significa que o discurso do Outro não é permanentemente enunciado nos bastidores da mente, mas que ele aparece no momento da articulação da fala, que solicita e introduz a dimensão de Outro discurso nesta fala. Esta articulação pode se dar, como acontece quotidianamente, entre alguém que fala e alguém que responde, ou, como na experiência analítica, entre alguém que fala e o Outro que comparece em sua fala.[16]

Para exemplificar esta topo-lógica diferente que parasita a consciência, poderíamos tomar qualquer passagem da *Psicopatologia da vida cotidiana*: "De noite, em uma reunião social, (...) [um] senhor conversava com (...) [uma] senhora sobre os amplos preparativos para a páscoa em Berlim. Ele perguntou: a senhora já viu a exposição na Wertheim? O lugar está completamente *decotado* [*dekolletiert*, em vez de *dekoriert*, decorado]".[17]

Vemos que o lapso materializa uma encruzilhada onde se articulam duas cadeias de pensamento, o comentário inocente e a observação picante. Nenhuma das duas é mais verdadeira, no sentido de "mais primitiva" do que a outra. Além disso, podemos dizer que uma se associa explicitamente ao eu e a outra não. Não podemos, entretanto, dizer que existem dois eus, um mais verdadeiro que o outro, nem dizer que existe um eu e um outro, ou até mesmo um eu e um sujeito do inconsciente. Existe, em vez disso, um só eu, atravessado por duas cenas, estruturadas segundo lógicas distintas, cada uma referida a uma vertente do sujeito.

Ao dizer que, no lapso, o inconsciente se intrometeu na consciência, Freud indica a encruzilhada. Entendemos, então, que a Outra cena, como a expressão mesma diz, só tem sentido em relação à cena. Hamlet, impossibilitado de revelar o segredo de seu pai, encena o assassinato de seu pai ao final do drama de Shakespeare, sob pretexto de divertir a corte. É somente na cena sobre a cena, como nesta peça, que a verdade pode se situar, pois é esta estrutura ambígua que aponta a impossibilidade fundamental do significante de significar-se a si mesmo. Eis a via pela qual somos conduzidos à ancoragem do significante no real. Uma "outra cena" precisa da cena para existir e só existe nesta relação. É justamente isto que faz com que, nas formações do inconsciente, o desejo, que se amarra aos significantes, possa mudar de circuito. As formações do inconsciente são, portanto, formações do significante, razão pela qual articulam novos sentidos, que serão por sua vez engendrados a partir da báscula aberta no encontro com a face do real que estes significantes representam.

Podemos, assim, conceber um discurso Outro, sem necessariamente nos referirmos a um discurso produzido e armazenado em um eu inconsciente. Estamos agora no plano de um discurso Outro criado pela própria linguagem e atualizado pelo discurso consciente. O próprio da formação inconsciente reside, assim, em uma certa função de passagem de uma cena para outra. A Outra cena será reconstruída no tratamento, com efeitos sobre o real do sintoma, apreendido então a partir de uma nova formação significante.

Assim como o desejo, o sujeito do inconsciente insiste, mas não consiste na cadeia significante. Com efeito, nem a cadeia consciente nem a inconsciente são aptas a produzir este sujeito se tomadas isoladamente. É só a partir do enlaçamento — da operação de amarração de duas cadeias que o grafo do desejo inscreve — que será presentificada para nós a dimensão do sujeito e de seu desejo.

Lacan indica esta estrutura de forma concisa ao opôr a presença do desejo na linguagem, indissociavelmente ligado ao Outro, à impossibilidade de inserção plena dele no plano dos significantes. Ser *articulado* não significa ser *articulável*. Justamente por emergir na ligação entre significantes, o desejo nunca é plenamente articulável num caso particular, apesar de se vincular aos ditos do Outro.[18]

Aqui reside o ponto de divergência entre a célebre afirmação do primeiro Wittgenstein, "sobre o que não pode ser dito deve-se calar"[19]e a descoberta de Freud. Segundo Freud, isto que não pode ser dito *não pode* ser calado porque não pára de falar. O isso se articula em uma fala. *Ça parle.* Isso fala. O real, nesta medida, está para-além da linguagem, mas esta é, ao mesmo tempo, sua morada. Não temos, pois, de um lado o dizível e, de outro, o indizível, mas sim o dito e, nele, algo que insiste em se dizer, que fala sem parar, sem dizer-se inteiramente.

Desvelada a estrutura do desejo, além da demanda, aponta-se a natureza de sua satisfação, sempre além mas também sempre aquém, inalcançável, mas sempre obtida parcialmente. Para dar conta do paradoxo desta satisfação: satisfação em ser no desejo e satisfação em desaparecer no desejo, Lacan vai teorizar o gozo que, de certa forma, guarda com o desejo uma relação de oposição.

No sonho do pai morto, Lacan situa o desejo a partir da oposição entre este e algo que ele designa, neste momento de seu ensino, como *dor de existir.* A dor de existir diz respeito ao contexto extremo de um "sujeito que, após ter esgotado, sob todas as formas, a via do desejo, encontra-se em um ponto onde ele não tem mais nenhuma exclamação a proferir a não ser o *me funai* — "melhor não ser", não ter existido — de *Édipo em Colona.*

A esta altura do ensino de Lacan, um ano antes do seminário sobre a ética da psicanálise, estamos num momento onde não se trata ainda, explicitamente, de Antígona. Esta dor, entretanto, já concentra toda a dimensão trágica da ultrapassagem da linha dos bens, seguindo uma via que leva à vociferação de Édipo. O *me funai* edipiano assinala um ponto onde o sujeito se desprende das últimas amarras de sentido dos significantes que o sustentavam e se depara com o termo último de sua existência. Paradoxalmente, é exatamente a via do desejo que conduz a este ponto-limite, limiar do real. O desejo aponta, assim, para um mais-além dos objetos mundanos e, neste sentido, ele conduz a uma zona onde o gozo se inscreve como o desaparecimento do desejo. É este o drama de Antígona, castigada por haver insistido em trilhar a via que conduz à Coisa. "Esta dor de existir, de existir quando o desejo não está mais presente, é o castigo de ter-se existido no desejo."[20]

"Esta dor de existência quando nada mais habita o sujeito a não ser a própria existência" é o que parece ameaçar o filho, no sonho do pai morto. Ele se encontra num momento crítico descrito por Lacan da seguinte maneira: "Trata-se de um desejo que não é um desejo qualquer, mas sim o desejo de morte do pai, desejo fundador, fina passarela graças à qual o sujeito não mais se sente diretamente invadido, engolido pelo que se abre a ele como hiância, como confrontação pura e simples com a angústia de morte. Sabemos que a morte do pai, a cada vez que ela se produz, é sentida pelo sujeito como o desaparecimento deste escudo que se interpõe, se substitui ao mestre absoluto, a morte". Neste momento, na passagem do *Seminário 5* para o *Seminário 6*, Lacan situa o desejo de morte do pai como matriz do desejo, pois o pai como metáfora da origem é justamente o que deve ser ignorado, recalcado.

Devemos distinguir a dor de existir da tristeza, pois é preciso retirar da primeira toda conotação que a aproxime daquilo que Lacan descreve como o campo do mundo dos bens, do útil e da significação, daquilo, enfim, que faz sentido para o sujeito e para seu semelhante. Deve-se também distinguir a dor de existir de tudo aquilo que se refere à dor moral, à existência do sujeito enquanto essência. As coordenadas existencialistas devem ser colocadas de lado, pois a utilização lacaniana deste termo é totalmente diversa. Não se trata de admitir qualquer existência que preceda e configure a essência, tal como supunha Sartre, mas trata-se sim, fundamentalmente, de descartar toda essência, até mesmo a essência do ser, o que nos afasta também de Heidegger. O termo "ek-sistência", comportando um hífen, introduzido por Heidegger em sua *Carta sobre o humanismo,* a fim de distinguir-se dos existencialistas, também não tem lugar aqui. A ek-sistência, para Heidegger, é a abertura do ser, espaço onde se desenrola a busca de sentido do *Dasein*, campo do simbólico por excelência. A existência da qual nos fala Lacan aqui, que será melhor traduzida ulteriomente por ex-sistência, situa-se em um ponto referido ao real, anterior ao ser. O grito de Édipo nos lança nesta dimensão da dor sem essência, por meio da recusa da existência. Podemos mesmo supor que o abandono desta expressão por Lacan ao longo de seu ensino seja devido a esta promiscuidade terminológica com Sartre. Com efeito, Lacan vai procurar purificar a existência de toda impregnação imaginária, trabalhando-a de maneira progressiva, a partir do conceito de gozo, legítimo herdeiro da dor de existir.

## O gozo

Vimos que o Pai é o nome da origem do desejo. Sua encarnação na realidade é uma figura conhecida habitualmente como "papai", que Lacan chama Um-pai. Isso significa dizer que o pai da realidade recobre, sempre parcialmente, o lugar vazio da origem do desejo, propondo-se como um sentido quotidiano para ela. A morte deste pai, tanto na realidade quanto figurada em um sonho, desvela assim o ponto cego de sustentação do sujeito na ordem significante.

O sonho do pai morto constitui uma resposta a esta vacilação. A morte do pai do sonhador em questão aponta a fragilidade do simbólico, abrindo perigosamente as portas do real. O sonho restaura esta fratura. A partir daí, o recalque restaura a ignorância necessária deste ponto de real da castração, repelindo a dor de existir, que a perda do pai desvelou e sobre a qual não podemos e não devemos saber. É claro que "saber", neste caso, não deve ser entendido como uma tomada de consciência. O sujeito deve, pois, manter, a qualquer preço, esta ignorância "que lhe é absolutamente necessária e que consiste em não saber que era melhor não ter nascido".

Lacan mostra, então, que o sonho tanto presentifica este real quanto o afasta. A castração se faz presente, mas é situada no pai, que não sabe que o filho desejou sua morte, que a própria vida é uma morte etc. Neste ponto, tem lugar a transformação apontada por Freud na origem do afeto. Graças à operação significante do recalque, a dor de existir, a dor do saber sobre a castração, que não pode ser subjetivada, poderá ser vivida sob a forma reconhecível da tristeza. O significante do desejo foi elidido e isto é, precisamente, o que permite preservar seu lugar como significante da ausência. Essa operação faz com que aquilo que era uma pura e insuportável existência, "estúpida e inefável existência", dirá Lacan mais tarde, se torne algo reconhecível e até mesmo reivindicável pelo sujeito, o afeto. A existência torna-se dor, ou melhor, a dor de existir torna-se tristeza, algo passível de uma formulação subjetiva e de um enquadramento imaginário. A dor de existir desdobra-se, assim, em afeto, fazendo com que aquilo que está para além do sentido entre em seu quadro.

A idéia fundamental é a de que o significante do desejo é elidido no registro afetivo, e, por isso mesmo, seu lugar é preservado. A existência pura, o gozo puro, toma forma subjetiva, incorporado a partir de determinadas imagens significantes. Esta dor de existir será desdobrável, assim, em diferentes tipos de afeto e constituirá uma espécie de báscula entre o que está fora do sentido e o que faz sentido. Eis aí a chave da transformação na origem da concepção do afeto: a dor de existir só é subjetivada a partir do que poderia se chamar sua incorporação afetiva, efeito do recalque e da constituição do desejo, o que, imediatamente, a descarta enquanto tal.

Proponho agora uma contraposição deste sonho do pai morto ao sonho do filho morto, analisado no seminário *Os quatro conceitos fundamentais da psicanálise*. Assim poderemos vislumbrar algo da natureza deste "saber sobre a castração", deste "saber que era melhor não ter nascido". Neste sonho, um filho reaparece para recriminar seu pai por ter adormecido e descuidado de seu corpo, que uma vela caída ameaçava incendiar. O rapaz diz, "pai, não vês que estou queimando?".[21] A comparação dos dois sonhos revela sua complementaridade na explicitação dos processos em jogo no inconsciente. Cada um deles enfatiza uma vertente específica destes processos. O sonho do filho morto responde à perda de um ser — o filho — que havia adquirido o brilho fálico do objeto do desejo. As palavras do menino, colocadas em cena no sonho, funcionam como se o objeto tivesse ganhado voz, constituindo um ponto de real, em que a angústia acorda o sujeito apenas para que ele continue a dormir. A invocação do filho morto é, então, assimilada por Lacan ao real introduzido pelo significante, e toda a sua interpretação deste sonho vai girar em torno da idéia de que a realidade onírica comporta bem mais a dimensão do real que a vigília. Enquanto este sonho tem o efeito de um despertar, o sonho do pai morto, que intervém após a perda deste escudo contra o real que é o pai, restaura o que permite ao sujeito proteger-se do vácuo do puro existir, do gozo. O sonho do pai morto restaura o desejo. Neste caso, a aproximação do real representada pela dor de existir não chega a constituir uma irrupção que levaria a um despertar. A dor é tamponada pela sua subjetivação como tristeza.[22]

Enquanto o sonho do pai morto é o paradigma do recalque, da constituição da ignorância fundamental do falasser, o sonho do filho morto revela o que estava escondido: a morte em sua face de gozo. Com efeito, representar a morte como o inefável, ou como o limite à vida, constitui apenas uma visão parcial que elide aquilo que a experiência analítica trabalha para desvelar para-além do desejo: o gozo. As chamas que consomem o filho fornecem, deste modo, uma melhor descrição desta dor de existir que devora o homem. Assim é que o "pai, não vês que estou queimando?" pode ser lido como "pai, não vês que gozo?". No outro sonho, por sua vez, o pai, estava morto e não sabia sobre o gozo, ignorância fundamental para que o próprio gozo, ao ser interditado, seja, não extinto, porque então não haveria vida, mas sim localizado, aparelhado, pois o gozo absoluto também é incompatível com a vida.

Capítulo IV

# DA PULSÃO À FANTASIA

## Pulsão e representação

Sabemos que Freud dá um tratamento original à representação, formulando uma teoria própria, para a qual o termo *Vorstellungsrepräsentanz* é nossa porta de entrada.

Termo que fez correr muita tinta, o "representante da representação" é situado com relação ao afeto nesta famosa passagem de Freud:

> Até o presente temos tratado o recalque do representante pulsional [*Triebrepräsentanz*], compreendido como representação ou grupo de representações investidas de um determinado *quantum* [*Betrag*] de energia psíquica (libido, interesse). A observação clínica obriga-nos agora a decompor o que temos concebido como um todo, ela nos mostra, pois, que é preciso considerar, ao lado da representação, alguma outra coisa que representa a pulsão [*Trieb repräsentiert*] e que esta alguma outra coisa sofreu um destino de recalque que pode ser inteiramente diferente daquele da representação. Para designar este outro elemento do representante [*Repräsentanz*] psíquico, o nome *quantum de afeto* [*Affektbetrag*] é aceito; ele corresponde [*entspricht*] à pulsão destacada da representação e encontra expressão conforme sua quantidade em processos vividos sob forma de afetos. De agora em diante, na descrição de um caso de recalque, será preciso pesquisar separadamente o que sucede, do fato do recalque, à representação e o que sucede à energia pulsional que lhe é atribuída".[1]

Esta passagem foi considerada por muitos como a bússola cartesiana de leitura de Freud. Ele mesmo, entretanto, enfatiza que a decomposição da qual fala é articulada, de certa forma, artificialmente, sendo concebida com fins descritivos de estudo e compreensão. É, segundo Freud, apenas "na descrição de um caso", considerando-os após o recalque, que devemos distinguir afeto e representação, que não são distintos *per se.*

Apesar disto, à primeira vista, Freud parece estabelecer uma oposição entre os dois representantes da pulsão, o representante "ideativo" e o representante "afetivo". Sobre este postulado de Freud, podemos reunir pelo menos duas leituras divergentes, que partem da aposta, tanto em uma origem ideativa e racional da *Vorstellung,* quanto em uma origem pulsional e animal do *Affekt.* A partir desta clivagem inicial, é possível transpor para o interior da pulsão seus dois representantes, supostos corresponder a seus dois "componentes". Desta forma, o afeto torna-se o representante natural da pulsão porque ele é mais antigo ou mais próximo dela, ao menos do ponto de vista energético. Ele pode ainda ser considerado como a encenação desta oposição, como a tradução da luta entre a pulsão e o aparelho psíquico (identificado ao eu). Uma última possibilidade é situar a própria pulsão, assimilada à uma linguagem original no registro da razão, empreendimento que visa ao monismo do "todo significante" e que, em lugar de descartar essa oposição, faz apenas reforçar a denegação que ela implica.

A novidade de Freud, ao contrário, revela que a pulsão e o *Vorstellungsrepräsentanz* não estão em uma relação bilateral, mas em uma certa intimidade estranha, ou extimidade. Através do conceito de representação, Freud dá conta desta relação, ao colocar que "o afeto é um representante da pulsão". Entretanto, ele não dá ao afeto o mesmo lugar que à representação, pois, para esta última, ele criou o *Vorstellungsrepräsentanz.* Há, assim, uma terceira proposição implícita para se levar em conta: "não há *Affektrepräsentanz*", o que indica que o afeto teria um lugar específico na metapsicologia freudiana, porém diferenciado da representação, esta sim legítima representante da pulsão.

Desta forma, Lacan, em suas formulações sobre a pulsão, deduz do texto freudiano algumas proposições: "o afeto e o *Vorstellungsrepräsentanz* são representantes da pulsão", "o *Vorstellungsrepräsentanz* é o representante da pulsão" e, finalmente, "não há afeto inconsciente", mas "há transformação na origem do afeto".

Lacan enfatiza o quanto Freud localiza o inconsciente como lugar das inscrições. No inconsciente há apenas inscrições, traços mnésicos — *Erinnerungsspur* ou *Erinnerungsrest* —, signos de percepções, *Wahrnehmungszeichen* —, que Lacan assimila por vezes aos significantes, para os quais ele reserva também o termo *Vorstellungsrepräsentanz*. O inconsciente é concebido como uma trama sincrônica destes elementos de escrita, *Niederschriften* (literalmente, "marcas de escrita").[2]

Este termo central, o *Vorstellungsrepräsentanz* (*VR*), concentra em si muitas destas noções, pois sobre ele recai a função de articular o inconsciente e a pulsão, relação de apreensão difícil, bastante explorada por Lacan.

Começaremos nosso exame deste termo pelo que parece mais claro: o *VR* não é a representação da pulsão no sentido de uma imagem figurativa. Freud jamais emprega, a respeito deste assunto, o verbo figurar — *darstellen* —, pois o *VR* não tem nenhuma relação de semelhança com a pulsão que pudesse lhe prover qualquer tipo de significação natural. De fato, a pulsão não existe fora do inconsciente, razão pela qual não se trata de aí se fazer representar desta forma. Como poderia ela ser uma representação icônica do que não tem imagem? Como ela poderia ser parecida com o que não tem forma nem substância?

Lacan oferece uma solução para este problema, propondo que interpretemos a representação em Freud, como a relação que um diplomata mantém com o país que ele representa. O "z" do *Vorstellungsrepräsentanz*, em lugar do "t", que em alemão estende o "representante" em direção ao abstrato da "representação", responde por seu caráter essencial de *função*. Ao mesmo tempo, o termo aponta a instância do *funcionário*.[3] Mas por que correlacionar, num mesmo termo, a função, o funcionário e a *Vorstellung*? É que o *VR*, enquanto nome do próprio significante, é também o que, no aparelho psíquico, *toma lugar* da representação, o que o torna, então, representante da pulsão. Ela é o diplomata que, ao mesmo tempo, representa seu país — a pulsão — e a própria diplomacia — a representação —, possuindo, além disso, uma imagem ou essência própria — como uma representação determinada. Vemos que *diplomata* e *diplomacia* traduzem aqui *Vorstellung* e *Repräsentanz* como "representação" e "a ordem da representação". O *Repräsentanz* indica, assim, a função de representação e a *Vorstellung* traduz o que este representante tem de particular, que é a sua própria significação. Vale lembrar, com Lacan, que não é preciso que ela intervenha, já que no sistema de escrita que compõe o aparelho psíquico, as *VRs* têm papel de significantes. Seu valor é apenas relacional.[4]

A despeito das críticas de J. Laplanche à tradução de Lacan, devemos manter o sintagma "representante da representação" em vez de "representante ideativo", porque ele detém a duplicidade de sentido acima demonstrada, traduzindo o fato de que se trata, ao mesmo tempo, da representação enquanto significação e da representação enquanto ação de significar.[5]

Compreende-se, desta forma, porque Freud não emprega a expressão *Affektrepräsentanz*. Estes dois termos, afeto e representação, não se equivalem, dado que o *VR* traduz alguma coisa bem mais fundamental que o afeto. É o "lugar-tenente" da representação em geral, estenografia do próprio fundamento do inconsciente. Ele toma seu sentido do recalque original, representante de tudo o que há para representar. Só há o que representar porque há recalque e *VR*, e vice-versa. Só há o que representar porque há a pulsão enquanto conceito suposto a partir da existência da *VR*.[6]

## Pulsão e inconsciente

A pulsão não se esgota nem em quantidade, nem em qualidade, apesar de parecer mais próxima da quantidade. Ela pode se fazer representar por ambas que, por sua vez, dizem respeito ao registro do recalque em sua relação visceral com a própria pulsão. São dois "elementos do representante psíquico da pulsão", separados apenas após o recalque, o que torna impossível colocá-los em série evolutiva.[7]

A tendência dos comentadores, entretanto, é de clivar a pulsão em duas, de reservar à *Vorstellungsrepräsentanz* seu conteúdo qualitativo, "ideativo", "representacional", e ao *Affekt*, seu componente quantitativo, "intencional", "energético", os dois sendo, pois, *Repräsentanten*. Aqui aparece o engano no qual incorre, necessariamente, esta via de leitura: não somente os dois representantes não estão em espelhamento mas, além disso, a pulsão não é alguma coisa fora do inconsciente que se faria aí representar pela idéia e pelo afeto. Sua localização espacial tem apenas interesse para as comodidades da imaginação, já que a pulsão só pode ser inferida do desdobramento do significante. Que neste desdobramento haja afeto, indica que ele é, também, uma materialização da pulsão. Não devemos incluir em um mesmo plano a pulsão e a *Vorstellungsrepräsentanz*, pois esta última funda a própria ex-sistência daquela.

O significante é essencialmente descontínuo e só pode ser encadeado pondo em jogo os hiatos que veiculam o desejo. É daí que decorre a proposição lacaniana do desejo como o "representante não representativo" da pulsão. O inconsciente, concebido a partir da estrutura de corte do desejo, sustenta-se, ao mesmo tempo, pelos traços significantes e pelo que constitui seus intervalos, a saber, a pulsão como constância e desvio.[8]

Afinal, qual é a função principal do representante? Trata-se de colocar em ato o processo do recalque. A partir dele, o sujeito perde a possibilidade de significar-se integralmente. Por este constrangimento de estrutura que é o recalque, o sujeito passa a se fazer representar pelo *VR*. A *afânisis* do sujeito é, portanto, condição da própria significação. O próprio termo freudiano, *Vorstellungsrepräsentanz*, articulando os dois elementos, realiza esta *afânisis*, pois o traço singular da *Vorstellung* desaparece no momento em que é colocado em relação com um segundo significante — o *Repräsentanz*. O gênio de Freud foi fazer refletir neste termo o caráter da pulsão, presença fundamental que se estabelece como ausência. Ela apenas ex-siste com relação ao inconsciente. Assim, a *VR* é, efetivamente, o que faz existir uma constante na cadeia, que se encontra além e, ao mesmo tempo, aquém dos processos significantes. Eis aí uma maneira eficaz de abordar as relações entre significante e pulsão.[9] Pode-se dizê-las ainda de outra maneira: só há circuito pulsional — seu fechamento em torno do objeto tal como Lacan o figura em seu *Seminário 11* — porque há a cadeia significante que o aparelha por meio da palavra. Estes dois elementos, pulsão e significante, não são dissociáveis. A busca do objeto e seu fracasso estrutural são possibilitados pela cadeia. Esta última, por sua vez, se realiza com a condição de que haja investimentos (*Besetzungen*) que mobilizem traços mnésicos (*Erinnerungsspur*). Assim se desenha o trajeto da pulsão.

Vemos que não é possível localizar, no inconsciente, nem o afeto nem a pulsão, propriamente ditos. A originalidade conceitual da pulsão, em particular, está no fato de que ela não é encontrável em lugar algum. O inconsciente será, nesta medida, o lugar de lugar algum. Entretanto, no âmbito da cadeia, lugar do Outro, tesouro dos significantes, a pulsão opera como causa, motor da satisfação. Ela introduz a face consistente, corporal, do sentido ao qual vincula-se o afeto. Justifica-se, desta forma, a realidade sexual do inconsciente, ligada tanto à pulsão quanto à trama significante que a sustenta.[10]

Podemos assim situar a pulsão, recorrendo às formulações de Lacan sobre a transferência no *Seminário 11*. Ela diz respeito à "realidade sexual do inconsciente". Ela não está nem dentro nem fora do inconsciente: ela é o que sustenta sua existência. É uma *Drang*, pressão original, e, ao mesmo tempo, o resultado do desdobramento da cadeia ou, ainda, um produto dedutível do funcionamento da cadeia significante no sujeito e materializável a partir do ato do analista. A pulsão tem, enfim, o estatuto inesperado de uma causa *a posteriori* ou de uma dedução *a priori*.

## A transformação do afeto

Caracterizada a pulsão, damos mais um passo para situar o afeto em nosso campo. A chave que articula pulsão e afeto é a idéia de transformação, que dá conta da descarga e da metabolização de uma quantidade. Recapitulando: se o afeto não está no inconsciente e, tampouco, onde se encontra a pulsão, então onde está ele? Assim como a pulsão, o afeto não é localizável em nenhum lugar?

Diferentemente da pulsão, o afeto é visível. Ele se dá como ente do mundo, aparecendo como fenômeno. Deste ponto de vista, ele não só dá a impressão de ter existência e autonomia como de ser passível de destacar-se da representação e ficar à deriva, até amarrar-se a uma representação substituta. Entretanto, tomar o afeto como alguma coisa dotada de vida própria, que se prende, se desprende e se desloca, nos reconduz ao afeto-coisa. Com efeito, é possível conceber o afeto como uma "dose extra de libido não utilizada", como uma "quota de afeto que passeia".[11]

Certamente, não podemos ignorar o peso de significação do afeto, que acompanha sua manifestação e que, no registro fenomênico, se presentifica como algo dotado de existência real no tempo e no espaço. Para circunscrever este estado paradoxal do afeto, ao mesmo tempo fenômeno do mundo e acontecimento da estrutura, Lacan valoriza a polissemia do termo alemão *Ansatz* que, como vimos no capítulo anterior, é utilizado por Freud para referir-se ao afeto no inconsciente. *Der Ansatz* pode ter o sentido de disposição, daquilo que coloca algo em equação e, em sentido mais concreto, pode ser entendido como sufixo ou prefixo.

Evitando a leitura evolucionista implícita na tradução de Jones deste termo por "rudimento", Lacan coloca em primeiro plano que o afeto é tanto uma organização significante quanto sua manifestação como significação corporal. Lacan chega a propor, em uma tradução mais livre, o afeto como *apêndice*, extensão do significante no corpo, fixação de sentido pontual.[12] A fixação de uma trama de sentidos, de uma série de proposições em equação singular é justamente o que marca os contornos do furo onde o sujeito comparece. Esta malha, diz Lacan, é o que retém o sujeito na borda de seu desejo. O afeto pode, assim, ser entendido como a marca fenomênica do comparecimento do sujeito, o que não implica que ele tenha a mesma estrutura deste último. Ao contrário, ele é marca do sujeito em seu apagamento. O sintoma de Emma, por exemplo, ilustra isso claramente. O desejo, estruturalmente homólogo ao sujeito, é tanto assinalado quanto fixado e por esta razão é apagado pela vergonha e pelo medo de entrar em lojas. Estes afetos, explícitos no sintoma, são traços daquilo que indica a grade de possibilidade — a fantasia — da presença do sujeito assim como de sua *afânise*.

Para teorizar sobre esta natureza ambígua do afeto, Freud se utiliza do par transformação-descarga. Sem existência individual fora do significante, o afeto apenas existe como "transformação de outra coisa", do "fator quantitativo". Desde este ponto de vista ele é aproximado, por Freud, da descarga, do acontecimento pontual e individualizado, do efeito consistente de satisfação e sentido, do significante.

A operação de transformação do fator quantitativo, pulsional, tem então como resultado o afeto. Esta transformação deve ser tomada em um sentido próximo do *metabolé* grego. O *metabolé*, segundo Aristóteles, não se refere a qualquer transmutação energética de uma substância em uma outra, mas à evidência de uma potência-a-ser (*dynamis*) em ação (*energéia*).[13] Eis porque Lacan se utiliza da idéia de metabolização para descrever o que se passa com o afeto: "Ele [o afeto] é desatado, lançado à deriva. O encontramos deslocado, louco, invertido, metabolizado, mas não recalcado. [...] toda a questão é saber como estas transformações do afeto são possíveis".[14]

Se o afeto é vinculado por Freud à descarga, qual a relação desta com a satisfação? A seriação de significantes veicula um tipo de satisfação paradoxal que se mantém, à revelia das variações de energia próprias ao quadro da homeostase do princípio do prazer. No registro do princípio do prazer, desenrola-se a satisfação homeostática da descarga. Como descarga, o afeto diz respeito ao princípio do prazer e à satisfação homeostática que a fala pode proporcionar. Entretanto, o circuito significante não se regula pelo princípio da homeostase, precisamente porque a satisfação fundamental da pulsão está em não se satisfazer.

Em termos freudianos trata-se dos processos primários, caracterizados por um modo de funcionamento particular: mobilidade e descarga a partir da predominância de determinadas imagens. Este funcionamento, designado por Freud como alucinatório, pode ser entendido, com Lacan, como o império da imaginarização do sentido. Os "molangos" de Anna Freud proporcionam um tipo particular de satisfação, ligada à fixação do sentido e sua encarnação em uma imagem concreta, que contribui para fixar agradavelmente os contornos do eu e de seu objeto. Neste registro prevalece a característica imaginária do Outro, lugar do festim da pequena Anna.

O afeto aparece, no nível do processo primário, como a corporificação da satisfação alucinada. No processo secundário, a satisfação perde muito de sua mobilidade, pois o caráter imaginário do Outro cede a vez à sua face de matriz simbólica. O afeto então apresenta-se como significado, uma mensagem que circula na relação ao Outro. Como vemos, nenhuma das duas concepções do afeto esgota a explicação sobre seu lugar na estrutura e seu papel na experiência clínica.

Em resumo: o encadeamento significante instaura e correlaciona os dois processos freudianos, veiculando uma certa satisfação. A descarga afetiva se insere no ponto onde esta satisfação se liga aos processos homeostáticos do princípio do prazer. Contudo, a insistência de alguma outra coisa, na própria cadeia significante, nos obriga a postular uma Outra satisfação, uma satisfação mítica, que toma suas coordenadas de um registro que está para além do princípio do prazer. É esta "Outra satisfação" que passaremos a distinguir do afeto.

## Interpretar o desejo

A morte de um pai conduz a um sonho cuja função será, como já vimos, restaurar as fortificações contra o gozo sustentadas pelo Nome-do-Pai. O desejo, neste sentido, está correlacionado a uma imagem que se interpõe entre o sujeito e a pura existência. Trata-se da dor, incorporada de modo que sejam apagados os traços de seu estatuto de real apavorante. Dotando-se de uma coloração afetiva, o desejo oculta o que aponta e veicula de um certo gozo. O afeto circunscreve, dá forma a este gozo. Forja-se, assim, uma armadura, a partir do aço significante e das formas imaginárias, tributárias do esquema corporal. O afeto deve, em conseqüência disso, ser tomado menos como um véu e mais como uma figura, cuja inserção, de fato, se faz apenas sob a forma de sua fixação em manifestações somáticas codificadas. Afinal, é somente sob formas culturalmente fixadas que o afeto pode ser localizado. Não existe afeto que não seja do Outro.

Onde devemos situar o afeto, neste quadro fornecido pelo sonho do pai morto? Dissemos que este sonho restaura a proteção do sujeito contra a dor de existir. Restaura, então, o desejo. É justamente ao lado do desejo, então, que situaremos o afeto, que protege o sujeito do real. A pulsão em sua pureza aponta este sofrimento desencarnado, fora do sentido, do lado da existência. O afeto, por sua vez, aparece como cristalização da pulsão no plano do corpo, já sob a mediação das relações do sujeito ao desejo. A angústia, afeto paradigmático, se introduz neste ponto onde um sujeito aparece entre desejo e gozo. Mais especificamente, ela é aquilo que retém o sujeito na borda de seu desejo, constituindo um anteparo contra o gozo. Por isso mesmo, ela deve ser distinta da dor de existir e do desaparecimento do desejo. Em sua análise do sonho do pai morto, Lacan situa a angústia como "o afeto do sujeito em presença do desejo". Para situarmos o alcance desta formulação, basta nos beneficiarmos da articulação empreendida posteriormente por Lacan entre desejo e gozo, incluindo nesta "presença do desejo" sua face mortífera de gozo.

A angústia, como afeto fundamental, marca o ponto de origem dos demais afetos. Herdeiros da angústia, eles se relacionam ao desejo por oposição: o afeto sutura onde o desejo faz fissura, ele é consistente onde o desejo é etéreo. O desejo conduz ao real do gozo e o afeto é resultado de uma transformação, que podemos descrever agora como incorporação. Um é corte, o outro armadura.

A interpretação psicanalítica realiza o desejo pois presentifica o corte que o caracteriza, abrindo o intervalo entre um significante e outro. Ela não visa o afeto, mas sim o desejo; entretanto, ela *produz* afetos que podem, então, ser descritos e articulados ao desejo, numa espécie de contramão conceitual. Isto implica que a catalogação dos afetos nunca será uma boa chave para a sua interpretação (vide seção: O catálogo e a chave). Interpretar produz necessariamente efeitos sobre o afeto, porque o desloca de seu lugar, desvelando sua relação com o gozo que, até então, aparecia sob formas prefixadas: "Trata-se disto que se produz, sob esta forma fechada para o sujeito, definido pelo que eu chamaria ódio, amor ou ignorância essencialmente."[15] O afeto faz par com a interpretação do desejo, indicando, segundo certas modalidades imaginárias, a posição do sujeito em relação ao ser. Daí advém a fórmula de Lacan: "os afetos são posicionais", dando um lugar de destaque para os três afetos da transferência, as paixões do ser que examinaremos adiante.

A interpretação não consiste, então, em devolver ao afeto seu desejo, em dizer, por exemplo, ao sonhador que a razão de sua tristeza é ter querido matar seu pai, como diriam alguns pós-freudianos. Ao contrário disso, a interpretação deve *apontar no afeto o gozo*, na forma de um "há algo de seu ser nesta tristeza", permitindo que, entre o gozo e o afeto, o desejo retorne ao sujeito.

Constata-se, então, a relação íntima do afeto, tanto ao desejo quanto ao gozo. O afeto se opõe ao gozo e é, da mesma feita, resultado de sua transformação. É um efeito do desejo, mas o ultrapassa e o fixa. Dito isto, a divisão entre o gozo, por um lado, e o ciclo do desejo e do afeto, por outro, permanece fundamental. Lacan articula os dois planos do ser, distinguindo-os a partir da dialética entre o avaro e seu cofrinho, tão bem encenada por Molière: o avaro quer guardar o cofre em sua posse, justamente para não gozar dele. O cofrinho, como objeto, é "uma penhora, uma garantia do desejo". Há desejo em guardar o cofrinho e há algo do ser do avarento nesta forma de realizar o desejo, gozando desta abstenção.

Este "ser" do avarento nada mais é que um certo modo de codificação do gozo, que caracteriza a fantasia e viabiliza que um sujeito se apresente entre desejo e gozo. Lacan desenvolverá, assim, a fantasia como conceito, a partir deste momento em que o sonho do pai morto é analisado em seu seminário, com o objetivo de estabelecer não somente o lugar do sujeito entre desejo e gozo, mas também as relações entre o sujeito e o real do objeto, chamado a se articular no nível do desejo do Outro. É a fantasia que vem, então, articular sujeito e objeto. Ela nos interessa, pois, como acabamos de ver, por permitir conceber como se efetua a transformação do gozo em afeto, a partir das relações entre sujeito e objeto.

## As paixões do ser

Antes de abordar a fantasia, devemos delimitar o lugar daquilo que é designado neste seminário como "ser". Nos primeiros anos do ensino de Lacan, é o ser que concentra algumas das coordenadas conceituais do que mais tarde será formulado nos termos da fantasia. Lacan vincula o afeto ao ser de maneira específica, indicando, entre outras coisas, que ele é "posicional": "O afeto é essencialmente e como tal, ao menos para toda uma categoria fundamental de afetos, conotação característica de uma posição do sujeito (...). O afeto é sempre alguma coisa que se conota em uma certa posição do sujeito em relação ao ser."[16]

Porque Lacan não diz, aqui, "do sujeito em relação a seu desejo", em vez de "do sujeito em relação ao ser"? Exatamente porque a nomeação do desejo tem efeito de abertura, mas também de fechamento. É isso que faz consistir o ser e é também o que inspira as interpretações pós-freudianas do afeto.

Para evitar este mal-entendido, Lacan forja a expressão "paixões do ser": amor, ódio e ignorância. De saída, é importante notar que não devemos cair na tentação de superpor pura e simplesmente as paixões do ser às figuras do imaginário da paixão, tão pregnantes na cultura e na experiência subjetiva consciente. Não estamos falando apenas de conceitos metapsicológicos, mas tampouco podemos considerar que as paixões do ser de Lacan estejam referidas somente a fenômenos clínicos, afetos mais ou menos observáveis, como o ódio quotidiano, por exemplo. O estatuto das paixões do ser, claramente articuladas por Lacan ao fundamento da transferência, não importando aí sua característica positiva ou negativa, nos obriga a situá-las em um nível metapsicológico. Este é nosso desafio: partir do fenômeno conhecido, materializado, e atingir um ponto da estrutura do acontecimento analítico, inapreensível, sem a experiência do fenômeno, mas que, ao mesmo tempo, constitui a única coordenada capaz de dar a este último algum sentido clínico.

Este projeto é realizado pela própria expressão "paixões do ser". Com ela, Lacan associa a concretude das paixões à idéia difícil e claramente esotérica do ser. Algo análogo ao que se passou com a dor de existir ocorre aqui: de um gozo sem forma, passa-se ao plano reconhecível dos afetos. De "puro existir" passa-se à dor moral, ou, ainda, do ser passa-se à paixão. Lacan situa o afeto na estrutura, apontando um gozo a-subjetivo.

As paixões do ser nos lançam novamente no universo do paradoxo, da ambigüidade. Transforma-se o estatuto da paixão, que, como veremos, aparece menos como captação imaginária e mais como uma posição do sujeito. Muda também o estatuto do ser, que passa a adquirir uma certa positividade, uma vez associado às paixões. A paixão ganha uma certa incorporeidade, pois se distancia da experiência comum: "será que Lacan se refere à paixão que eu vivo ou a paixão que o ser vive? Que ser é este?" Ao mesmo tempo, algo do ser deixa o céu das Idéias e se encarna na violência do apaixonado.

É bem verdade que abordar as paixões a partir do ser parece o caminho mais árduo. Trata-se, contudo, do caminho necessário. Lacan recusa a idéia de um ser primordial e, com isso, escapa da fascinação da paixão como ser no mundo. Evitando partir de um esboço ontológico que daria vida e um lugar na estrutura para a paixão, ele evita o visgo de sua boa forma, que tende a nos limitar a descrever suas manifestações nas diversas estruturas clínicas, tão fascinantes quanto inertes.

## Do ser

Felizmente, as coordenadas acima estabelecidas permitem que nos restrinjamos a algumas formulações específicas de Lacan a respeito do ser, encontradas sobretudo no *Seminário 1*, do qual podem se extrair duas passagens precisas:

> A noção de ser, no momento em que tentamos apreendê-la, se mostra tão inapreensível quanto a fala (*parole*). Porque o ser, o próprio verbo ser, só existe no registro da fala. A fala introduz o oco (*creux*) do ser na textura do real, um e outro se sustentam e se equilibram mutuamente, eles são exatamente correlativos. Este furo no real (criado pelo advento do simbólico) chama-se, segundo a maneira como o consideramos, o ser ou o nada.[17]

Cabe agora citar uma outra passagem, um pouco posterior, que pode ser considerada contemporânea deste momento do ensino de Lacan:

> O ser não está em nenhum lugar, a não ser nos intervalos, ali onde ele é o menos significante dos significantes, a saber, o corte (...) Se quisermos dar ao ser sua definição mínima, diremos que ele é o real, enquanto este se inscreve no simbólico.[18]

Observamos inicialmente que Lacan contradiz a tradição filosófica, radicalmente estranha à idéia de um real anterior ao ser. O ser não é mais o nome de um real primeiro. Pensá-lo como o furo no real introduzido pela fala, situa-o no próprio corte realizado pelo símbolo no tecido sem fissuras do real. O ser torna-se a materialização deste corte. Temos então as seguintes idéias: "o ser só existe na linguagem", "o ser se dá na linguagem pelo corte que esta opera no real" e "o ser é o real no simbólico". A partir delas, descartam-se não somente a tradição filosófica, como também a filosofia de Heidegger, que é talvez a referência essencial deste seminário.

É preciso insistir nesta diferença para que se entendam melhor as passagens acima. Há uma proximidade entre Lacan e Heidegger.[19] Este último formula o *Dasein* como o ente que se coloca a pergunta "o que é o ser?", não tendo outra essência a não ser a abertura ao ser que esta questão representa. O *Dasein* conduz à impossibilidade de qualquer reificação ou essencialização do ser. A única essência do *Dasein* é a pergunta sobre a existência que ele se coloca. Ele se destaca, assim, da tradição filosófica representada, por exemplo, pelo argumento ontológico de Santo Anselmo, para quem a essência do ser prima sobre sua existência. A partir daí, parafraseando mais uma vez a fórmula de Lacan, podemos dizer que o ser insiste na linguagem, mas não consiste em nenhum lugar preciso que a linguagem possa delimitar. O homem não é mais o mestre do ente — tal como o sujeito metafísico de Descartes. A linguagem não está mais a seu serviço. Ela é a "casa do ser" e ele é o "pastor do ser".[20]

Entretanto, colocando o real desde a origem, antes do ser, Lacan retira deste último toda conotação ontológica, essencial a Heidegger, sem delegá-la ao real, pois este se articula ao ser em um nível concreto, puramente ôntico. Portanto, o ser para Lacan não se revela como verdade em uma língua autêntica, mas se realiza no corte, como fala plena. Ele não constitui o sujeito, os dois se constituem a partir do Outro da linguagem, mas sua emergência institui uma certa relação com o real (que tampouco é constitutivo) e, em conseqüência disso, com a verdade do desejo.

## A fantasia

A partir de sua concepção própria do que seja o ser, Lacan determina que uma análise deve conduzir à "realização do ser".[21] Podemos compreender, então, que realizar o ser se coloca no extremo oposto de conferir-lhe qualquer tipo de consistência. O verbo "realizar" remete à idéia de "fazer acontecer ou existir", o que pode ser entendido, neste contexto, como: fazer com que esta abertura ao real, que é o ser, se dê concretamente na fala com todo seu efeito traumático, para permitir um rearranjo dos circuitos desejantes do sujeito. Um dos nomes do trauma fundamental seria, pois, o nascimento do ser a partir do furo no real operado pelo significante na forma de uma teia fantasmática. É preciso que o corte se realize, pois é ele que determinará a emergência da verdade e, a partir daí, a possibilidade de uma reestruturação da história do sujeito.

Uma interessante conexão do ser com a fantasia aparece neste ponto em que podemos aproximar o processo de uma análise da realização do ser. O percurso de uma análise pode ser situado a partir da produção de uma constelação significante original, assinalada por Freud como construção e por Lacan como atravessamento da fantasia, ambos os termos referidos a uma mudança nas relações do sujeito com o real.

Situando a fantasia em relação à conclusão de uma análise, vemos que o grafo do desejo, tal como o deixamos há pouco, restrito aos três enunciados paradigmáticos, exige alguns complementos. Com efeito, com a mortificação do sujeito, com sua articulação com o Outro pelo recalque e com a conseqüente inscrição do desejo, nada ainda garante que se chegue à fixação de algum sentido que estabeleça um ponto de basta. Nada na estrutura da fala interrompe, por si, a cadeia metonímica da falta a ser. Mesmo a interpretação, uma vez enunciada, torna-se uma segunda cadeia. Ela em si não tem limite. Voltando ao caso Emma, uma vez presente a dimensão do desejo com a revelação de seu retorno ao local do crime no dia seguinte e tocado o sintoma pela interpretação, ela não é mais a mesma. Contudo, muitas vezes a mudança pede, ela também, interpretação. A análise de Emma pode assim desenrolar-se, eternamente, de sintoma em sintoma, ou de interpretação em interpretação. Esta dificuldade é discutida em *Análise finita e infinita*: mesmo que haja um limite para as interpretações possíveis de um determinado texto, suas reinterpretações podem ir ao infinito. O limite à interpretação infinita é dado pelo ponto em que a interpretação toma o caráter de construção. Por esta razão, Lacan compõe seu grafo com quatro estações, narcisismo, pulsão, fantasia e sintoma, pontos cardeais da constituição do sujeito. Neste quarteto, a fantasia desempenha papel essencial pois é construída sobre o vazio do significante, fornecendo uma forma fundamental, uma matriz para todo sentido. O percurso de uma análise ganha, assim, uma figuração topológica, que responde tanto por cada um dos efeitos pontuais e quotidianos de sentido, quanto por seu esgotamento conclusivo.

Em relação à fantasia, os afetos devem ser tomados um a um, sempre em articulação com esta trama significante que permite que a estrutura fundamental da fala faça sentido. Nesta medida, a fantasia será também o elemento que opera silenciosamente, permitindo que o grafo se feche num sentido, num efeito de significação qualquer. A segunda cena, neste sentido, só pode ressignificar a primeira segundo uma *grade* fundamental de leitura. Esta matriz fornece as coordenadas mínimas para toda e qualquer articulação entre duas cadeias.

É também função da fantasia vincular elementos bastante heteróclitos, o significante e o gozo, tornando possíveis o desejo e alguma satisfação. Situado este último, pode revelar-se que o que mantém o sujeito no desejo é a sombra de uma outra satisfação, fundamental e silenciosa. Há, portanto, uma significação fundamental que condiciona as significações. A realização do ser nada mais é, pois, que a chegada a um ponto onde o que fecha a cadeia não é um significante qualquer, mas esta trama que, vazia de sentido, engendra o sentido.

Vemos como a fantasia resolve o impasse, determinando o possível e o impossível do dizer. É neste ponto que tem fim a série da análise de um sonho e, num outro plano, a própria análise. A fantasia delimita as interrupções das séries que, em si, não têm nada capaz de interrompê-las.

Quando Emma retorna à loja, ela o faz sob a determinação de uma modalidade necessária de gozo. Quando articulamos a segunda cena à primeira, produzimos dois efeitos: introduzimos a dimensão do desejo, mas também desenhamos o plano silencioso dos possíveis daquele sujeito. O sujeito pode aceder à dimensão de seu desejo; isto sempre apontará, além disso, para a satisfação sem palavras que o alimenta.

A fantasia é este esquema geral, este enredo determinante do mundo da realidade, cuja função é "manifestar uma relação essencial do sujeito com o significante".[22] Por isso, uma dimensão fundamental da fantasia é prover um roteiro que, segundo Lacan, a diferencia de saída de "uma imagem cega do instinto de destruição" ou de fusão, como quis Melanie Klein. Tampouco pode-se reduzir a fantasia à sua face imaginária. Sobre isso, Lacan também nos adverte, pois a fantasia só adquire sua função econômica por meio da entrada em jogo do significante. Segundo ele, só podemos conceber as fantasias inconscientes como um "imaginário aprisionado em certo uso de significante". "O que é uma fantasia inconsciente, se não a latência de algo que, como sabemos por tudo o que aprendemos sobre a organização da estrutura do inconsciente, é inteiramente concebível como cadeia significante?"[23]

É assim que Lacan distingue a fantasia de sua tradicional leitura kleiniana, passando da imaginação para o imaginário determinado pelo significante. Ela é um enredo que organiza o mundo e seu esvaziamento é concomitante ao percurso de uma análise, ao fim da qual se chega a uma mínima ordenação significante, estruturada como o "Bate-se numa criança" de Freud, já que neste texto Freud justamente defende a idéia de que há, para todo sujeito, uma estrutura gramatical que fixa e modula o gozo.

Em *L'Etourdit,* Lacan cunha o neologismo *fixion* (ficção/fixação) a fim de abordar a fantasia que, para o ser falante, se constitui como ficção. A famosa fórmula lacaniana "a estrutura faz o corpo por se incorporar de maneira significante"[24] explica-se assim através desta incorporação/fixação de um enredo funcional essencial. O importante a respeito desta ficção, entretanto, é que ela é resultante de uma intervenção contingente do Outro. Em que consistiria esta intervenção?

Trata-se de algo do Outro, um gozo contingente da mãe, por exemplo, que amarra alguns significantes em torno daquilo que, para o filho, é impossível de dar sentido. Penso aqui em uma paciente cuja mãe tecia seus cabelos, horas a fio, desde a mais tenra idade, enquanto pronunciava alguns nomes: Rapunzel, bonequinha, moça de louça... Acredito que esta cena esclareça o que está em questão a respeito do impossível: Não se pode compreender o propósito ou a razão deste gozo que o Outro retira do sujeito, tanto no sentido do que ele usufrui, quanto no sentido do que ele subtrai. Neste momento do trançar, alguns significantes contingentes urdiram uma trama e ataram um primeiro nó. A partir daí, um enredo se articula em torno daquela falta de propósito, de razão, que explicaria o gozo do Outro. Assim se circunscreve o que chamamos de "furo" para um sujeito e que diz respeito ao caráter contingencial destes significantes. Para aquela mãe, Rapunzel, bonequinha, moça de louça, já se encontram, de alguma maneira, articulados à ordem dos significados. Para o sujeito, por sua vez, eles não carregam, de saída, sentido algum, e é justamente por esta razão que dizemos, desta trama, que ela gera um gozo silencioso. Um ponto de nó significante determina o modo de gozar de um sujeito.

Em resumo, a fantasia constitui uma ficção que fixa a contingência de um gozo puro do significante numa forma de gozo já delimitada pelos trilhos de uma fórmula que, de contingente, passa a necessária: cabelo, trança, mãos, louça, Rapunzel, situam uma cena e um ponto que organizam as modalidades de gozo possíveis para esta menina. É justamente neste ponto que Lacan situa o afeto, como o peso corporal da fantasia.

## O afeto incorporado

Há um vazio de sentido, um gozo silencioso. Os afetos são uma transformação deste silêncio do gozo em ser. Velam e revelam a posição do sujeito com relação ao desejo e, paradoxalmente, ao próprio ser.

Acontece, porém, nunca é demais lembrá-lo, que "ser" e "sujeito" não preexistem como tais ao seu encontro. Para situá-los na estrutura, temos de fazer intervir o registro da demanda. O endereçamento de uma demanda sempre institui o ponto de onde ela emerge como lugar de uma falta — no saber, no corpo, no ser —, lugar onde vai comparecer o sujeito. Fala quem pede, pede quem não tem. O desenrolar do discurso fixa, assim, a falta-a-ser em sua própria insistência em obturar a falta. O discurso tanto produz o sentido quanto escava nele o não-sentido.

É apenas neste tipo de articulação especial, de dois pontos de inconsistência, ser e sujeito, que devemos entender a idéia, formulada acima, de que o afeto diz respeito às formas de conotação do atravessamento do sujeito pelo ser. O que isto significa então? Simplesmente que as paixões vêm obturar o Outro imaginariamente, provendo o que lhe falta de ser. Elas fixam os sentidos do ser no corpo, acrescentando um *a mais* de sentido, um peso de verdade à sua expressão. As lágrimas da tristeza apresentam-se, assim, como um significado universal, fixo e fundamental, que apaga, que vela a contingência histórica de sua origem. O afeto encerra o sentido de uma posição frente ao ser, configurada na fantasia. A tristeza do sonhador se concebe assim como uma manifestação de sua posição frente ao ser, estabelecida enquanto tal a partir da interpretação. O afeto é, então, esta versão imaginária do desejo que traduz a relação do sujeito ao ser, no plano do corpo. Enquanto o desejo tem a estrutura de corte do ser, as paixões, ao contrário, referem-se ao que na fantasia há de enredo, presentificando, no corpo, a relação sujeito-ser. Esta incorporação do afeto retroage sobre a relação sujeito-ser, dando-lhe peso e consistência, e o que era encontro de dois *vazios* passa agora a ser tomado unicamente como encontro entre duas *essências*, o eu e o outro.

Freud define, em seus termos, esta incorporação do desejo, esta transformação da pulsão que está na origem do afeto. Trata-se, segundo ele, de uma *conversão* semelhante à conversão histérica. Apoiando-se em Darwin, afirma que os afetos são traços de conversões históricas fixados filogeneticamente na espécie. São "reproduções de experiências ancestrais, talvez mesmo pré-individuais, de importância vital".[25] Segundo Freud, um estado afetivo seria assim formado da mesma maneira que um sintoma conversivo, como precipitado, no corpo, de reminiscências produzidas, entretanto, em um nível transindividual na história da raça e não do indivíduo. É importante frisar o quanto Freud está em ruptura com Darwin, pois a aparente explicação evolutiva do afeto apenas ilustra o funcionamento deste tipo particular de conversão.

A teoria de Darwin está formulada em seu texto *A expressão das emoções*, obra tardia em que se desenvolve uma questão específica do ambicioso programa estabelecido na *Origem das espécies*, treze anos antes, em que ele afirmava: "Eu entrevejo em um futuro distante rotas abertas a pesquisas ainda bem mais importantes. A psicologia será solidamente estabelecida [...] sobre a aquisição necessariamente gradual de todas as faculdades e de todas as atitudes mentais, o que lançará uma viva luz sobre a origem do homem e sua história."[26] Darwin aí se diferencia de Spencer, que apesar de igualmente essencialista — considera o afeto necessariamente provindo de uma disposição inata do homem — não é materialista como Darwin. A expressão das emoções nos animais corresponderia a movimentos que não podem ser espontâneos. São forçosamente suscitados por uma causa física, externa, que se inscreve na evolução sob formas distintas. Darwin concebe a passagem do animal ao homem a partir da passagem desta causa física a uma causa moral, da passagem do afeto-reação ao afeto-mensagem. Os comportamentos tornam-se inúteis como meio de defesa ou de luta, mas, como cicatrizes, traços, exercem papel de mensagem. O sarcasmo, por exemplo, traduz-se pelo ato de exibir ligeiramente os caninos, manifestação matizada de comportamentos observados em cães raivosos.[27]

Suponhamos, numa perspectiva darwinista, um animal, um macaquinho por exemplo, que, em fuga, tenta atravessar um espinheiro. Fere-se e reage fisicamente à dor, contraindo os músculos, aumentando suas secreções em geral, chegando a lacrimejar. Ao longo da evolução da espécie, nas vezes em que se deparar com algo que lhe cause uma dor equivalente, macaquinhos lacrimejarão. Na passagem para o registro humano, as lágrimas se fariam presentes mesmo em situações em que a dor não precisa apresentar-se como resultado de uma lesão corporal, podendo ser apenas evocada. O afeto seria assim um comportamento motor que perdeu seu referente e que passa a acompanhar experiências subjetivas variadas.

Esta explicação, ao ser retomada por Freud a partir da idéia de conversão, é completamente remanejada. Ele considera que estes comportamentos teriam perdido toda a sua eficácia, não apenas real, mas também de mensagem referida a um código fixo, permanecendo úteis, unicamente, a fins intrínsecos ao aparelho psíquico. Ela não vem dar conta, como em Darwin, da transformação da realidade do corpo em linguagem, através de uma historicização evolutiva, mas sim da simbolização, no corpo, do real. A expressão "isso cravou-lhe um punhal no peito", por exemplo, referindo-se a uma pessoa ofendida, pode fazer aparecer, na histérica, uma sensação de dor precordial que lhe permite fazer do impronunciável algo reconhecível e passível de ser endereçado em sua queixa. Do mesmo modo, a expressão "engolir uma ofensa", para falar de uma agressão que ficou sem resposta, pode engendrar sensações na garganta do ofendido que ficou impossibilitado de responder e de reagir.[28]

Não se trata, portanto, de uma mensagem ancestral, mas de um efeito do significante. É nesta explicação "paleopsicológica", mais do que em descrições biológicas, que o afeto encontra seu lugar na psicanálise, pois o fisiológico guarda o traço do paleopsicológico. O afeto não é prerrogativa, então, nem do fisiológico, nem do psicológico.[29] O afeto é uma conversão porque ordena um certo real, dando a ver um corpo simbolizado. Estamos novamente no âmbito da resposta de Freud ao problema das relações corpo e alma. Os acessos histéricos de origem transindividual, tomados como reproduções de experiências do homem frente ao trauma, organizam e *produzem* o fisiológico. É neste sentido que Lacan dirá bem mais tarde que "é incorporada que a estrutura faz afeto".

Ao aproximar o afeto da conversão, mesmo em um registro transindividual, Freud indica que se trata de um efeito de mensagem, no corpo, do significante. Cifrada na histeria e explícita no afeto, esta mensagem consolida a ilusão de uma separação cartesiana entre o eu e o Outro, ou entre o corpo e o trauma. Nos dois casos, seja pela dissociação histérica entre o eu e o sintoma, seja pela incorporação dos afetos ambientes, o gozo é circunscrito e o eu é suturado. Segundo Freud, a tristeza não é um sinal da aproximação do espinheiro como causa da dor, como seria para o macaquinho de Darwin e nem mesmo de sua representação. Ao contrário, a tristeza, para o homem, é uma experiência de sentido, um sentimento, que garante que o espinheiro não somente é a causa de seu sofrimento como também que, como tal, é exterior a ele.

## Introdução à teoria da causa

Podemos retomar estas considerações a partir das relações entre o imaginário e o afeto, pois aquilo que Freud situa em um ponto mítico da evolução poderíamos ser tentados, com Lacan, a localizar no imaginário. As imagens teriam um valor ancestral, identificatório, determinante de algumas tendências do comportamento humano. Basta lembrar quantas vezes Lacan se refere à cena paradigmática de Santo Agostinho: o olhar de ódio de um menino diante da visão de seu irmão sugando o seio da mãe.[30]

Isto não significa dizer, entretanto, que este ódio seria uma resposta comportamental codificada pelo imaginário. De fato, uma vez que aceitamos que o corpo real e sua pretensa energia animal não seja a causa concreta do afeto, não devemos colocar o imaginário neste lugar. Isto nos faria tomar os afetos como um fenômeno instaurado e mantido unicamente no plano especular, da relação ao semelhante, em um campo aparentemente não atravessado pelo simbólico. Não poderíamos atribuir ao imaginário um tal papel, considerando o ódio, por exemplo, um retorno a um momento imaginário anterior ao pacto simbólico, em que se engaja a luta visando eliminar o rival especular. Uma tal concepção não pode se sustentar. Ela situaria o estádio do espelho lacaniano numa espécie de transição do animal ao homem, localizável no desenvolvimento do sujeito, que poderia a ela retornar mediante algo como uma regressão linear, cronológica. O estádio do espelho, assim como todas as formulações de Lacan sobre a relação especular, entre o eu e o outro, deve ser lido a partir da idéia de que os três registros estão sempre articulados e jamais hierarquicamente, nem mesmo de forma cronológica. Com efeito, os três registros não podem, a rigor, ser tomados isoladamente, mas apenas em uma articulação especial que será conceituada a partir do nó borromeu. Desta forma, não se pode pensar uma relação entre I e R sem S. Não há eu e outro sem o simbólico, o que significa dizer que não há eu e outro sem sujeito e ser. Dito de outra forma, não há relação direta entre dois corpos no real, pois no real não há corpo, não há diferenciação. Do mesmo modo, não há relação direta entre duas imagens corporais, ou entre uma imagem e um corpo, como superposição biunívoca. Apenas há relação entre duas imagens, que ganham consistência em sua capacidade de, a partir da bateria significante que as organiza e as orienta, produzir efeitos no real.

Como vemos, há uma diferença essencial entre instalar o imaginário no lugar desta causa concreta, que chamarei causa eficiente, e enfatizar o quanto a paixão deve a uma incorporação imaginária. Conceber esta supremacia do imaginário no que diz respeito à causa eficiente do afeto equivale a recair na antinomia que queremos evitar. É trocar a "energia natural" pela "imago animal".

O registro imaginário é melhor situado se o pensarmos como o que dá estofo às diversas posições possíveis do sujeito frente ao objeto, fazendo-o se supor um "eu", que se depara com um "outro", outro corpo, outro ser, externo. O quadro imaginário é uma condição preliminar para que os afetos se instalem. Permite a localização de imagens afetivas, às quais o sujeito poderá se identificar, evitando seu evanescimento, a dispersão e desagregação real, cuja aproximação é posta em cena na angústia. O afeto se apóia sobre uma imagem que, refletida no eu, o constitui como tomado pela paixão.

A captação imaginária dá conta, assim, de um enquadramento do eu em uma grade de comportamentos mais ou menos codificáveis pela cultura. Em conseqüência disto, podemos acrescentar uma causa a mais para o afeto, uma causa material, pois a imagem específica de um determinado afeto é requerida para que ele se instale. Em outros termos, para fazer existir as paixões, são necessárias figuras particulares de sujeitos apaixonados no imaginário de um grupo e, para cada paixão, haverá uma gama mais ou menos definida de imagens singulares. Isto explica o caráter transindividual do afeto, que leva ao estabelecimento de tipologias, o ciumento, o avarento etc., e nos permite entender, ao mesmo tempo, porque não é difícil demonstrar o quanto suas manifestações variam, não só de um sujeito a outro, mas também de uma cultura a outra.

Frente à pergunta "O que determina um afeto?", responderemos: uma posição subjetiva, uma relação ao objeto. À questão "O que caracteriza um afeto?", responderemos: a captação imaginária, no sentido da fixação em uma figura da paixão. O imaginário não somente dá estofo às relações entre real e simbólico, mas lhe confere certas vestimentas, mais ou menos fixas, que causam mais ou menos comoção, e que estão presentes em nossa bagagem cultural. Basta pensar em como um torcedor de futebol é tomado diferentemente por sua paixão caso tenha crescido no Maracanã ou em Wembley.

Finalmente, podemos comentar uma última modalidade da causa com respeito ao afeto. Além da causa *eficiente*, que foi afastada, e da causa *material*, que acabamos de definir, acrescenta-se a causa *desencadeante*. Trata-se da função de uma imagem que, no registro individual, serve de anzol que fisga o sujeito e o lança no universo particular de um afeto específico. O exemplo mais claro é a chamada paixão súbita, o amor à primeira vista. O modelo disto, para Lacan, é o Werther de Goethe, o efeito de intensidade provocado pela imagem de Lotte, trazendo uma criança nos braços.[31] Este efeito correspondeu ao ingresso forçado de Werther no universo da paixão, de onde apenas a morte o retirou. A irrupção desta imagem remete o sujeito ao objeto, causando uma reação afetiva que vem suturar aquilo que ameaçava aparecer como furo. O exemplo do menino ciumento de Santo Agostinho deve ser compreendido neste plano, pois a imagem do pequeno outro "completo" com o seio da mãe desencadeia o afeto de ódio, sem que esta imagem inclua aquilo que determina este desencadeamento.

O imaginário teria, assim, além de sua função de estofo, a função de agente desencadeador. É sua função mais flagrante e comentada, mas que não pode, assim como a causa material, ser situada no plano de uma causa eficiente. Estabelecer o imaginário como causa eficiente do afeto corresponderia a fazê-lo equivaler aos diversos fotogramas afetivos da cultura, dos quais não se conhece a origem. Descartaríamos, assim, a dimensão da causa do desejo, em proveito de uma causalidade aparente do plano puramente descritivo.

Desta forma, o manejo do afeto numa análise não tem como principal função dar-lhe sentido. Interpretar o afeto nestes termos seria atribuir-lhe significação, dando corpo ao que já é imaginário corporificado. Interpretar, em uma análise, não é devolver ao sujeito a substância que lhe faltaria. Um enunciado, neste sentido, só ganha função interpretativa ao apontar a falta. Restituir, então, o sentido do desejo, por meio da interpretação, não corresponde a fixá-lo em Um sentido, como queriam muitos, mas, antes, a abrir novamente a via do desejo que tende a se fechar com a significação, da qual o afeto é uma das figuras. A interpretação deve assim ter a mesma estrutura que o desejo, pois não deve estancar o seu sentido, mas sim introduzir um elemento que o infinitiza, a partir, por exemplo, da revelação da falta-a-ser.[32] A infinitização aqui alude ao ponto de silêncio do sentido, ao real do gozo, que é revelador do modo como o sujeito fez do real um ser, por meio da fantasia. O desejo como efeito do significante se opõe ao afeto, efeito de significado.

O afeto é, pois, menos marca que carne, menos furo que imagem. É um "a mais" de significação, que lastreia os significantes mestres do sujeito e responde ao corte operado pelo desejo. O afeto, para o que nos interessa em psicanálise, é um curativo sobre a ferida do ser, presentificada pela dor de existir.

> Menos ainda que o nada que passa na dança das significações que agitam os homens, ele é o rastro inscrito do transcurso, e como que a marca do ferro do significante no ombro do sujeito que fala. É menos paixão pura do significado que pura ação do significante, que pára no momento em que o vivente, tornado signo, a torna insignificante.[33]

## Desejo, ser e ética

Lacan dá direito de cidadania ao desejo, descolando-o da transitividade da demanda. Intransitivo e sem sentido que o esgote, o desejo se torna desejo de desejo, desejo de nada, corte. Ele visa uma satisfação impossível pois, se atingida, faria desaparecê-lo e, em conseqüência, o próprio sujeito. Esta satisfação, prazer ou dor absolutos, apresenta-se sempre como efeito disruptivo, ao qual a fantasia dá forma e cuja tradução subjetiva mais concreta é a angústia.

O afeto consolida o efeito organizador da fantasia, fazendo com que aquilo que era apenas uma moldura vazia em meio ao caos seja tomado como janela aberta para o mundo. O afeto ocupa o centro vazio deste espaço de gozo que a fantasia delimita no ser. Ele atua como uma gaze que vela a chaga. Ele se situa, assim, do lado do eu e de imagem de completude e sentido. Uma tendência evidente dos afetos é apagar o sujeito, que, afetado, perde sua singularidade e se confunde na massa das paixões comuns. Ao mesmo tempo que o afeto tem função de ligação — todos se encontram no afeto —, ele é eclipse subjetiva, afetando a todos de maneira mais ou menos idêntica. Há, neste plano, uma ilusão de significação que seduz o falante com a possibilidade de um dia encontrar o verdadeiro sentido de suas palavras e o conduz, em vez disso, ao silêncio da agitação emotiva.

O afeto dá ao eu a certeza de que seu corpo se mobiliza no mesmo sentido que os efeitos de significado do significante. Há uma consonância pontual entre o que se passa no nível das significações e o que acontece no registro do corpo, seja em termos de prazer ou de desprazer. Compreendem-se, assim, as origens de toda uma tradição baseada nas virtudes harmônicas, ou mesmo curativas, do afeto e também a insistência na idéia de que o afeto tenderia a restabelecer o equilíbrio entre o eu e o mundo, o que a tradição designa por *adequatio rei et affectus*.[34]

Vimos como se desenha, a partir de Lacan, algo com todas as características de um modelo, de um conjunto de conceitos e de proposições sobre o afeto, que ordenam o seu campo e o situam à luz da experiência freudiana. O limite deste modelo que apresentamos, a partir de Lacan, diz respeito à própria idéia que o fundamenta, o ser. No coração do ser, em suas relações ao sujeito, se coloca a questão a qual Lacan chega ao fim de seu seminário sobre o desejo:

> O desejo é ou não subjetividade? Esta questão não esperou a psicanálise para ser colocada. Ela está aí desde sempre, desde a origem disto que se pode chamar experiência moral. O desejo é o que no coração mesmo de nossa subjetividade, é o mais essencial ao sujeito. Mas ele é, ao

mesmo tempo, alguma coisa que é também o contrário, que aí se opõe como uma resistência, como um paradoxo, como um núcleo rejeitado, como um núcleo refutável. É a partir daí, insisti nisso inúmeras vezes, que uma determinada experiência ética é desenvolvida até que sejamos (...) levados à fórmula enigmática de Espinosa "o desejo, *cupiditas*, é a própria essência do homem".[35]

Lacan desvela aqui a falha que aparece entre o que desejamos e o que é desejável, entre *die Sachen*, objetos do desejo, e *das Ding,* O objeto do desejo. Não é por acaso que Lacan valoriza a fórmula de Espinosa e a considera enigmática neste momento, pois ela deixa em aberto a questão das relações entre *die Sachen* e *das Ding*. Esta última é abordada neste seminário a partir do "ser", via metodológica que conduz necessariamente a uma resposta aporística à questão do desejo: o desejo refere-se tanto a uma falta essencial no sujeito quanto ao caos pulsional que toma a forma de um corpo estranho, excessivo. Apenas após ter formalizado o lugar de *das Ding* e o horizonte ético que ela aponta é que Lacan dá um passo além da contradição. Neste seminário, ele pode apenas constatar a necessidade deste passo na direção da ética:

> É realmente na relação com o ser que o analista tem de assumir seu nível operatório, [...] há uma ética a ser formulada que integre as conquistas freudianas sobre o desejo: para colocar em seu lugar a questão do desejo do analista.

E ainda:

> Uma ética se anuncia, convertida ao silêncio, não pelo caminho do pavor, mas do desejo: e a questão é saber como a via de tagarelice da experiência analítica conduz a ela.[36]

A partir do ano seguinte, Lacan passa a teorizar esta falha inscrita pelo objeto do desejo. A fantasia, já vimos, conjuga sujeito e real. Esta conjunção, entretanto, não está disponível no estoque de lembranças possíveis do sujeito e só pode ser abordada em sua vertente real, lateralmente. Formulando-se esta conjunção nos termos de uma ética, a partir da experiência trágica, Lacan aborda a estrutura da fantasia, seus vínculos com o real e, sobretudo, a parte que cabe ao sujeito nesta estruturação. Com isto, tanto *das Ding* quanto seu gozo passam a ser tratados em sua especificidade, o que permite a delimitação do afeto como termo autônomo na metapsicologia. Mas o que é ética? Por que ela permite abordar as relações entre o sujeito, o significante e o gozo? Para responder estas perguntas, é preciso percorrer algumas referências de Lacan a outros campos do saber, que orientam a abordagem de uma ética para a psicanálise.

Capítulo V

# ÉTICA(S)

## Do fundamento ético da psicanálise

Com respeito ao trabalho de uma análise, a ética é um tema que Lacan colocou em posição de destaque, para além das discussões quotidianas, por exemplo, sobre como lidar com dinheiro ou sobre até onde manter em segredo os ditos do analisante. Estas são questões importantes, que aparecem sempre que se fala em ética e psicanálise, mas que constituem apenas um fragmento superficial de um campo muito mais abrangente, estruturante da própria experiência clínica. Lacan afirma que a psicanálise é fruto de uma "intuição ética" de Freud, que só pôde agir com suas primeiras histéricas a partir de uma espécie de decisão inaugural sobre o que fazer com o que elas lhe diziam. Os conceitos fundamentais da psicanálise, neste sentido, foram sendo delimitados à medida que suas pacientes lhe mostravam os caminhos a trilhar. Estes caminhos, contudo, jamais viriam a constituir a metapsicologia freudiana, o arcabouço teórico-instrumental da psicanálise, sem a escolha de Freud de apostar em um saber inconsciente ali onde todos viam apenas o teatro histérico.

Ao falarmos em decisão, escolha e ato, estamos imediatamente inseridos no horizonte da ética, daquilo que se introduz no momento em que refletimos sobre os caminhos a seguir ou sobre os parâmetros para a melhor ação. É certo que esta é uma noção relativamente vaga de ética, mas ela é suficiente por enquanto. O que nos interessa é poder vislumbrar que o exercício de uma análise é de saída estruturado por coordenadas éticas. Uma escolha, até certo ponto arbitrária, funda o ato de Freud e abre o horizonte de uma nova clínica. Esta escolha se renova a cada vez que um analista refaz o percurso freudiano num tratamento. Partimos, então, da idéia de escolha, que deve ser imediatamente estendida ao analisante. Com efeito, é só no horizonte da escolha que podemos situar um certo saber sobre a responsabilidade que recai sobre o analisante e toda a mudança que se espera de uma análise.

Ao contrário do que pensa o senso comum sobre a psicanálise, a existência do inconsciente não desculpa o homem de seus atos. Não se admite, neste campo, um "não fiz isto, foi meu inconsciente". Como já demonstramos, o inconsciente não se refere à ação de nenhum diabinho ou animal sobre o homem, mas, pelo contrário, situa todas as ações e pensamentos humanos, de saída, em referência a um horizonte ético a partir do qual a responsabilidade prima sobre a culpa e o erro sobre o engano. Há, da mesma forma, axiomas implícitos que fundamentam o dispositivo analítico e que se formulam como preceitos éticos: o sujeito deve associar, deve rememorar etc.

Podemos ir um pouco mais longe em nossa delimitação do fundamento ético da psicanálise. Para começar, por mais paradoxal que pareça, convém lembrar que a experiência inaugurada pelo ato analítico poderia ser caracterizada, justamente, pela suspensão de qualquer valor moral. Nesse sentido, poderíamos chegar até a pensar a psicanálise como uma simples técnica, liberada de qualquer entrave moral. Um sujeito fala e um analista aplica a esta fala uma técnica que não depende dos preconceitos e valores deste analista. Podemos incorrer aqui numa versão perigosamente positivista da análise, que deve ser examinada de perto e sobre a qual incide a preocupação de Lacan. A partir de um ângulo radicalmente diverso, ele situa a ética no nível dos fundamentos da psicanálise, referida a uma "preocupação de clareza nos meios e fins" e à introdução de um rigor sem o qual "todo tratamento, mesmo abarrotado de conhecimentos psicanalíticos, só poderia ser uma psicoterapia."[1]

Somos, portanto, obrigados a admitir certos fatores implícitos que se referem à ética no terreno de nossa técnica. De fato, é preciso perguntar se há algo que justifique, por exemplo, mudanças em um sentido e não em outro. Ou ainda, que justifique haver mudança em vez de mudança nenhuma. Sabemos — e a psicanálise o demonstra da melhor forma — que o sofrimento não é causa suficiente de mudança porque o sujeito pode estar bem no mal, amando seu sintoma. Parece claro, então, que pelo fato de implicar uma possibilidade de mudança no sentido de cura, a psicanálise se coloca, de saída, num registro forçosamente ético. O específico desta ética da psicanálise é que o seu campo é determinado e constituído por uma falta de sentido original, localizável em um registro topológico, e não por significações preestabelecidas, que fundam um espaço euclidiano. Entende-se assim que a intuição de Freud seja lida por Lacan como uma certa "coragem ética"[2], pois ela constitui a técnica psicanalítica pela positivação, sem nenhum apoio em teorias já estabelecidas, daquilo que os médicos de sua época relegavam ao plano das escórias do discurso.

Lacan conclui, neste sentido, que "a dúvida é o apoio da certeza de Freud", pois é exatamente no ponto onde a histérica diz não estar certa, ou em que julga que o que está pensando não tem importância, é que Freud tem certeza de que há material importante de análise. Define-se, assim, o estatuto do inconsciente como ético e não ôntico, fundado no não-sentido do significante e não na metafísica do significado.

Dito isto, é necessário ressaltar ainda que a psicanálise se funda também na descoberta da sexualidade como inerente à ação e à reflexão humanas. A crítica ao pan-sexualismo é superficial e injusta, entretanto, guarda uma certa conexão com a verdade: o sexual no homem, uma vez situado com referência à esfera pulsional, deixa de constituir um campo limitado de práticas, mais ou menos satisfatórias, de obtenção de prazer. Com Freud, a sexualidade ganha uma concepção original e radicalmente abrangente. É a partir desta concepção de sexualidade que se revela a originalidade da ética da psicanálise. É apenas no âmbito da reflexão ética que o gozo pode ser tratado como a outra face do desejo, o que situa as coordenadas de uma análise como prática que faz recair sobre o sujeito a responsabilidade por seu gozo. É com relação a estas coordenadas que devemos conceber o afeto: no registro da ética, com relação ao desejo e ao gozo.

## Da fundação de uma ética da psicanálise

> A ética consiste essencialmente num julgamento sobre nossa ação, mas esta definição só tem alcance se a ação implicada comportar também, ou se supusermos que ela comporte, um julgamento, mesmo que implícito. A presença do julgamento dos dois lados é essencial à estrutura.[3]

Assim Lacan define a ética. Nosso primeiro problema, partindo desta definição, refere-se à idéia de julgamento. Essa idéia está tradicionalmente associada a um raciocínio, um processo consciente.

Isso implicaria que a ação em questão fosse, ela também, consciente, já que comporta um julgamento. Ora, se fosse este o caso, haveria uma contradição entre o inconsciente e a ética, que nos levaria de volta à desresponsabilização e ao conflito entre o homem e seus *diabinhos*. Lacan evita este retrocesso recorrendo a um tipo "implícito" de julgamento, o que nos obriga, então, a nos perguntarmos sobre o que seria então esta articulação entre julgamento e ação, que não passa pela vontade. Recorreremos aqui a uma definição de C. Soller da ética. A ética, a partir de Lacan, constituiria a "reflexão do homem sobre suas próprias vias, na medida em que estas se apresentam a ele seja como prescritas seja como proscritas."[4]

Tomemos, então, a idéia de uma "reflexão sobre nossa ação", no sentido mais amplo de um *dito*, de algo que necessariamente se enuncia e passa pela consciência, uma proposição sobre o que se faz. A ação agora opõe-se apenas parcialmente à reflexão, pois sobre ela também recai um julgamento. Ela pode ser compreendida como um *dizer*. Com esta formulação, vemos que o ato do dizer pressupõe necessariamente o julgamento e o engajamento subjetivo. O dizer, aqui, toma o sentido do performativo de Austin, indissociável do dito que, ao se enunciar, realiza uma ação, como em "eu vos declaro marido e mulher", ou "declaro encerrada a sessão". Trata-se, segundo a magistral definição de Lacan, de "uma fala que funda um fato".[5]

Este ato de dizer não passa, necessariamente, pela consciência, apesar de implicar um enunciado, uma atribuição de valor, boa ou má e, além disso, uma ação (engajamento, mudança de posição subjetiva etc.) que pode ter efeitos afetivos. Como sabemos, "tomo-a como esposa", uma vez proferido num determinado contexto, comporta fortes efeitos afetivos, além de duradouros nos melhores casos.

Podemos agora construir uma fórmula que caracterize a ética como referida a "um dito sobre os dizeres do homem na medida em que estes se articulam a um valor". Trata-se talvez de uma simplificação abusiva, mas essa fórmula tem o mérito de nos fazer sentir a amplitude e a profundidade do campo que Lacan descortina aqui, assim como suas relações com a fala. Com esta definição de ética, podemos conferir um valor afetivo, por exemplo, de satisfação, à ação, que, por sua vez, vincula-se agora intrinsecamente ao significante. É neste ponto que se revela a natureza da ética da psicanálise.

De posse agora de uma definição "instrumental" razoavelmente consistente, vamos prosseguir com nosso exame das formulações de Lacan sobre a ética: "Se então existe uma ética da psicanálise — a questão se coloca —, é pelo fato que de certa forma, por pouco que seja, a análise traz algo que se coloca como medida de nossa ação — ou simplesmente o pretende." Nesta passagem, duas novas questões se anunciam. A primeira diz respeito à psicanálise tomada como novo parâmetro para ação, a segunda, à definição do desejo como este parâmetro.

## Uma nova ética? (ou existe uma ética do desejo?)

Podemos estar de acordo com a idéia de que a dimensão ética seja fundamental na análise, mas isto não quer necessariamente dizer que a psicanálise tenha um novo "parâmetro para o julgamento" a propor para a humanidade. Seria possível que, apresentando-se como técnica "pura", ela seguisse forçosamente valores não explicitados, ligados a imperativos religiosos ou cientificistas, por exemplo. É o que as correntes desviacionistas da psicanálise não cessam de demonstrar, seguindo as mais variadas escalas de normalização, fundadas em ideais mais ou menos conjunturais que fazem com que, por exemplo, o nascimento de uma criança ou uma promoção no trabalho sejam tomados como critérios de final de análise.

Todo campo conceitual necessita de elementos incondicionados que condicionem seus limites, seus axiomas. A novidade da psicanálise é que seu elemento axiomático não é nem um conjunto de preceitos preexistentes e implícitos, nem tampouco um novo quadro de valores, mais ou menos em ruptura com os princípios do campo do qual se destaca. Ao contrário, a psicanálise propõe como elemento incondicionado a inconsistência da falta no lugar da consistência de significados fundamentais.

Sempre é possível delimitar um "novo" parâmetro ético que opere um corte com relação à uma determinada condição cultural, situável historicamente, como a dignificação do trabalho no âmbito da reforma protestante, por exemplo. O parâmetro ético que diz respeito ao nosso campo, ao contrário, por não ser saturado pelo registro das significações, apresenta-se neste universo necessariamente de maneira paradoxal: "uma medida desmedida" é o modo como Lacan situa o desejo como parâmetro da ética da psicanálise.

Uma outra maneira de perceber o quanto o paradoxo é intrínseco à ética da psicanálise é retomar a discussão sobre sua universalidade. Se, levando em conta as críticas pragmáticas ao transcendentalismo kantiano, admitimos que todo parâmetro ético é necessariamente universal, mesmo que apenas dentro dos limites de seu campo de validade, coloca-se a questão de saber como uma medida pode ser ética e ao mesmo tempo singular. Em nossos termos, trata-se de saber como um parâmetro para nossa ação poderia tornar possível que um dito, sempre universal, pertencente ao código, possa situar nosso dizer necessariamente singular.

Podemos ilustrar este caráter paradoxal da ética da psicanálise simplesmente colocando algumas questões, por exemplo: Como conceber o encaminhamento correto para uma análise se cada análise delineia seu próprio caminho? Como decidir pela melhor solução para os problemas do analisante se não podemos conhecê-la de antemão? Como constituir um saber sobre uma ética que *a priori* não determina regras de conduta? Como pensar uma ética que legisla silenciosamente sem normatizar? Não podemos fugir a estas questões sob pena de que *ética* se torne entre nós apenas mais uma palavra de ordem, um signo de identidade do tipo: "todo aquele que fala em ética é um analista lacaniano". Estas perguntas nos conduzem ao caminho empreendido por Lacan, que faz do paradoxo não mais um problema, mas sim a solução.

Se há ética da psicanálise, essa ética não poderia ser a de um Soberano Bem. A psicanálise parte de uma falta primeira: falta o Soberano Bem, o que Lacan formulará de várias maneiras: "*das Ding* é proibida àquele que fala", "não há metalinguagem", ou ainda "não há relação sexual". Dito isto, não se deve supor que com esta negação fundamental Lacan designaria a negatividade como essência, pois, promovendo o paradoxo, Lacan situa esta negatividade para além da oposição esférica entre o "dito" e o "que não pode ser dito", abrindo um sem número de novas portas. Na psicanálise trata-se do "dito" e do "podendo ser dito", binômio que podemos superpor a *dito* e *dizer*, respectivamente.

A psicanálise permite definir uma ética cujo parâmetro é difícil de delimitar. Trata-se de "um dito sobre os dizeres do homem enquanto estes se articulam a um valor", em si paradoxal por estar situado de maneira complexa entre o registro do universal e o do singular. O primeiro nome lacaniano para designar este valor é o desejo, resposta para a natureza desta "medida infinita", parâmetro para o julgamento, que conferiria a um dito seu valor ao situar seu dizer.[6]

O desejo é o conceito que articula os elementos que entram em jogo na discussão sobre a ética da psicanálise, fazendo surgir em cena novos operadores para conferir tratamento discursivo à *das Ding*. Do seminário do desejo ao da ética, Lacan passa de uma discussão sobre o estatuto do desejo a partir da cadeia significante, a uma interrogação sobre as relações do desejo com aquilo que ex-siste a esta cadeia. O desejo em psicanálise aponta, então, o horizonte ético da insondável decisão do ser, desnudado de suas vestes semânticas. As balizas não serão mais as mesmas, o grafo do desejo será colocado momentaneamente de lado, pois ele apenas aponta o que Lacan agora precisa abordar mais diretamente. Trata-se de tomar o desejo em sua face mortífera, de articular o que, do gozo, se introduz no campo humano. Deixa-se assim o reino da censura onírica e do véu que tanto aponta quanto recobre o real e passa-se à cena da tragédia. Nesta, a suspensão deste véu desenha o limite do mundo humano, intransponível sem conseqüências funestas.

O questionamento ético é aqui exclusivamente filosófico apenas na aparência, já que diz respeito às implicações clínicas de nossos fundamentos conceituais, entre a estrutura e o que lhe ex-siste. A abordagem deste ponto de báscula entre a estrutura e o real permite um fértil retorno sobre a clínica e um remanejamento tanto dos conceitos quanto da ênfase nos fenômenos a serem considerados pela psicanálise.

Este movimento, que engendra os conceitos da psicanálise, descreve uma espécie de vai e vem, a partir do qual antigos dualismos, teoria e prática, por exemplo, são superados em favor de uma lógica das dualidades, onde os termos não antecedem as relações entre eles. Podemos assim deduzir o trajeto dos primeiros anos do ensino de Lacan até seu primeiro seminário na École Normale, em 1964. Lacan, após estabelecer o horizonte de sua investigação, seu sujeito e a matéria prima do trabalho analítico, apóia-se nas formações do inconsciente para delinear um campo para o desejo de onde extrai um elemento, Coisa fundamental, que inaugura a possibilidade de uma nova ética. Aplica-a então à transferência e chega, assim, à estrutura topológica do sujeito — explicitada especialmente no seminário sobre a identificação —, o que permite retornar com novas ferramentas à questão da angústia e, enfim, aos quatro conceitos que considera fundamentais para a psicanálise. Este momento marca um corte e o fim de um percurso, com a introdução do objeto *a*. Deste modo, o objeto *a*, criado a partir da angústia, a ressignifica a partir do horizonte ético que ele mesmo descortina.

Não retomaremos estas etapas em sua progressão, pois trata-se de uma complexa dialética na qual se entrecruzam diferentes momentos de diferentes conceitos, além do que os próprios seminários de Lacan, como sabemos, não obedecem a uma só direção. O recorte progressivo proposto acima permite, contudo, destacar uma certa sucessão das maneiras pelas quais Lacan procura, neste período, contornar o real, que encontra uma formulação mais decisiva com a nomeação do objeto *a*.

O objeto *a*, como resto da simbolização, assinala a abertura de uma nova via, inaugurada no *Seminário 11*, a partir da qual Lacan busca circunscrever o real utilizando-se da formulação do conceito de um objeto causa do desejo, fortemente apoiado na lógica, que permite retomar os termos freudianos a partir de uma nova ótica.[7]

O afeto, muito presente até o *Seminário 11*, serve como ponto de partida tanto para a análise da angústia quanto da transferência e praticamente desaparece dos ditos de Lacan até o *Seminário 20*. A formulação do objeto *a* não conduz, assim, a nenhuma reformulação imediata da teoria do afeto, o que somente se dará muito mais tarde e que pode ser explicado pelo exame dos efeitos de reordenamento da teoria causados pela introdução deste novo conceito, estreitamente vinculado à angústia. Esta será concebida, de agora em diante, como afeto fundamental, desprovida de sentido e de conteúdo, marcando a pura sensação do desejo do Outro. Trata-se de uma posição extrema, que determina que os demais afetos sejam colocados em segundo plano.

É como se o objeto da psicanálise, delimitado a partir da angústia como afeto do nada, levasse a conseqüências tais que os demais afetos, passíveis de serem referidos a objetos do mundo, passassem a um segundo plano. Algo análogo ocorreu com Freud, que, após ter se utilizado da angústia para extrair as principais conseqüências clínicas da idéia da pulsão de morte como um além do princípio do prazer, não chega a retornar à sua teorização inicial do afeto para retomá-la à luz de suas novas formulações. Lacan, felizmente, teve mais tempo que Freud e dez anos após a introdução do objeto *a* fornece indicações precisas sobre o afeto, especialmente em seu *Seminário 20 — Mais, ainda* e em *Televisão*. Situadas em torno de sua ética do Bem-dizer, estas referências privilegiam a idéia de escolha, ligada à posição subjetiva e à conjunção determinada entre significante e gozo. A ética determina uma clínica em que podemos observar a mudança no tratamento conceitual do afeto. O afeto articula-se, então, à decisão ética que se depreende do discurso e que aponta a posição do sujeito com relação ao Outro. A angústia adquire enorme amplitude, não mais como afeto-excepcional, mas sim como afeto ligado ao limite, como marca do ponto de conjunção entre desejo e gozo, determinante dos contornos do campo onde serão situados os demais afetos.

Do que trata esta ética do Bem-dizer? Só poderemos responder a esta questão examinando os autores e instrumentos conceituais que permitem a Lacan circunscrever e formalizar as coordenadas freudianas de *Inibição, sintoma e angústia* e delimita o enquadre não cartesiano que implicitamente orienta Freud. A partir daí, será possível avaliar em que medida a consideração da ética no campo psicanalítico, mais especificamente, da idéia de uma ética da psicanálise como ética do Bem-dizer, se associaria à novidade do método freudiano.

## Éticas

### *O sujeito e as paixões*

O enquadre cartesiano, delimitado no primeiro capítulo, conduz a concepções éticas precisas com relação às paixões:

- As paixões são engendradas na alma a partir do corpo.
- A maneira pela qual o corpo será afetado pelos objetos dependerá das qualidades destes objetos.
- Haverá bons e maus objetos em relação à natureza do corpo.
- Os objetos afetam o corpo e, desta forma, a alma, engendrando paixões agradáveis ou desagradáveis.
- A alma pode agir sobre o corpo através do exercício da vontade infinita, guiando-o em direção a boas escolhas.
- O homem é determinado pela natureza de seu corpo, mas sua escolha é inteiramente livre.
- O que é preciso, então, é fazer boas escolhas no plano do mundo por meio do exercício da razão, a fim de sofrer apenas afetos agradáveis e não acumular frustrações ou tensão.[8]

Trata-se, assim, fundamentalmente, do esclarecimento pelo exercício voluntário da razão. Podemos, a partir destas características, avaliar o quanto este tipo de relação entre o corpo e a mente inspirou autores pós-freudianos. O ideal de genitalidade implica a existência de um objeto adequado às paixões do homem. Apoiados no enquadre cartesiano, estes autores introduzem numerosos matizes e variações nos chamados estágios da libido, por exemplo, sendo que, em cada etapa, haverá sempre um objeto ideal para satisfazer a pulsão. Mesmo se consideramos que este objeto deve subordinar-se à representação para aceder ao plano da satisfação, o fundamento cartesiano se mantém intocado. Nesta perspectiva, somos necessariamente levados a situar, em algum lugar, uma instância responsável pela escolha entre o bom e o mau objeto. Aí se alojará o Eu, que será investido de um poder comparável ao da vontade em Descartes, já que é suposto administrar a energia inesgotável da pulsão em proveito próprio. Esta leitura despreza a complexidade da idéia de energia psíquica em Freud e a reduz a uma energia natural que, como vimos, acaba por nos remeter a uma causa final divina. O tratamento, nestas condições, será orientado por um ideal de agenciamento das paixões e da promessa de felicidade e de normalização. O afeto, aqui, é bastante valorizado, pois o objetivo é a consolidação do Eu e seu controle sobre o afeto. A ética, aqui, não diz respeito diretamente ao afeto, mas às prerrogativas do eu. Nesta medida, qualquer alteração no campo dos afetos será resultado de mudanças no eu. A felicidade é, como sempre, o objetivo do tratamento, porém ela se concebe como resultado corporal ao longo do caminho das boas escolhas ditadas pela racionalidade consciente.

## *O enquadre espinosista*

Uma vez que começamos a circunscrever um novo enquadre, não mais cartesiano, é preciso estabelecer a ética que lhe diz respeito. Um dos filósofos de referência para delinear esta nova ética, segundo Lacan é Espinosa, de quem retomaremos algumas teses, brevemente, em suas linhas mais gerais. Deus, substância única, imanente ao mundo, causa de si e infinitamente perfeita, se manifesta, segundo Espinosa, na forma de infinitos atributos, dos quais conhecemos apenas dois: a extensão e o pensamento. Estes atributos se apresentam em diferentes modos. A alma é um modo do atributo pensamento. O corpo, por sua vez, é um modo do atributo extensão.[9]

Desta forma, "corpo" e "alma" são duas formas de apresentação de um modo de Deus, pois a estruturação destes termos não é acompanhada por qualquer hierarquização de essências (II-13). Além disso, a alma, modo do pensamento, é concebida como idéia do corpo. Não há sentido nenhum em conceber, então, qualquer relação de causalidade entre corpo e alma e vice-versa (III-2). Aí se estabelece o célebre paralelismo espinosista que, por esta mesma razão, não é um paralelismo. Isto porque não se trata de alma e corpo separados, de modo que o que se passa em um se produz imediatamente no outro. Não se trata de planos paralelos que interagem, de universos heterogêneos e nem mesmo de registros sincrônicos, mas sim de um único modo da substância considerado sob ângulos distintos. Deste modo, um acontecimento corporal se manifesta, sempre, também como idéia.

Em conseqüência disso, o corpo não pode causar paixões na alma. Estas intervêm a partir do encontro entre os modos do próprio pensamento. Por exemplo, um corpo se encontra com outro corpo, digamos, um homem se encontra com uma maçã. A partir deste encontro, a potência de agir do homem pode aumentar, com a ingestão da maçã, ou diminuir, caso ela esteja, por exemplo, envenenada. Não é porque a potência aumentada ou diminuída do corpo tenha causado efeitos na alma, mas porque todo encontro corporal é, ao mesmo tempo, um encontro anímico.

A alegria é a passagem a um estado de maior perfeição, um aumento da potência de agir, enquanto a passagem inversa é a tristeza. O encontro com uma maçã, figurada como salvação, será alegre, enquanto a conjunção com uma maçã como figura da perdição será triste (III-11, III-post. 1 e 2, def. 3, def. ger. de afetos, 56, III-def. 2, III-1, 3, 58, 59, V-31, 33). É fundamental também o lugar que Espinosa dá ao desejo, definido como uma parte da potência divina, infinita. O desejo é o esforço para se manter na existência, para perseverar no seu ser. Ele põe em movimento o encadeamento das interações entre os modos finitos da substância infinita (III-9).

O entendimento diz respeito à idéia de alguma coisa. Todas as idéias estão em Deus e temos apenas dois gêneros de idéias: adequadas ou inadequadas. A idéia adequada tem causa apenas na alma, as inadequadas são idéias de coisas (corpos) exteriores. Como não temos acesso às essências dos corpos, a idéia inadequada é um efeito cuja causa ultrapassa nosso entendimento, aparecendo na consciência como mutilada e confusa. Por exemplo, uma faca que me corta institui uma idéia inadequada, a saber, a idéia da dor, pois não tenho como explicar adequadamente este ferimento [ao menos não imediatamente, enquanto estou apenas sentindo a dor], já que precisaria, para isto, explicar a natureza da faca e do corpo. As idéias adequadas, por outro lado, por terem origem na alma, estão em nós como estão em Deus (II-9, 11, 12).

A ignorância, neste sentido, funda-se no fato de que as idéias inadequadas nunca se acompanham da idéia clara e distinta das causas de seu objeto, o que leva à ilusão do livre arbítrio. Enquanto no enquadre cartesiano suponho que posso escolher livremente entre uma maçã e uma pêra, no enquadre espinosista não existe poder de escolha indeterminada. O homem tem a ilusão deste livre arbítrio por ter consciência de seu desejo pela pêra, mas não das causas deste desejo. Desta forma, não somente as relações de causalidade entre atributos são recusadas, mas também as próprias causas finais. As causas finais, quaisquer objetivos que justificassem a existência, a partir de Espinosa, tornam-se apenas ficções produzidas pelos homens.

Com Espinosa, Lacan pôde circunscrever e formalizar em Freud relações impossíveis de serem visualizadas pelas lentes cartesianas. Aquilo que em *Inibição, sintoma e angústia* o eu experimenta, aparentemente exterior e parecendo afetar o corpo, a ameaça de castração, pode ser concebido como a incidência de uma determinada relação com o mundo e não como efeito de algum objeto concreto sobre o corpo. A ética incide, a partir de agora, sobre as relações e não sobre a natureza dos objetos. O bom e o mau não estão mais no mundo, mas sim na articulação entre o corpo e o objeto.

Lendo Freud com Espinosa, poderíamos dizer que o objeto da pulsão, impossível de ser definido, constitui-se como uma determinada maneira de ordenar as pulsões. Corpos se encontram, e este encontro produz mais ou menos satisfação. A pulsão, nesta medida, por um lado perde qualquer finalidade determinada, por outro, é liberada de qualquer peso moral, assim como os objetos aos quais ela ocasionalmente se vincula. Não é nem a pulsão, nem o objeto o responsável por um encontro feliz que represente um ganho de gozo, ou infeliz, com perda de satisfação. Vemos como a pulsão, sempre parcial e sem objeto, se olhada pelo prisma espinosista, adquire uma radicalidade insuspeitada sem perder sua consistência clínica.

Constitui-se assim uma ética que, sendo racional, não é mais unicamente uma ética da razão, pois incide sobre relações e não sobre julgamentos racionais dos objetos. Estende-se tanto às idéias tanto quanto à pulsão, ou aos afetos que são a sua transformação. Daí se depreende uma concepção do pecado fundada na idéia de más relações e não mais em objetos essencialmente maus. Para Descartes, há uma ordem objetiva dos valores dos objetos, mesmo que incognoscível. Para Espinosa, estes valores são meras projeções em um mundo a princípio neutro. No primeiro caso, a ênfase incide sobre o conhecimento do valor do objeto, no segundo, sobre a relação estabelecida entre o sujeito e o objeto. O bom e o mau não estão mais no mundo, mas, ao contrário, situam-se a partir da posição subjetiva. Há o bom e o mau, mas não mais o Bem e o Mal.

A Ética espinosista supõe um determinismo muito mais fundamental que o cartesiano, pois ele se estende à própria escolha. Com Descartes, a vontade depende da infinita possibilidade de escolha. Liberdade e vontade estão ligadas. Com Espinosa, a vontade independe da liberdade de escolha. É verdade que o livre arbítrio desaparece; por outro lado, entretanto, o sujeito é liberto do peso das más escolhas, cabendo a ele confrontar-se com o que é de sua natureza e fazê-la valer como causa de suas ações. O sujeito, sem dúvida, escolhe menos, se situamos "escolha" no plano do livre arbítrio guiado pelo discernimento. Contudo, outro tipo de liberdade entra em jogo a partir do enquadre espinosista. Apesar de totalmente determinado por sua natureza em suas escolhas, o sujeito é plenamente responsável por sua *capacidade* de escolher, sua potência de agir, sua força desejante, que pode ser mais ou menos intensa.

No enquadre cartesiano, a alma é naturalmente sem falha. O erro é, no mais das vezes, um engano proveniente da imperfeição do corpo. Pode-se escolher o Mal e o Falso mesmo sendo esta uma escolha irracional; entretanto, se uma má escolha se faz, é porque o discernimento é falho. Agora, o sujeito é chamado a escolher, de acordo com sua natureza, a cada instante. Toda paixão má já é uma má escolha e o sujeito só pode errar em conseqüência de não desejar conforme sua natureza. O que a psicanálise demonstra é que esta natureza é o desejo.

As paixões são, a partir de agora, do sujeito, e o afeto aparece ordenado pela ética. Com efeito, à medida que aumenta a capacidade de agir, de se combinar com o que aumenta esta capacidade, estamos felizes. A alegria corresponde, assim, ao aumento da perfeição/potência e a tristeza, à sua redução. Todo o tempo, pensamento e ação estão intrinsecamente vinculados, pois a capacidade de agir equivale à capacidade de bem pensar. O que constitui o que é próprio do homem e que o move, então, não é mais a articulação corpo-alma, mas o desejo, puro esforço de perseverar em seu ser, em sua forma consciente. Ele é potência de agir, puro poder de ser afetado.[10]

Esta nova concepção de liberdade, difícil de entender segundo nosso ponto de vista "naturalmente" cartesiano, se esclarece melhor se lembrarmos que o inconsciente só pode ser tomado como uma justificativa universal para a desculpabilização, do tipo "não posso fazer nada, foi meu inconsciente que quis", de um ponto de vista externo, pois a experiência de uma análise ensina que quanto mais implicamos alguém, um diabinho inconsciente, os pais etc., em nossas ações, mais nos tornamos responsáveis por elas.

## *Espinosa contra Descartes em Lacan*

Em sua tese de doutorado de 1932, argumentando com o associacionismo de Taine, Lacan demonstra que é impossível, no âmbito do enquadre cartesiano, distinguir a alucinação da percepção, já que estamos apoiados em critérios de verdade e de existência do objeto representado, que não podem ser justificados e que exercem o papel de axiomas, embora não sejam reconhecidos como tais. Com Espinosa e Uexküll, Lacan introduz um paralelismo radical, segundo o qual a personalidade é concebida paralelamente ao conjunto da rede de representações e de influências sociais que, ao mesmo tempo, a constituem e são constituídas por ela. A personalidade não é resultado deste conjunto/rede, ela *é* esta rede, o que descarta a psicofisiologia associacionista de inspiração cartesiana.[11]

Com esta concepção da personalidade, é possível distinguir entre o que é percepção e o que é alucinação, sendo que esta distinção não mais se faz a partir da existência ou não do objeto e de sua ação ou não sobre o corpo. Apoiamo-nos, de agora em diante, na estruturação e na organização das representações entre si, o que é também válido para o delírio, definido a partir de um certo modo de coerência ideativa, e não de uma referência à realidade física. Dispomos agora das idéias como fundamento concreto para uma ciência objetiva da personalidade. Uma "antropologia social" e a referência a Espinosa vêm apoiar este estudo científico do sentido, que continuará posteriormente a partir da lingüística, com a substituição da "idéia" pelo "significante". Esta concepção da personalidade permitirá a Lacan enunciar mais tarde seu aforisma "não há psicogênese"[12], uma vez que com Espinosa o enquadre cartesiano que fundamenta as noções de organogênese e de psicogênese já havia sido superado.

Lacan retomará, em sua "Questão preliminar", a mesma idéia, indicando que o percebido depende mais do *percipiens* que do *perceptum*. Ele está no sujeito mais que no real. Em outros termos, não há acesso direto ao real, que só existe em sua formatação pela rede de relações que compõem a realidade, tributária da linguagem. Wittgenstein explorou e demonstrou esta submissão da sensação à linguagem de maneira categórica: partindo-se do sensório e assumindo que a linguagem se constitui ao se associarem, no espírito, uma imagem de objeto e um nome, torna-se impossível construir sobre as cores, por exemplo, proposições que façam sentido.[13]Neste sentido, exemplos desta primazia do sujeito que percebe sobre o real da coisa percebida são encontráveis nos relatos de Oliver Sacks, como o caso do pintor que, aos 65 anos, perde completamente a capacidade de ver as cores, o que intriga os neurologistas por dizer respeito a mecanismos tão estruturais que não podem ser relacionados a nenhuma lesão sofrida pelo sistema sensório. Este caso revela o quanto as cores são *construídas* pelo cérebro. Este pintor é daltônico não porque tenha perdido a capacidade de perceber as cores, mas sim porque está impedido de constituí-las como tais para exercer a possibilidade de discerni-las.[14]

Espinosa é o primeiro autor utilizado por Lacan para deslocar o edifício cartesiano. A partir desta referência, os afetos, como as representações, poderão ser situados sem que sua verdade seja atribuída ao real. Assim como no caso da cor vermelha, o afeto de tristeza não encontra sua determinação em qualquer referente da realidade. É em conseqüência da inserção do sujeito em uma determinada rede de relações que eles tomam seu sentido. Apesar de sua importância para a teoria do afeto, Espinosa será relegado a um segundo plano quando Lacan passa a privilegiar o paradigma da lingüística estrutural. Isto pode ser demonstrado a partir do exame de um texto um pouco mais tardio, as "Formulações sobre a causalidade psíquica", onde Lacan se opõe explicitamente ao organo-dinamismo de Henry Ey, de inspiração claramente cartesiana. Segundo esta teoria, os distúrbios psíquicos são considerados a reação patológica de uma personalidade sadia a uma lesão orgânica, cerebral.

Lacan continua a ressaltar aqui o que já criticava em sua tese. Assim como Taine era incapaz de distinguir efetivamente a alucinação da percepção, Henry Ey, por sua vez, não chega a distinguir o doente neurológico do psicótico.[15] É certo que Ey recusa o paralelismo cartesiano de Taine, assim como sua noção de psicogênese. Lacan, contudo, demonstra que Ey, apesar disso, segue apoiado nos mesmos fundamentos de Taine. Henry Ey, segundo Lacan, empreende uma leitura jacksoniana de Descartes, sendo cartesiano sem sabê-lo e, por isso mesmo, de forma inconsistente. A primeira parte deste artigo está dedicada à refutação das teses de Ey, não no sentido de criticar as teses cartesianas, mas sim o modo como Ey lê Descartes. Assim, de certo modo, o interlocutor principal de Lacan, neste texto sobre Henry Ey, é o próprio Descartes. Por esta razão, na segunda parte, Lacan efetua um "retorno a Descartes", agora segundo o paradigma da psicanálise.[16]

Trata-se, assim, de alguma maneira, de uma refutação da crítica de Henry Ey à psicogênese, não para exaltar esta última, mas para que seja possível, dialogando com o verdadeiro dualismo cartesiano, tornar explícito o reordenamento das relações de causalidade que permitirá enunciar que "não há psicogênese". É neste sentido que o edifício cartesiano é deslocado.

Ao longo deste texto, vemos a referência à antropologia espinosista dar lugar à lingüística e à etologia. Um outro filósofo vai ganhando importância nesta reflexão sobre a causalidade, pois mesmo a distinção entre Espinosa e Descartes não é suficientemente radical para permitir uma concepção das relações entre a mente e o corpo eficaz para a psicanálise, para além do modelo das interações causais *partes extra partes*, entre corpos essencialmente distintos ou não. É Hegel quem fornece, neste momento, os instrumentos para essa conceituação com sua dialética.

Em vez de ser apreendido a partir de interações *partes extra partes*, o ser será tratado em sua negatividade essencial, que Lacan situa inicialmente a partir da psicose, revelação do inconsciente a céu aberto como hiância fundamental: "Longe de ser, então, a loucura fato contingente de fragilidades do organismo, ela é a virtualidade permanente de uma falha aberta em sua essência." Segundo Lacan, esta é a "fórmula geral da loucura que encontramos em Hegel".[17]Vemos, assim, como Espinosa deixa de ser a inspiração da pesquisa lacaniana, pois a ênfase na negatividade essencial do homem permite a Lacan retomar Descartes a partir de Freud, deslocando-o de maneira análoga ao que havia feito em sua tese, com Espinosa.

## *Descartes, Kant e Espinosa na ética da psicanálise*

Observamos no âmbito da obra de Descartes uma tendência a excluir o afeto do campo da verdade do homem e de sua ética, relegando-o ao estatuto de representante do que é exterior à razão. Não devemos crer que a moral cartesiana seja destacável das paixões, pois não há ação moral que não seja motivada pela perspectiva da felicidade. A felicidade "afetiva" permanece, assim, como finalidade da ética. Com Kant radicaliza-se a exclusão do afeto. Com este filósofo, a ação ética dissocia-se de tal maneira da esfera afetiva, que nem mesmo conduz à felicidade. Segundo Lacan, Kant inscreve-se decididamente no espaço instaurado pelo corte da ciência moderna e desenvolve extensamente seus efeitos no campo da ética.

> É a física newtoniana que força Kant a uma revisão radical da função da razão pura. É como expressamente ligado a este questionamento da origem científica que se propõe uma moral da qual as arestas, em seu rigor, não tinham até aí jamais podido ser vislumbradas — esta moral que se destaca expressamente de toda a referência a um objeto de qualquer afecção, de qualquer referência ao que Kant chama *pathologisches Objekt*, um objeto patológico, o que quer dizer apenas o objeto de uma paixão qualquer que seja ela.[18]

Lacan ensina, assim, que Kant traça "uma linha de demarcação": ele marca limites topológicos separando os interesses patológicos, vitais, sensíveis, do corpo, da pura máxima significante da razão. Trata-se de uma "rejeição radical do patológico, de todo interesse por um bem, uma paixão, mesmo uma compaixão, uma rejeição".[19]

Esta rejeição das paixões é fruto da clivagem cartesiana. Desta, ela só conserva, em oposição à razão, o que do afeto cartesiano pode ser significantizado. Até Descartes, era vasto o campo dos afetos. Com Kant, este campo se reduz àquilo que, dissociado da ação ética, é passível de cálculo. Os sentimentos são assim, por um lado, esvaziados de todo gozo, de toda desmesura, e, por outro, excluídos inteiramente do campo da ética. Kant realiza esta operação reduzindo o afeto ao âmbito do princípio do prazer, o que lhe permite demonstrar, logicamente, a necessidade de sua exclusão do campo da ética. Segundo Lacan, sérias conseqüências advêm desta redução, entre elas, a desconsideração do gozo. Vejamos o seguinte exemplo kantiano:

> Suponhamos que alguém pretenda ser incapaz de resistir à sua paixão luxuriosa quando o objeto amado e a ocasião se lhe apresentam; perguntamos se seria para ele impossível dominar sua inclinação, caso, uma vez consumada sua paixão, um cadafalso para enforcá-lo se encontrasse diante da casa onde esta ocasião se oferecesse a ele. Não seria preciso buscar por muito tempo o que ele responderia.[20]

A partir desta passagem, Lacan faz o seguinte comentário:

> A noite passada com a dama é paradoxalmente apresentada como um prazer colocado na balança com a pena a sofrer, em uma oposição que as homogeneiza. Há um mais e um menos em termos de prazer (não cito os piores exemplos — em seu *Ensaios sobre as grandezas negativas*, Kant nos fala de sentimentos da mãe espartana que recebe a notícia da morte de seu filho no campo de batalha, e da pequena contabilidade a qual ela se entrega, considerando o prazer da glória da família, do qual convém subtrair o sofrimento experimentado pela morte do rapaz, algo bastante divertido). Mas observemos que basta que, por um esforço de concepção, façamos a noite com a dama passar da rubrica do prazer ao gozo — enquanto o gozo, e não há nenhuma necessidade de sublimação para isto, implica precisamente a aceitação da morte — para que o exemplo seja aniquilado.[21]

Lacan convoca um dado, apreensível especialmente a partir da experiência analítica: pode-se estar bem no mal. O cadafalso pode ser justamente aquilo que faz a noite com a dama se tornar desejável. Nosso interesse em Kant se justifica porque esta operação de exclusão do gozo de seu lugar habitual tem o efeito de incorporá-lo no próprio campo da Lei.

> Dito de outra maneira, basta que o gozo seja um mal para que a coisa mude completamente de figura e que o sentido da lei moral esteja na situação completamente mudado. Torna-se possível perceber que se a lei moral é suscetível de exercer aqui algum papel é precisamente para servir de apoio a este gozo, para fazer com que o pecado torne-se o que S. Paulo chama de desmesuradamente pecador. Eis aí o que nesta ocasião Kant simplesmente ignora.[22]

A partir do comentário de Lacan, vemos que Kant, ao levar ao limite a dissociação entre o saber e o gozo implícita no dualismo cartesiano, que, ao reduzir o afeto ao prazer ou ao desprazer cifrável, descarta o gozo apenas aparentemente. Excluindo o gozo do campo da moral, Kant apenas o esconde atrás do significante, tornando-o, de certa forma, ainda mais violento. Por esta razão, Lacan convoca Sade para revelar a verdade de Kant, delineando o que seria seu mundo: Königsberg como alcova. Ali onde há a razão pura, o puro significante, impera o gozo sádico. Saber e gozo, portanto, são indissociáveis. "Kant com Sade" estenografa os efeitos de um corte no campo ético. A exclusão dos desejos bestiais encontra seu ápice em Kant e implica o retorno destes desejos, em sua forma mais devastadora: "a Lei e o desejo recalcado são uma só e mesma coisa."[23]

Entrevemos a fenda, marca de *das Ding,* fundamental para o nosso campo, alcova em Königsberg a partir da qual advêm o gozo e o significante e que é revelada em Kant. Lacan desvela a "paixão escondida" de Kant, sua verdade. Kant, portanto, aponta uma região, toca em um território fundamental sem, contudo, instituir sua verdade. Ele marca que *das Ding*, como *das Gut*, só pode ser tomada como tal fora dos objetos do mundo, situada a partir de um imperativo moral, localizando-se, de saída, no registro ético.

Podemos agora descobrir uma nova face do caso Emma. A menina, ao ser agarrada pelo dono da loja, é confrontada com o que habitualmente chamamos "o real do sexo", com o insignificável. Este é o real de *das Ding*. Já que não há experiência pura possível do não-sentido, ele necessariamente toma corpo acrescido de um valor, no mais das vezes negativo. O "fora do sentido" aparece como mal, decorrente de seu poder desestabilizador do campo dos sentidos. Por esta razão, Emma, mesmo sem saber, sabe que o que ocorreu é proibido e perigoso, por isso esquece. Entretanto retorna, movida por alguma felicidade nisto que lhe causa mal.

O que nos interessa desta discussão são os comentários lacanianos sobre o afeto em Kant. A partir destes comentários, podemos perceber que considerar o afeto unicamente pela via do significante implica elevar a alcova sadeana à categoria de objetivo ético. O afeto deve ser compreendido como o que depende, ao mesmo tempo, do significante e do gozo, de uma certa modulação entre eles que detêm o sujeito no limite do suportável, no limite do humano, impedindo-o de atravessar a fronteira do mundo dos bens.

## *O gozo e a ética da psicanálise*

Ao fim do seminário sobre o desejo, Lacan então retoma a fórmula de Espinosa segundo a qual "o desejo é a própria essência do homem". Neste momento, a fórmula é enigmática, pois parece não condizer com a dupla estrutura do desejo, desvelada ao longo deste seminário. De fato, o desejo está "no próprio coração de nossa subjetividade" e é, ao mesmo tempo, "alguma coisa que é também o contrário, como uma resistência, como um paradoxo, como um nó rejeitado, como um nó refutável".

> Enigmático na medida em que sua fórmula [a de Espinosa], uma vez que ele define o que nós desejamos, ou o que é desejável, deixa aberta a questão de saber se eles se confundem ou não. Na análise, a distância entre o que é desejado e o que é desejável está plenamente aberta. É a partir daí que a experiência analítica se instaura e se articula.[24]

Compreende-se, então, porque Lacan se recusa a descartar Espinosa como se este fosse apenas um filósofo da positividade. Espinosa circunscreve um lugar para o gozo quando dá ao desejo duas vertentes, aquela referente às *Sachen* e aquela ligada à *Ding*. Por esta razão, a posição de Lacan em relação a Espinosa não é a mesma de Hegel, segundo o qual o que faltava a Espinosa era ter introduzido a negatividade como fundamento do homem.[25]

A psicanálise herda de Espinosa a concepção do desejo como "a própria chave, ou a força desencadeadora de toda uma série de ações ou de comportamentos que são compreendidos como o representante mais profundo de nossa verdade".[26] Eis o papel de Espinosa na obra de Lacan. Ele possibilita estabelecer uma diferença necessária com relação a Descartes na abordagem da relação entre a ética e o gozo ou, ainda, entre a posição subjetiva e o afeto. Kant revela que o gozo não é destacável do significante. Espinosa, por sua vez, apesar de não considerar o gozo como tal, também serve de base para tratá-lo.

Como dissemos, é o desejo que torna Espinosa importante para nós e é também o desejo que nos impede de tomá-lo como referência principal. Espinosa assimila o desejo ao significante, fazendo de seu *amor intellectualis Dei* o universal do significante. Opõe-se, portanto, a Kant, que, por sua vez, nos permite considerar o desejo em seu "estado puro". Espinosa indica a fenda que separa o desejado e o desejável, mas Kant, com uma ética do significante puro, deixa aparecer o que os significantes escondem, *das Ding*. Kant é o único, segundo Lacan, capaz de revelar o "vazio central do sujeito", onde se situa a Coisa. Enquanto Espinosa pensa o desejo através da função do significante, Kant, concebendo um puro significante, separa dele o desejo, que agora poderá também ser tomado em sua pureza, ao lado do gozo.

A ética de Espinosa não se funda sobre a exclusão do desejo, mas sobre sua assimilação ao significante, constituindo uma ética racional que não é, no entanto, uma ética da razão pura. Em Kant e Descartes, a exclusão está fundada sobre uma clivagem, ao passo que em Espinosa não há clivagem, permanecendo indissociáveis as duas vertentes do desejo. Ali onde Kant se recusa a considerar o desejo pela via do desejável, estabelecendo *das Gut*, Espinosa procura uma outra via que incorpore o desejado e o desejável no seio do significante. Espinosa interessa a Lacan, no entanto, porque justapõe extensão e pensamento, abrindo a possibilidade de justapor também o saber e o gozo.

O que Lacan critica em cada um dos dois filósofos também indica a importância deles. Espinosa faz equivaler o mundo a um campo significante sem resto, situando o prazer como "amor transcendental", como "desligamento sereno com relação ao desejo", enquanto Kant considera o afeto apenas do ponto de vista do que do gozo é cifrável. Isto resulta no sacrifício e na aniquilação de "tudo o que é objeto do amor na ternura humana".[27] Kant serve de apoio a Lacan para abordar o objeto em sua face real e Espinosa em sua articulação com o sentido. Com Kant, Lacan aborda o gozo pela via da lógica e do objeto *a*. Com Espinosa, Lacan aborda o afeto.

## Ética e angústia

Aquilo que Lacan delimita a partir de Kant, que diz respeito a uma área obscura no campo da Lei, a uma zona silenciosa, pode então ganhar corpo como este ser tão íntimo e tão estranho que, de saída, se instaura como a própria carne de que o mundo é feito, no registro dos valores éticos. Se a angústia pudesse ser localizada, o seria, neste ponto, êxtimo ao campo da realidade. Com efeito, a partir da retomada lacaniana deste afeto, não podemos mais vinculá-lo aos objetos do mundo, mas sim a um objeto de natureza puramente formal, cuja essência só pode ser traduzida pela idéia de extimidade.

Tributária deste objeto inominável e de um eu descentrado, afeto do limite, a angústia não aparece como tal na *Ética* de Espinosa ou no *Tratado das paixões* de Descartes. Não seria impossível, tomando-a como entidade, localizá-la sob outros nomes, nestas duas "enciclopédias" do afeto. Este procedimento, entretanto, apenas velaria a radical mudança que sofre a angústia a partir de um certo momento da história. Ela jamais constituiu, para estes autores, uma questão. Mesmo se lhe conferimos essência e continuidade histórica, a angústia só se torna problema a ser tratado conceitualmente em um momento preciso, circunscrito por Lacan, com um nome próprio: Kierkegaard.

Lacan situa aí o nascimento não da angústia, mas de seu conceito. A angústia torna-se uma questão fundamental, adquirindo um valor até então inexistente. Para entender este valor temos de partir de um corte maior, figurado por Lacan em seu seminário sobre a ética como o ultrapassar de uma linha, de um limite que marca as fronteiras do registro do Bem. Este limite foi transposto com a idéia freudiana da pulsão de morte e diz respeito ao desvelamento de uma face do desejo oculta até então. Algo desta nudez do desejo, não mais unicamente vinculado ao Bem e ao prazer, fez da angústia uma questão.[28]

Kierkegaard pode, então, ser lido com Freud, ou seja, a questão da angústia deve ser abordada a partir do enigma da pulsão de morte.

> [Descrevi] o deslocamento do eu em relação ao isso e ao supereu, sua impotência e sua propensão à angústia face a um e ao outro. Desmascaramos sua aparente posição de domínio que mantém com dificuldade. Este julgamento tem, desde então, encontrado um grande eco na literatura psicanalítica. Numerosas vozes têm insistentemente enfatizado a fraqueza do eu face ao isso, do racional face ao demoníaco; e se aventuram a fazer desta tese o pilar de uma "visão do mundo" [*Weltanschauung*] psicanalítica [...] Eu não sou absolutamente a favor da fabricação de uma visão de mundo. Deixemos isto para os filósofos [...] Nós sabemos bem o pouco de luz que a ciência pôde, até o presente, fazer chegar aos enigmas deste mundo; todo o alarde dos filósofos não pode mudar nada e apenas um trabalho empreendido com paciência, subordinando tudo à única exigência da certeza, pode, progressivamente, modificar este estado de coisas. Enquanto aquele que caminha na obscuridade canta, nega sua angústia [*Angstlichkeit*], mas nem por isso vê mais claro.[29]

Não é a posição de Freud com relação à filosofia ou à ciência que nos interessa aqui, pois não poderíamos reduzi-las ao que ele afirma nesta passagem. Importa examinar o que ele indica a propósito do status da angústia. A uma visão de mundo estabelecida sobre o dualismo universo racional/demoníaco-corporal, Freud opõe o rigor do procedimento psicanalítico. A angústia é associada, por um lado, ao engodo totalizante da imagem do eu e, por outro, à certeza, que ganha uma certa autonomia com relação à consciência. No âmbito do eu, a certeza diz respeito mais à angústia do que aos sentidos atribuídos à verdade.

Mesmo considerando o quanto Freud é injusto com a filosofia — Heidegger, por exemplo, não cessou de assinalar o papel defensivo das explicações metafísicas —, a oposição entre *Weltanschauung* e psicanálise indica a força e a especificidade desta última. A psicanálise é este dispositivo capaz de sustentar a dissolução da imagem apolínea do eu, fundando assim uma experiência oposta às *Weltanschauungen*, constituídas como a música que apazigua e silencia o grito da angústia.

Em nosso primeiro capítulo, observamos o alcance da revolução freudiana com relação ao desejo, ao retomarmos a relação entre castração e pulsão de morte. Vemos, agora, que a angústia põe em jogo os próprios alicerces da psicanálise no ponto em que ela se constitui, de certa forma, como uma técnica desestabilizadora do eu. Neste sentido, a angústia assinala o campo próprio da psicanálise, à diferença das práticas terapêuticas fundadas na harmonização do eu.

Neste momento de nosso percurso, podemos inserir as formulações freudianas sobre a angústia no plano em que a experiência humana ganha sentido em uma determinada relação com *das Ding*. Resta avaliar a importância da angústia, tomada a partir desta topologia das relações com *das Ding*, pois aí se revela o quanto o horizonte da clínica é, em si, campo de uma ética. Com efeito, as manifestações da angústia só podem ser tratadas em relação a esta topologia específica, segundo a qual a proximidade do supremo Bem é também a proximidade do supremo horror.

## O ponto da angústia e o ponto do desejo

Em seu seminário sobre a angústia, Lacan distingue o ponto da angústia daquele do desejo, a fim de esclarecer a topologia deste espaço onde estão inseridos tanto a angústia quanto os demais afetos. Para tanto, Lacan parte da experiência subjetiva da certeza e da concepção kantiana de Lei. Uma vez que Kant valoriza a lei moral estabelecendo-a como imperativo associado ao Bem, Lacan poderá referir a certeza à Coisa, nome lacaniano para o *Gut* kantiano. A angústia situa-se com relação a este Bem, estando assim intimamente associada à certeza. Estas proposições encontram-se todas, de maneira mais ou menos explícita, no *Seminário 7*. A novidade é que *das Ding* será agora incorporada em um objeto, do desejo e da angústia, o objeto *a*. Este objeto, conceituado por Lacan ao longo deste seminário, especialmente como condensador de gozo, situa a Coisa a partir de seus efeitos e estabelece sua vinculação à pulsão. O objeto *a* é a Coisa trocada em miúdos, é este objeto que pode ser apenas deduzido de todas as demandas que, sempre insatisfeitas, levam a supor um objeto de satisfação total, relacionado com o fim do desejo e, por isso mesmo, com o fim do sujeito. A angústia se refere, assim, ao objeto como objeto impossível, cuja presença nua, signo da satisfação total, faria o mundo, feito de falta, desabar. A partir deste objeto, garantia da certeza, ordenam-se desejo e gozo.[30]

A angústia se localiza entre desejo e gozo. No exemplo simples de Lacan, o par mãe-bebê ilustra o lugar da angústia e do objeto. O objeto do desejo, que Lacan cifra como -φ, é figurado pelo seio, enquanto o objeto *a* situa-se na mãe, em algum lugar para além do seio. O interesse deste exemplo é que a figura da mãe concentra várias funções. Do ponto de vista da criança, a mãe é aquilo que suporta o seio e garante sua função de objeto de gozo. Notemos que há um objeto, causa do desejo, que pode presentificar-se no seio ou no corpo da mãe. O lugar preciso deste objeto, entretanto, só se deixa apreender no interstício entre um e outro, além do seio e aquém da mãe nutridora. Por outro lado, a mãe comporta algo de invisível, indiscernível por trás do seio e, neste caso, sua presença se fará sentir como o nada, *Ding*, que acompanha a angústia. O real do nada como presença pode ser figurado de variadas formas, via de regra, seu poder desagregador implica uma tonalidade maligna, que pode ganhar o corpo de um ser de maldade, de um Outro gozador, ou, segundo Lacan neste seminário, de um vampiro: "que o ponto de angústia esteja além do lugar onde o objeto parcial exerce sua função, do lugar onde a fantasia assegura sua relação essencial ao objeto parcial, é o que aparece neste prolongamento da fantasia que faz imagem [a mãe] e que se exprime sob a imagem da função dita do vampirismo".[31]

A angústia que acompanha a imagem do vampiro se ancora num ponto além desta imagem, mas seus efeitos de medo ou tristeza, por sua vez, situam-se no próprio plano da imagem, dando-lhe vida e peso subjetivo. O operador que responde pela atribuição de valor a um objeto do mundo é o falo. O seio torna-se objeto do desejo, na medida em que se reveste de um brilho, da promessa de gozo que, para a criança, se refere a sugar o leite, ou apenas a sugar. Deseja-se, nos objetos, o falo, mas a causa do desejo é *a*. As paixões se produzem no plano do que podemos denominar campo fálico, plano da hierarquização dos objetos do mundo pelo brilho do falo. A angústia, por sua vez, apesar de produzir-se neste mesmo campo, ancora-se no objeto *a* e diz respeito não ao brilho da imagem, mas ao seu ponto cego. Refere-se menos à cena representada no quadro e mais à função da moldura, enquadre do vazio. Por esta razão, o espelho sem imagem é o paradigma da angústia. Não é à toa que os vampiros não têm imagem no espelho.

## A angústia delineia o campo ético

Lacan se refere, com respeito às relações entre a angústia e a ética, a Kierkegaard e a Heidegger. O primeiro, já vimos, é convocado inúmeras vezes no seminário sobre a angústia, sobretudo para assinalar a emergência histórica da angústia, não apenas como experiência fundamental, mas também como questão determinante. O segundo, em compensação, comparece de maneira bem menos explícita neste seminário, sendo citado apenas lateralmente. Apesar disto, Heidegger está presente a cada referência a Kierkegaard, pois a leitura de Lacan deste último é bastante influenciada pelo primeiro. A descrição da angústia de Heidegger se aproxima muito da de Lacan. "O diante-do-que da angústia é o ser-no-mundo, como tal. Como, então, este 'diante-do-que a angústia se angustia' se distingue do 'diante-do-que o medo se amedronta'? O diante do que da angústia não é um ente intrínseco ao mundo."[32]

É o que Lacan diz de outro modo, quando afirma que a angústia *não é sem* objeto, ainda que seu objeto não seja especularizável. Além disso, ainda que a inquietude seja a estrutura original do *Dasein*, Heidegger situa a angústia como o afeto que assinala a abertura do *Dasein* ao Ser. Ela se apresenta como o modo de abertura essencial do *Dasein*, pois encontra-se no limite em que se constitui o mundo: "Angustiar-se é desvelar originalmente o mundo como mundo [...]. Ela [a angústia] desvela antes de toda coisa *o mundo como mundo.*"[33] A experiência da angústia, por manter o *Dasein* em abertura, numa hiância que o separa de si mesmo, neste ponto de *Unheimlichkeit*, ganha valor de virtude: "A clara coragem para a angústia essencial garante a misteriosa possibilidade da prova do ser."[34]

Conceber a angústia como provação que eleva o homem não seria novo. Já estava em Hegel, para quem o homem encontra sua essência apenas através da angústia de uma dilaceração absoluta.[35] Com Heidegger, no entanto, a angústia ganha um "destino ontológico", um valor ético. Heidegger, retoma de Kierkegaard os elementos para um enquadre positivante da angústia: o homem só pode sustentar a esperança de passar do "estado estético" ao "estado ético" pela experiência da angústia. Da mesma forma, a angústia também tem um papel fundamental no caminho que vai do ético ao religioso, expressando uma tensão na situação existencial que pode, de alguma forma, se resolver pela passagem a um nível mais virtuoso. Neste contexto, apenas "a aprendizagem verdadeira da angústia é o supremo saber".[36] Com Heidegger é que estas formulações ganham um caráter definitivamente filosófico, no sentido forte do termo. Ele situa a angústia como uma *Grundstimmung*,[37] quer dizer, como a tonalidade afetiva fundamental que deve ser descoberta no desvelamento do Ser. A angústia é, pois, o afeto do Ser e, como tal, deve ser experimentada.

Lacan, entretanto, recusa, a partir de Freud, o valor de verdade dos *Stimmungen*, ligados por ele à imagem do corpo próprio e ao narcisismo. Segundo Freud, todas as faculdades atribuídas à alma, todos os modos de apreensão da realidade pelos olhos do eu, fazem obstáculo ao que do real apresenta-se como furo, fora do sentido. Ele indica que "enquanto guia em direção ao real os sentimentos [*Stimmungen*] são enganadores".[38]

Certamente, não há identidade conceitual entre os *Stimmungen* de Freud e os de Heidegger. Contudo, a distinção que nos interessa aqui não se faz no nível do que é uma *Stimmung*, que, aliás, para Heidegger, nem mais diz respeito ao eu. Ao contrário, a distinção importante refere-se ao estatuto e ao papel da *Stimmung* frente ao Ser. Trata-se de mostrar que, ao contrário de uma concepção ética segundo a qual a angústia é assimilada à virtude, a psicanálise reserva à angústia um papel mais "epistêmico". De fato, em uma análise, a experiência da angústia não orienta necessariamente o tratamento em uma "boa" direção. A angústia guarda relação com as *Stimmungen* e, ao mesmo tempo, se diferencia delas, permitindo, por esta sua extimidade, delimitar as fronteiras do universo do *pathos* desde seu interior. A angústia impede o passo kantiano para fora do mundo dos bens e, ao mesmo tempo, aponta, no seio deste mundo, para algo que lhe é externo, o objeto *a*. Vejamos o que diz Lacan: "A angústia é o corte sem o qual a presença do significante, seu funcionamento, sua entrada, seu sulco no real é impensável. Este corte que se abre e deixa aparecer o [...] inesperado, a visita, a novidade, o que bem exprime o termo pressentimento, não deve simplesmente ser concebido como pressentimento de alguma coisa, mas também como o "pré" do sentimento, como o que está antes do nascimento de um sentimento."[39]

A angústia é a única subjetivação possível do objeto *a*, que, no entanto, não conduz necessariamente o sujeito a ressituar-se com relação ao real. Não há nenhum interesse em deixar a angústia se instalar em uma análise, pois ela comporta uma característica de dessubjetivação que torna muito difícil, senão impossível, fazer falar. Pode-se argumentar que não há tratamento psicanalítico sem um certo desconforto, uma certa dose de angústia de ambos os lados. Entretanto, uma "dose" de angústia não nos serve de parâmetro, pois uma análise opera mais sobre lugares do que sobre quantidades. A angústia, assim como o gozo, pode simplesmente não servir para nada e, de maneira análoga ao gozo, ela não deve se instalar em lugar da fala. Assim sendo, é na passagem da angústia ao desejo que se funda a experiência analítica. O desejo, como aquilo que produz uma feliz inquietação, não deve ser confundido com a angústia. A angústia inaugura a experiência analítica e delimita seu campo de ação, no limite entre desejo e gozo, entre o que é da ordem do entusiasmo e do que, justamente, não vai além do estado de angústia. Neste sentido, uma ética freudiana só pode ser referida à relação com *das Ding* e com *a* e jamais à angústia, ainda que ela seja um meio de destacar seus contornos a partir do próprio campo freudiano.

Para concluir, podemos retomar algumas idéias principais que norteiam este capítulo. Segundo o dualismo cartesiano, o afeto pode ser concebido como aquilo que engana, que desorganiza e embaraça a razão, sendo, pois, exterior à ética. Entretanto, considerado em si mesmo, ainda sob esta mesma perspectiva dualista, ele sempre diz a verdade, dado que não há, para os animais, algo como uma vontade enganadora.

Uma outra perspectiva seria aquela de Espinosa, onde se supera o dualismo cartesiano em favor de um monismo. Concebe-se o afeto excluindo-se de seu campo o gozo. Afeto e significante se aproximam, então, de tal forma, que não se sabe mais dizer o que dele é específico. Ele perde todo valor em si. De um lado, com Descartes, temos o real situado no exterior da razão, como o significado puro que apenas pode ser atingido parcialmente pela ação ética. De outro lado, com Espinosa, não temos significado em si, mas um real não localizável, que está em toda parte e em parte alguma, impossível de circunscrever. Não se trata do afeto referido ao vazio do significante, mas identificado ao próprio significante.

É, então, na passagem do dualismo ao monismo que podemos compreender a perspectiva lacaniana: é possível, no presente, considerar uma articulação entre os dois registros, do afeto e do significante, que não se faz segundo o modo de relação arbitrária *partes extra partes*, mas sim segundo uma lógica da extimidade.

Deve-se, além disso, compreender o afeto, não somente em relação ao jogo de oposições significantes, em relação ao seu lugar na estrutura, mas sim como efeito real de gozo cuja fonte é o corpo. A produção destes efeitos, que são os afetos, se estrutura segundo uma ética que diz respeito a isso que chamamos real. Isto é o que sustenta o passo de Freud, comentado por Lacan: a ética se compreende como maneira de falar de uma articulação não arbitrária mas necessária, entre saber e gozo, dizendo respeito à região, que podemos visualizar com o *cross-cap*, onde estes dois domínios enovelados fazem Um, exatamente em seu ponto de disjunção. Trata-se do ponto onde se revela a singularidade de cada caso, subjetivada na angústia.

Capítulo VI

# QUESTÕES DE MÉTODO

Em seu texto *Televisão*, Lacan demonstra como e até que ponto as palavras podem produzir efeitos em uma vida. "Eu afetei tão bem meu pessoal naquele ano ao fundar a angústia no objeto que lhe diz respeito [...], fundá-la, digo, neste abjeto, como eu designo agora meu objeto *a*, que um dos meus teve a vertigem (vertigem reprimida) de me deixar tal como este objeto, cair."[1]

Lacan se refere a seu seminário sobre a angústia, em que lançou as bases para a teorização do objeto que denominou objeto *a*, indicando como isto afetou um de seus alunos. Ele se utiliza de um episódio de sua história pessoal como referência clínica, indicando como o desvelamento do objeto, inominável em suas relações com o sujeito, pode ser desconcertante para os espíritos agarrados à reificação, engendrando uma reação afetiva.

Esta verdadeira vinheta clínica assinala a notável revolução empreendida por Lacan na concepção comum do afeto, subordinando-o ao significante, o que é demonstrado pelo exemplo de seu aluno, Jean Laplanche, sem dúvida. O afeto é aqui efeito. Traduz a maneira pela qual o significante, neste caso as palavras de Lacan em seu seminário, afeta um sujeito, ao apontar sua relação com o objeto. Que o sujeito não seja o sujeito egóico da ação, como queriam muitos seguidores de Freud, mas que ele seja objeto de uma ação e que esta ação seja a do significante, eis uma proposta que, sem dúvida, merece nossa atenção. É em nome dela que Lacan, com respeito à questão do afeto, nos remete, não à *Física* de Aristóteles, mas à sua *Retórica*, texto que trata de nossos fundamentos, do modo como o significante é causa das paixões. Nosso axioma é, portanto, "o saber afeta o corpo".

Lacan, nesta medida, mostra não somente como o sujeito é afetado pelo significante no que ele tem de mais singular — sua relação com o objeto causa de seu desejo — mas indica, também, e aí aparece o que é propriamente da ordem do afeto, que este efeito pode tomar consistência e que esta consistência será incorporada, como a vertigem neste exemplo. Em uma análise, a vertigem poderá conduzir a novos significantes, eventualmente bem distintos daqueles a partir dos quais ela se instaurou. Esta seria, talvez, a única maneira de produzir uma resposta à vertigem que não o *acting-out* do aluno de Lacan, que abandona seu ensino no ponto em que se desvelou, para seu horror, transformado em vertigem, o objeto. É interessante observar como um dos efeitos deste horror foi a construção de uma teoria de axioma diametralmente oposto àquela que o levou à vertigem: em oposição ao "o inconsciente é estruturado como uma linguagem", forja-se um "a linguagem é estruturada como o inconsciente".

Neste exemplo, materializa-se o ponto de encontro com o objeto, ponto de horror, de gozo. A partir daí, pelo menos três caminhos se abrem: o trabalho de análise, o *acting-out* e a proliferação do sentido. A análise, entre estes três caminhos, é aquela que permite, nos termos de Freud, uma "distância cuidadosa" do horror, de modo que, suspenso, o ponto ao qual ele se refere possa funcionar como exigência de trabalho. Este ponto pode assim determinar os ditos do sujeito de outro lugar que não aquele do Supremo Bem, do Mal Radical ou, ainda, do capricho.

Indicando o lugar do objeto em sua relação com o discurso, este exemplo nos permite perceber de maneira original a posição peculiar do afeto. Ele não é mais agente da paixão, correlato de uma "vítima passiva". Tampouco é efeito de uma ação moral do sujeito. O afeto aqui é elemento de uma proposição do gênero sujeito-predicado, não mais no lugar do sujeito, menos ainda no de objeto, mas sim no de *verbo*. Esta *verbização* implica uma articulação específica entre linguagem e sujeito e indica que, neste contexto, o afeto, tal como o ser, é efeito da cópula significante e, ao mesmo tempo, garante da consistência desta cópula.

Percebemos como é possível tomar o afeto em relação ao significante, levando em conta exatamente aquilo que o afeto tende a velar: a insistência silenciosa do gozo, que caracteriza o campo psicanalítico. Lacan considera que é preciso, para que se possa abordar o afeto convenientemente, que a psicanálise volte a referir-se ao sujeito, mais precisamente, ao posicionamento do sujeito em relação ao objeto: ponto da "captura do ser falante em um discurso, no que este discurso o determina como objeto".[2]

O afeto refere-se, assim, a uma determinação que, paradoxalmente, encerra um ponto imponderável. Nesta medida, a partir da hipótese do inconsciente, prescindimos necessariamente de qualquer teoria universal do afeto. É justamente esta hipótese que nos obriga a colocar entre parênteses as âncoras habituais da metafísica.

Os críticos de Lacan, tributários de uma concepção essencialista do afeto tendem, contudo, a conferir-lhe uma certa independência e, até mesmo, uma anterioridade em relação ao discurso. Por esta razão, estes autores acreditam que seja indispensável uma teoria geral do afeto para situá-lo no registro da experiência psicanalítica. Como não é possível encontrar qualquer teoria desta natureza na obra de Lacan, ele é acusado de intelectualismo, de desprezo por tudo o que não é "significante".

Nos desembaraçamos destas críticas ao conceber o afeto como efeito pontual e evanescente de um significante, estruturalmente articulado à pulsão e à repetição. Mas, se o afeto não tem essência e se não acreditamos na necessidade de dedicar a ele uma teoria geral, como chegaremos, então, a ordenar sua abordagem? A primeira saída seria nos restringirmos a conceber o método freudiano unicamente em uma vertente estrutural inocente, reduzindo o afeto ao efeito de uma rede de relações, de uma determinada configuração subjetiva. Isto nos permitiria designar uma posição determinada, neste tipo de estrutura, para o afeto. Uma posição, a princípio localizável, à qual se pode atribuir um sentido determinado. Vimos, entretanto, que o afeto vincula-se a algo que insiste, que se repete. É isto justamente o que conduziu tantos a concebê-lo segundo uma perspectiva substancialista e "antiestruturalista", dando-lhe uma consistência *a priori*, uma significação primordial.

Para nós, trata-se, em vez de um conteúdo primeiro, de algo que se inscreve na estrutura como um ponto cego. Deste ponto partem as vias que conduzem tanto ao gozo quanto ao desejo, pois, na origem, eles se confundem. Não se trata de um espaço anterior às palavras, mas de um *topos* onde as palavras vêm a ser contra um fundo de morte. Em nosso campo, é justamente este ponto cego que deve constituir o elemento organizador da ordem dos afetos. Tributário da essência paradoxal da pulsão, este ponto real, sem consistência, torna impossível qualquer teoria geral e, ao mesmo tempo, perturba, com sua invariância, uma leitura exclusivamente estrutural, referida a sentidos localizados e contingentes.

Permanecemos diante da questão de como organizar o campo afetivo. Entretanto, a vinheta de Lacan indica, também, seu método de abordagem dos afetos. A descrição do ponto de irrupção de um afeto, da constelação significante que lhe deu origem e de seus efeitos imediatos. Nosso trabalho poderia, então, neste sentido, constituir uma simples lista, sem qualquer mecanismo intrínseco de hierarquização. Este inventário das configurações específicas dos afetos, em cada uma de suas ocorrências, poderia desenhar, em negativo, os pontos invisíveis em que o real deságua no sentido. É como se cada ocorrência do afeto fosse uma foto. Ao revelarem-se, em cada uma delas, os pontos em que a luz se transforma em sombra, pudéssemos, colocando-os em série, projetar — como em um filme, uma rápida sucessão de imagens — o movimento peculiar do afeto com relação a este invisível circuito pulsional.

Este é, em grande parte, o caminho que tomaremos aqui. É preciso, entretanto, definir melhor este método que se delineia, assim como explicitar algumas de suas premissas.

## O catálogo e a chave

Para nos alinharmos em uma perspectiva mais decididamente psicanalítica, esta metáfora cinematográfica, imagética, deve dar lugar a uma formulação do afeto nos termos do discurso. É entre o dito e o dizer e não entre o dito e a imagem que trabalha o analista. A experiência analítica permite deduzir os pontos silenciosos de sustentação do discurso, sua lógica, escrita na fantasia. O ato analítico incide sobre esta depuração do drama fantasmático, sobre sua lógica mínima de funcionamento, abrindo a possibilidade de uma mudança no modo de articulação entre o gozo e o significante que leva a uma nova inserção no discurso.

O ato analítico é referido portanto não ao fenômeno mas a um tipo especial de estrutura, não às significações mas ao significante, não aos objetos do mundo mas a um objeto sem nome, causa do desejo. O método que permite a abordagem deste objeto é explicitado por Lacan no *Seminário 10*, funda-se sobre o que ele denominará uma *chave* e não sobre qualquer descrição. Antes mesmo de *Televisão* e da ética do Bem-dizer, Lacan mostra uma maneira de abordar o afeto fora das categorias emotivas.

A especificidade da psicanálise, discurso sobre a ação singular da estrutura sobre o ser falante, depende de alguma coisa exterior à dialética do mesmo e do outro. Os catálogos de afetos constituídos pela psicologia podem ter uma certa pertinência no que diz respeito à orientação do indivíduo no mundo, mas ignoram o objeto sem o qual a psicanálise se reduziria a uma "astrologia judiciária" a mais, como diz Lacan. É a referência a este objeto que nos permite uma compreensão que não seja enganosa demais. É o que Lacan aponta a partir da comparação, no *Seminário 10*, entre três gêneros de métodos.[3]

Trata-se, nesta parte do seminário, de circunscrever determinados métodos de apreensão da experiência. Há, nesta medida, segundo Lacan, duas maneiras fundamentais de se dar conta de uma experiência: a via do catálogo e a via do análogo. A estes dois métodos, Lacan acrescenta um terceiro, que seria próprio da psicanálise, a via da *chave*. Examinemos estes métodos separadamente, apesar de eles estarem quase sempre misturados, constituindo concepções "mistas".

### *O catálogo*

Este método consiste em "esgotar não somente o que isso [*ça* no original — referindo-se a uma experiência] quer dizer, como também tudo o que disseram sobre ele, constituindo assim uma categoria". Trata-se de tentar esgotar, como num compêndio, a significação de um termo/experiência, determinando os contornos e limites de uma classe. O problema é que este método nos conduz demais na direção do sentido, pois somos levados a reificar a classe por ele constituída como se ela correspondesse a um ser que preexistisse à classificação. Lacan lembra então que, embora este método adeque-se perfeitamente à universidade e ao ensino (pois ele permite que se proponha então a transmissão sem resto deste bloco de significação rígida), ele nos conduz a impasses manifestos em psicanálise, pois ela se funda sobre a evidência do deslizamento do significado sob o significante. Outro problema desta abordagem: devido à ausência de um ponto de referência externo à categoria, somos obrigados a levar em conta tudo o que nos cai nas mãos sem critérios, o que leva a um ecletismo confuso e contraditório. Lacan dá o exemplo de Rapaport e de sua teoria do afeto para demonstrar os impasses da via do catálogo, pois esta constitui-se em uma colagem de tudo o que se havia dito sobre o tema na literatura psicanalítica até então.

### *O análogo*

Este método corresponde a estabelecer pseudoníveis em uma totalidade, delineando hierarquias, patamares e subcampos em um universo dado. A angústia, por exemplo, seria considerada como uma mesma entidade, manifestando-se, porém, diferentemente conforme ela é situada num plano psicológico, social, orgânico etc. Esses registros traduziriam diferentes modos de aproximação de uma mesma entidade que, na declinação de suas manifestações, constituiriam *tipos* que podem ser sociológicos, biológicos, psicológicos etc. Lacan indica então que esta entidade não é deduzida destes campos, mas sim suposta *a priori*. É esta suposição que serve de denominador comum permitindo reunir numa só gaveta fenômenos e modos de apreensão tão diversos. Este método apóia-se, assim, em uma petição de princípio. O conjunto das versões de uma determinada experiência servirá, na verdade, apenas para que se justifique a concepção inicial que havia ficado implícita. O exemplo dado por Lacan deste tipo de procedimento é a teoria junguiana, em que os arquétipos descrevem tão-somente os preconceitos e definições ocultos que constituem a concepção de homem que fornece o ponto de partida da teoria.

Constitui-se, então, não uma classificação, mas uma antropologia, pois qualquer conjunto de descrições não faz senão redesenhar, no final das contas, a figura *a priori* de homem, idealizada ou depreciada, reconhecida como semelhante ou como alteridade, já presente neste ponto de partida.

Trata-se aí de um procedimento claramente oposto ao da psicanálise. Não falamos aí simplesmente de um risco de desvio, como no caso do catálogo, mas de uma incompatibilidade mais acentuada, já que a experiência psicanalítica se estrutura a partir da impossibilidade de definir o homem de outra forma que não seja pelo seu desejo, que não pode ser alcançado por uma definição descritiva, nem concebido numa relação de conaturalidade com o objeto.

### *Um catálogo de doenças*

Podemos aproximar estes métodos das duas figuras fundamentais da ordem simbólica. O catálogo pode ser associado à metáfora. Ele é um inventário finito dos efeitos de sentido de um significante, que se desloca no eixo paradigmático, imaginariamente fixado à uma significação primordial. O análogo, por sua vez, seria constituído a partir do deslocamento metonímico de um significante, que teria supostamente também um sentido próprio e único, no eixo sintagmático. No primeiro caso, chegamos a uma lista de sintagmas que, prosseguindo com o exemplo da angústia, a substituem, em contextos diferentes: síndrome do pânico, agorafobia, TPM, chilique etc. No segundo caso, percorremos diversos contextos em que se utiliza o mesmo sintagma, que adquire um sentido universal. Os dois métodos partem do esquecimento da lei primeira do significante, segundo a qual um significante não tem um valor em si, pois seu valor instaura-se apenas em relação a um segundo significante. Esta correlação entre os dois métodos assinalados por Lacan e o par similaridade/contiguidade, fundamentos da fala indicados por Jakobson, explica por que é impossível prescindir completamente de qualquer um destes métodos na abordagem de um fenômeno determinado. Por esta razão, Lacan não recusará nenhuma destas vias de tratamento discursivo da experiência. Ele indicará, entretanto, que a psicanálise nos conduz a uma terceira via, a da chave.

Antes de nos aventurarmos a examinar este método, vamos fazer algumas observações e generalizações para ilustrar a discussão sobre o catálogo, o análogo e a chave. Vamos utilizar estas indicações de Lacan para examinar a classificação psiquiátrica mais em voga nos dias de hoje, a DSM-IV.

Esta classificação constitui-se pela articulação de vários eixos, dos quais dois são fundamentais, um eixo de diagnóstico de doenças — em que aparecem todas as entidades mórbidas tradicionais assim como suas variantes — e um eixo de diagnósticos conexos, em que se articulam uma série de campos diversos e em que se deve precisar o diagnóstico do paciente em cada um deles (campo orgânico-biológico, perturbações da personalidade, inserção social etc.). Esta classificação parece constituir-se assim em uma bem sucedida (em termos de aceitação) combinação do método do catálogo e do método da analogia. Ela é um catálogo de doenças num sentido vertical (eixo paradigmático), onde deve-se fazer uma escolha do diagnóstico principal que passará a identificar o doente. Mas ela é também uma articulação de identificadores em campos diversos que devem ser avaliados e associados ao diagnóstico principal num nível horizontal (eixo sintagmático).

Observa-se de imediato que, apesar de colocar-se como uma classificação que descreveria o doente da maneira mais completa possível, trata-se, na verdade, de uma tentativa de descrever a doença da forma mais totalizante possível.

O eixo do catálogo constitui um vasto inventário das formas e variantes múltiplas das doenças mentais (seus sentidos). A nosologia da psiquiatria clássica, que era formada, essencialmente, por poucas grandes entidades, de limites mais ou menos precisos, dando margem a um espaço de circulação conceitual no vão de seus significantes-mestres, é substituída por uma grade que pretende, ao menos em teoria, oferecer um nome para cada tipo de variante possível, de maneira exaustiva e sem resto. Assim, a esquizofrenia, por exemplo, ganha um inventário de todas as suas formas conhecidas de manifestação. Busca-se, assim, circunscrever a essência das doenças através da listagem de seus nomes e significações. Através da constituição deste inventário, visa-se a essência da patologia, do adoecer esquizofrênico, no ato do diagnóstico. Prescinde-se, de certa forma, do doente e, com ele, do sujeito. Eliminar desta forma o sujeito, ou seja, foracluí-lo, por si só, situa o ideal científico desta classificação.

O eixo do análogo nos permite perceber este mesmo efeito da ciência de maneira ainda mais clara, pois evidencia a suposição implícita de uma medida comum para a articulação de campos tão disparatados. Esta medida comum não é outra senão um "sujeito da doença", idêntico a si mesmo e atrelado a seu ser. Trata-se de um sujeito que, ao menos em princípio, não é evanescente e sim objetivável, rígido, e que preside esta classificação. Não há lugar para o desejo nesta amarração imaginária entre saber e verdade que se desloca em campos diversos, social, biológico etc., seguindo as vicissitudes das síndromes patológicas.

### *A chave*

Passemos agora ao método da chave. A relação estabelecida entre os dois métodos com a similaridade e a contigüidade, fundamentos da fala, explicaria por que não podemos deixar completamente de lado alguma coisa do catálogo ou da analogia, para dizer o que quer que seja, o que é válido, inclusive, para o método da chave. Lacan se apóia nestes dois métodos para indicar um mais-além da significação, uma chave, que nos permite, a partir do sentido, situar o lugar de sua própria impossibilidade. Trata-se, assim, de visar um mais além do sentido que se deduz do próprio sentido, mas que o transcende. Com esta chave nos restringimos ao mínimo de sentido necessário "para que a compreensão não seja unicamente enganadora". Lacan a define: "a chave é aquilo que abre e que, para abrir, faz funcionar todos os significantes aos quais essa subjetividade está atrelada". Ele não dirá nada mais, o que não nos permite levantar o véu enigmático que recobre esta frase. Parece-me, entretanto, que não seria muito ousado inferir que a chave que Lacan indica aqui é, muito provavelmente, o objeto *a*. Podemos supô-la *a* não somente devido ao momento de seu ensino, de delimitação deste objeto, no qual se insere esta passagem, mas porque podemos conceber o objeto *a* como aquilo que faz funcionar os significantes, posto que sua extração causa o desejo e leva o sujeito, dividido pelo objeto, a percorrer indefinidamente a cadeia do significante na tentativa de completar sua falta-a-ser.

Sendo, assim, o objeto *a* isso que faz funcionar os significantes, ele é esta chave que só pode ser meio-dita. Compreendemos por que Lacan, em vez de descrever detalhadamente o método da chave, nos dará apenas a fórmula que lemos anteriormente, indicando em seguida que ela deve ser entendida a partir dos momentos de iluminação que a ficção pode proporcionar.

## Ficção

Em vez de uma concepção reificante do homem e da descrição de sua "essência", ou da lista dos nomes de um vivido, o método da chave parte de uma experiência particular, naquilo que ela possui de impronunciável, mas não — é preciso que se diga — de inefável. Trata-se de algo de que só podemos falar de viés, mas que insiste na própria articulação de uma fala. Esse método permite conceber a diferença entre a experiência como fenômeno e, ao mesmo tempo, a experiência em sua face de abertura para o real da estrutura. Aquilo que é produzido na experiência só pode ser descrito em termos fenomenológicos, ao preço de não poder ser *todo dito*. Como o real é o limite extremo da experiência, é necessário reconstituir o percurso de suas significações (e não do seu vivido), o circuito de seus significantes-mestres (e não seu inventário), para fazer aparecer os contornos do objeto nas vias da impossibilidade de sua figuração.

Podemos compreender, então, por que Lacan empreenderá a seguir uma retomada do *Homem de areia* e do *Elixir do diabo* de E.T.A. Hoffmann. Trata-se, mais do que descrever ou ilustrar seu método, de colocá-lo em prática, pois esta é a única maneira de transmiti-lo. Não retomaremos Hoffmann aqui; basta lembrar que, segundo Lacan, fazemos a experiência, ao longo da leitura destas obras, de uma certa destituição. Nos meandros do texto perde-se algo de si e vislumbra-se o desejo: "O sujeito atinge o desejo, (...) mas unicamente através de sucessivas substituições por seus duplos". Algo resta desta travessia, que, no caso do *Elixir do diabo*, constitui um percurso pelos duplos identificatórios do eu, de maneira análoga ao que se passa numa análise.

Desde Freud, sabemos que é possível encontrar alguma coisa do discurso analítico fora do dispositivo, na literatura e na poesia, por exemplo, como também o demonstra, à sua maneira, Lacan, em seu seminário. Uma análise opera a partir de um discurso particular que, entretanto, não é prerrogativa exclusiva dela. No caso de uma análise, porém, funciona um dispositivo original que permite que alguém exerça o papel, até certo ponto desumano, de Outro e, no melhor dos casos, de objeto. Com a instauração deste lugar, a fala passa a encerrar necessariamente a potência real de um meio-dizer. É o que ocorre, por exemplo, com o corvo no poema de Edgar Allan Poe, que ao enunciar apenas *Nevermore*, de maneira insistente, instaura a relação enigmática do significado com o real, constituindo, em sua repetição, uma progressão desnorteante cheia de conseqüências.[4] Um analista não precisa se esmerar para cunhar frases enigmáticas ou sem sentido como se houvesse ditos mais verdadeiramente analíticos, aptos a nomear um objeto que, por definição, está fora do regime da conotação. Basta que o analista, movido por um desejo inédito, se oriente entre os ditos do sujeito para ocupar este lugar a partir do qual os enunciados em uma análise fazem valer sua dimensão de enunciação, de meio-dizer.

Podemos considerar, então, como vimos a respeito da ficção e da poesia, que todo discurso que consiga a façanha de promover um dizer sobre o objeto instituirá necessariamente pontos de meio-dizer em seu interior. Por esta razão, se quisermos aqui, neste livro, nos mantermos no campo psicanalítico, teremos de usufruir de um certo grau de indeterminação, necessária para que o discurso comporte um meio-dizer sobre o objeto.

É preciso que fique claro, entretanto, que esta indeterminação não é um objetivo, muito menos uma garantia de que estamos verdadeiramente no registro analítico. Ao contrário, a indeterminação de que se trata aqui é uma face do impossível, e como tal, só aparece em meio aos nossos esforços para situá-la no campo do dizer. Tal como Picasso, Lacan dirá: *eu não procuro* (o real) *eu encontro*.[5]

Esse meio-dizer se perde sempre que é buscado diretamente. *Dito*, ele se transforma em blocos significantes, opacos, que apenas revelam manobras canhestras por parte do analista. É certo que um analista "oracular", que só "meio-diz", não é mais um analista que se pretende mestre do enunciado, da interpretação explicativa, hermenêutica. Contudo, falta-lhe perceber que tampouco é possível dominar a enunciação e que, idealizando o *nonsense*, apenas faz essencializarem-se as lacunas do discurso, preenchidas com a promessa de uma significação oculta. Tal como a luz do sol, que só é apreensível se refletida pelos objetos do mundo, o objeto não irradia a si mesmo. Por esta razão, jamais o desnudaremos ao final de um percurso de análise. Somos, ao contrário, obrigados a depurar seus reflexos discursivos e articulá-los de modo rigoroso, para que aí se constitua algo do real.

Estamos, assim, mais próximos da psicanálise ao buscarmos a formalização, desde que aceitemos que ela dependa, em nosso campo, destes pontos de indeterminação enunciativa, de impossível. A ferramenta lacaniana para circunscrever estes pontos é o matema, que alia o máximo de depuração lógica ao máximo de indeterminação quanto ao sentido. Ele é feito de letras quase inteiramente desprovidas de sentido. Ele não tem sentido em si, mas situa, na articulação literal que instaura, o necessário e o impossível em um campo discursivo singular. Desta forma, aproximamo-nos de Freud, que exigia para a psicanálise um status de *Naturwissenschaft*, equivalente hoje ao das ciências *hard*, ao mesmo tempo que se rendia à evidência de que essa característica científica apenas se transmitia nos relatos romanceados de seus casos clínicos.

Vemos o quanto é delicado formular um método que respeite as características inusitadas de nosso objeto. É com estas precauções metodológicas que pretendo começar a abordar os afetos um por um. Nossa primeira conquista é aceitar usufruir da ficção no trabalho de tentar transmitir a lógica do lugar dos afetos na estrutura. Com efeito, partiremos do princípio de que em muitas situações, e sobretudo no caso do afeto, o matema deve ser encontrado em plena ficção. Como vimos, o afeto se situa mais na ordem do fenômeno do que da estrutura, mais da fantasia do que do sintoma, mais da significação do que da letra.

## A ética do Bem-dizer

Nossa segunda conquista diz respeito à ética. Ficção e ética são os dois elementos que orientam a abordagem dos afetos a partir de Lacan. A ficção circunscreve algo do real como um objeto. A ética, por sua vez, aparelha a relação entre o real e o sujeito. Ela introduz uma Coisa, real, que institui as vias possíveis para o sujeito, determinando as coordenadas de um lugar em relação ao qual ele se constitui como tal. A psicanálise revela que os caminhos do homem lhe aparecem necessariamente no registro do mandamento, prescritos ou proscritos, inseridos, desde sempre, num horizonte ético inescapável, para além das determinações do sentido. O inconsciente revela, assim, que "de nossa posição de sujeito, somos sempre responsáveis".[6]

Esta mudança de prisma tem conseqüências, por exemplo, para voltar à semântica psiquiátrica, na abordagem da depressão. A psicanálise elimina a possibilidade da desresponsabilização do sujeito. Neste sentido, assimilar o sujeito à consciência de si, situá-lo como vítima dos movimentos e determinações de seu organismo (no caso da psiquiatria), ou mesmo de seu inconsciente (no caso de uma leitura menos psicanalítica), é esvaziar a ética de sua dimensão real. O sujeito da psicanálise é plenamente responsável pela sua tristeza. É justamente esta resposabilidade ética que lhe confere a possibilidade de percorrer o circuito de seus significantes-mestres, desfazendo os grilhões imaginários de sua tristeza. Torna-se possível, a partir daí, encontrar-se com o gozo de seu sintoma e abrir-se à contingência radical do real, o que, se não garante o fim da Tristeza e a instauração da Beatitude, permite, certamente, um modo original de autonomia na relação com o Outro e seu gozo.

É importante insistir no quanto esta impossibilidade do dizer sobre o objeto garante à ética um lugar paradoxal. Desde sua primeira formulação, a partir do desejo como "medida infinita", já se coloca em ato, através do próprio paradoxo. Lacan conclui seu seminário sobre a ética propondo o desejo como parâmetro para o julgamento. Este julgamento, entretanto, não pode ser entendido como atribuição de valor, pois, em se tratando de nosso objeto, isto seria uma contradição em termos. Não devemos ignorar o caráter *paradoxal* e não contraditório da proposição lacaniana. Com efeito, a proposição, "não se deve ceder de seu desejo", foi tomada como um preceito positivo e unívoco da ética da psicanálise. Este é um grande perigo, pois ao se desconhecer a sutil distinção entre demanda e desejo tende-se a ler este "desejo" como demanda. "Não ceder de suas demandas" é um preceito para um *self-made man* norte-americano, mas não para psicanalistas. Uma tal leitura pode conduzir um praticante a tornar-se, não um analista, mas um bem sucedido *social climber* do mundo da psicanálise, acumulando os sucessos obtidos pela sua ânsia de satisfação. Pior, atento ao que *quer* o paciente, vai esmerar-se em frustrá-lo ou em levá-lo a assumir suas vontades. Na passagem do singular ao plural, do desejo aos desejos, perde-se a novidade freudiana de que o desejo, em si, só pode ser sem conteúdo. O paradoxo se evidencia se lembrarmos que, para Lacan, o desejo é sempre desejo do Outro. O que é *seu* desejo, se o desejo é sempre desejo do Outro?

Ceder desse desejo, que coloca em segundo plano os objetos da vontade, instaura a dimensão em que a culpa ganha sentido. Lacan afirma que "a única coisa da qual se pode ser culpado em psicanálise é de ter cedido de seu desejo". A culpa da qual Lacan fala aqui é, entretanto, culpa de estrutura, pois só devemos ser culpados da nossa condição de falasser, presos nas malhas do significante e sempre em dívida com o ser de gozo.[7]

Se retomarmos, então, nossa definição instrumental de ética, "dito sobre os dizeres do homem na medida em que estes se articulam a um valor", podemos agora inserir, no lugar do "valor", o gozo. Valor, aqui, pode indicar que o gozo, no que se opõe ao desejo, refere-se mais à medida, se a tomamos em sua face de lastro, de peso. O gozo é isso que existe sem que possamos afirmar nada dele no registro do ser, como o gozo dos místicos que sublinham o caráter indizível de sua experiência e que Lacan traduz pela fórmula: "Há um gozo e se existisse um outro, não deveria ser esse."[8] Precisaríamos de outro livro para empreender uma discussão consistente sobre as relações do gozo com o desejo, mas creio que é possível concordarmos com a idéia de que tanto o gozo quanto o desejo situam a ética da psicanálise numa posição paradoxal. O pensamento ético parece implicar "seres de dito", enunciados mais ou menos universais. A ética kantiana, onde a universalização de uma máxima é o critério de seu valor ético, é o paradigma desse procedimento. Nesse sentido, a ética legisla sobre *ditos*, o que parece situá-la fora do quadro do desejo em sua face de gozo, em algum lugar entre o dito e o dizer.

A interrogação lacaniana sobre a ética da psicanálise a partir do desejo conduz, como já vimos, à conceituação do gozo. A partir disso, o gozo, como conceito, retorna sobre esta ética, produzindo uma nova formulação: a ética do Bem-dizer. Nesta retomada do desejo a partir do gozo, apesar de ainda estarmos em um terreno paradoxal, ganhamos muito em substância. O gozo é um existente, impalpável, porém denso, cuja presença é mais concreta que a do desejo, este sempre deduzido das demandas.

Com a teoria do gozo, Lacan passa a propor uma formulação mais positiva, ainda que paradoxal, sobre a ética da psicanálise. Acredito que esta guinada de Lacan só é possível, por um lado, graças à instrumentalização do conceito de gozo a partir da invenção do objeto *a* e, por outro, graças à teoria dos quatro discursos.

Não vamos retomar aqui esta teoria nem o *Seminário 17*, em que ela é desenvolvida; apenas indico que a partir dele pode-se falar em um universal na psicanálise, o do discurso. O discurso deve ser entendido não como esta ou aquela formação discursiva dada, o discurso médico ou comunista, por exemplo, mas sim como a montagem, em quatro vertentes específicas, daquilo que a fala mobiliza (os significantes), articula (o saber e a verdade) e situa (o sujeito e o objeto).

Esta articulação da maquinaria do discurso em suas quatro configurações fundamentais delimita as possibilidades do dizer abordado a partir do gozo. *Mais, ainda* e *Televisão* indicam as conseqüências desta reformulação a partir da qual o gozo será articulado claramente com o saber, o discurso. Lacan realizará aí várias proezas, entre elas a articulação entre desejo e gozo com relação à ética da psicanálise e dos quatro discursos com relação ao dito e ao dizer, numa referência essencial à letra. A conseqüência profunda desta nova leitura é condensada por J.-A. Miller na fórmula: "o sujeito se satisfaz na fala", que retoma o privilégio do dizer sobre o dito, assinalando que nos ditos produz-se gozo, tanto pelos efeitos de significado quanto pela insistência significante.[9]

Neste momento de seu ensino, Lacan introduz não somente uma reformulação no campo do gozo, com a introdução do gozo fálico e do gozo Outro, quanto uma novidade essencial que diz respeito à nossa questão e que pode ser assim formulada: "o ser é gozo". Esta proposição se declina em duas vertentes: 1) O gozo responde pelo real do trauma. A ênfase recai sobre a extimidade do gozo, que valoriza uma certa compacidade do real, e não mais no corte, que enfatizava a descontinuidade significante. 2) O saber é gozo ("O inconsciente não significa que o ser pense, e sim que o ser, falando, goze"). O significante faz existir o gozo e não mais o vazio no real, por isso Lacan dirá: "O ser é um fato de dito". Agora o fundamento do real do gozo é o próprio significante, o que relativiza a idéia de uma fresta aberta pela linguagem. O furo é denso, se constitui de uma fuga de sentido orientada pelo objeto mais-de-gozar, em direção ao real fora do sentido. Não se trata mais de abrir o intervalo virtual entre $S_1$ e $S_2$, mas sim de inserir-se na cadeia significante em uma posição que dissolva a ilusão de sua associação natural. Neste ponto, entre gozo e saber, mais do que entre o sujeito e o ser, articulam-se as paixões.[10]

É possível assim conceber toda uma estilística das paixões, reconhecida por Lacan, razão pela qual ele constantemente evoca a *Retórica* de Aristóteles.[11] Mas esta retórica dos afetos só pode se sustentar como uma ética, que a impede de se reduzir à declinação das regras locais do sentido de um campo discursivo singular. Não se trata de uma semiótica das paixões, na qual o real não se situa exatamente no mesmo lugar que na psicanálise.

## Do Bem-dizer

A ética do Bem-dizer se vincula a ditos, na medida em que estes se articulam a um valor de dizer. Ela só pode, assim, ser associada ao que uma fala tem de ato. Nem todo dito, porém, é um ato no sentido de "uma fala que funda um fato", magistral definição lacaniana. O ato toma suas coordenadas do universo significante e se instaura em um horizonte ético, pois, para um analisante, situar o dizer do desejo nos seus ditos é uma obrigação.[12] Tomar então os afetos como "fatos de dito" refere-se ao estatuto conferido por Lacan ao *dito* em sua implicação com o *dizer*, no que esta implicação supõe uma ética original.

Vemos que a partir desta ética delineia-se uma decisão metodológica. Neste sentido, examinaremos um certo número de afetos, buscando circunscrever o peso de dizer que eles introduzem. A partir daí, poderemos situar a posição subjetiva a que eles podem vir a corresponder, assim como seu lugar no horizonte ético. Apostarei em uma "mostração" da ética do Bem-dizer ao longo do nosso exame dos afetos, um a um. Nosso percurso deverá, assim, cartografar não somente o campo afetivo, mas o da própria ética do Bem-dizer.

O significante e o gozo são elementos antinômicos e, ao mesmo tempo, eis o paradoxo, se acasalam para que haja fala. O próprio da definição paradoxal do desejo é escrever este impossível do gozo. Porém, na abordagem do afeto, o paradoxo não nos é útil diretamente. Ao dar ao significante Um sentido corporal, o afeto aproxima-o do signo, fixando sua significação. Ele faz, assim, do paradoxo contradição, pois ao conferir consistência ao dito retira dele seu valor de chave, a partir do qual ele poderia abrir, ao mesmo tempo, muitas portas do sentido. Nesta característica paradoxal do significante reside a possibilidade de articulação entre a fala e o gozo e a possibilidade de mudança subjetiva. Para nos mantermos nos limites desta ética paradoxal sem nos depararmos com contradições intransponíveis, tomaremos os afetos acrescentando às formulações de Lacan um "material" clínico. Isto implica uma escolha de método: abordar os afetos um a um, inserindo-os em construções discursivas, fictícias, análogas àquelas nas quais eles aparecem na prática clínica. Tentar assim recriar o ambiente clínico, de modo ficcional, será o meio escolhido.

Partiremos do enunciado. Não os enunciados dos analisantes, mas os de Freud retomados por Lacan. Eles não definem o afeto a partir de uma descrição fenomênica. Partem de alguns afetos, mais ou menos estabelecidos na cultura, mais ou menos "passados ao dito" em uma análise, interrogando as relações do sujeito com o que o causa, o que traz, via de regra, subitamente, um esclarecimento essencial ao afeto em questão.

Passaremos em revista alguns dos afetos que retiveram a atenção de Lacan em seu ensino, pois o exame de todos eles, 53 ao todo (referidos no apêndice B), seria impossível. Lacan retoma um por um os afetos freudianos, salvo uma exceção, *der Schreck,* que trataremos mais tarde, articulado ao horror.[13]

## Emoção, afeto e paixão

Mas, como decidir, em meio aos enunciados acumulados em trinta anos de seminário, por aqueles que se referem à experiência do afeto no que ela nos interessa? Para passar à nossa ficção, são necessários alguns recortes, algumas distinções fundamentais. O que define exatamente o afeto? Tudo é afeto? Toda agitação corporal pode ser situada, como afeto, em relação a uma posição subjetiva? Vamos ver, neste sentido, que cortes podemos operar com Lacan, pois nem tudo o que se diz afeto na cultura será afeto aqui.

## *Da emoção ao afeto*

Lacan distingue o afeto da emoção e o aproxima da paixão. São dois passos fundamentais e complementares, elaborados em dois momentos distintos de seu ensino.[14] O primeiro se efetua no *Seminário 10*, de onde seria possível retirar a proposição: "o afeto não é emoção". O segundo aparece mais tarde, em *Televisão*: "o afeto é paixão".

Lacan estabelece uma oposição entre a emoção e um afeto particular, o afeto fundamental de angústia, ressaltando claramente que essa oposição traduz aquela entre emoção e afeto.[15] Ao mesmo tempo trata-se de uma oposição relativa, pois, neste ponto, Lacan os situa em um esquema em que não se distinguem ponto a ponto.

dificuldade

| movimento | | | |
|---|---|---|---|
| | inibição | impedimento | embaraço |
| | emoção | sintoma | passagem ao ato |
| | comoção | *acting out* | angústia |

Todo o interesse deste quadro para nós é que ele permite distinguir a angústia, como afeto, da emoção, não porque se trataria de duas entidades distintas, mas porque elas se situam em registros diferentes da ação. A *emoção* é situada no centro da série do movimento entre a *inibição* e a *comoção*. As três estão, entretanto, situadas no mesmo nível, na série da "dificuldade de agir", de "avançar em direção ao gozo".[16]

J.-A. Miller evoca, a respeito da emoção, toda uma tradição filosófica que situa o afeto no registro das relações do eu com o mundo.[17] Podemos incluir aí uma ampla gama de autores, de Descartes a Sartre, passando por Rapaport e Jones, no que diz respeito à psicanálise. Supõe-se, de saída, como já vimos anteriormente, o eu e o mundo numa relação entendida como oposição entre duas esferas. O afeto traduziria, nesse quadro, a variação sincrônica destes mundos, ou sua interação. Para esta dimensão de movimento, de agitação dos corpos, Lacan reserva o termo *emoção*. Esse termo vincula-se, assim, àquela concepção biologizante e esférica do sujeito que já tivemos oportunidade de situar.

A partir daí, Lacan não se ocupa das emoções, termo reservado para aquilo que o afeto pode ter de objetivável. Uma vez que nossa prática se funda em um objeto inconsistente e uma vez que não fazemos a análise da psique, de um psíquico consistente, podemos ressituar aquilo que, via de regra, no afeto é referido ao plano biológico. Trata-se, para nós, no extremo oposto das teorias construídas sobre a idéia do afeto-emoção, do manejo do campo do gozo.

Neste campo, o real comparece em variadas configurações clínicas, em nomeações diversas, que instauram diferentes configurações do objeto. Apenas para nos mantermos no esquema acima, poderíamos citar a inibição, a comoção, o impedimento e o constrangimento. Caso os consideremos no registro da emoção e do movimento, seríamos conduzidos a descartá-los. Em caso contrário, teríamos de demonstrar por que seriam afetos. Ao aproximar o afeto da paixão, Lacan nos dá o elemento que justifica essa exclusão de variadas figuras que na cultura são aproximadas do afeto. Se já podemos dizer o que não é afeto, podemos considerar que delimitamos *a minima* o campo afetivo.

## *Do afeto à paixão*

A expressão lacaniana, *le senti-ment*, que pode ser traduzida como "o sentido mente", ou ainda "o sentimento mente", indica que o afeto deve também ser distinto do sentimento.[18] Este último refere-se, preferencialmente, à sensação. Enquanto a emoção se dá como proveniente do corpo, o sentimento comparece como fruto do discurso, do efeito da experiência da fala sobre o corpo. Por estar claramente vinculado às palavras, ele não evoca necessariamente, como o afeto, uma realidade pré-discursiva. Ele é o vivido de uma experiência, o efeito da significação se apresentando como efeito imediato do significante. "Estou mais ou menos", "estou me sentindo confuso", por exemplo, são sensações definidas e claramente construídas pelos termos que as evocam.

A emoção, por outro lado, se situa no nível do fenômeno, representando a busca da sintonia do indivíduo com o mundo. Deste modo, a angústia é fundamental por desvelar, entre outras coisas, irrefutavelmente, o que o afeto tem de inútil, referindo-a ao gozo, o que "não serve para nada", segundo Lacan".[19] Esta dimensão de um valor utilitário precário, que pode variar dependendo do afeto em questão, está sempre presente.[20] A angústia nos conduz à concepção do afeto a partir de sua relação com o Outro e com *a*, relação constitutiva que Lacan retomará em termos de *paixão*.

O afeto é ligado à emoção, mas orientar sua abordagem por uma concepção orgânico-fisiológica não nos interessa, pois oculta aquilo que o afeto veicula de uma relação subjetiva fundamental. Ele traduz um modo de experiência do real sob uma roupagem específica que tanto lhe confere um peso de verdade e certeza quanto o insere necessariamente em um sistema de valores. Neste sentido, o afeto é justamente aquilo do qual a última coisa que se pode dizer é que esteja acima do bem e do mal.[21]

O afeto se distingue, assim, tanto do sentimento quanto da emoção. A paixão virá se opor tanto à emoção quanto ao sentimento, constituindo a base fundamental do triângulo que estabelecerá, então, as coordenadas do campo afetivo. Quanto à paixão, Lacan propõe, por exemplo, ao criticar explicitamente a concepção cartesiana, que pensemos a cólera não como um efeito de descarga, mas como o "fracasso de uma correlação esperada entre a ordem simbólica e a resposta do real".[22]

Toda a dimensão das relações do sujeito com o que poderíamos chamar "seu Bem" é introduzida pela ênfase dada por Lacan à paixão. A partir desta reviravolta na teoria psicanalítica do afeto, uma determinada tradição filosófica pode vir a nos servir de referência, de modo mais interessante, segundo Lacan, que a própria literatura psicanalítica. A paixão deve ser entendida, fora do enquadre cartesiano, como em São Tomás ou Espinosa, como forma de nomear a relação do sujeito com o Bem (e não com o mundo), sem que se trate, entretanto, de conceber as relações do homem com o Soberano Bem, que não há.

Por esta razão, Freud sempre desconfiou da filosofia. A psicanálise não é jamais uma ontologia, quando muito uma *hontologia* (termo em que Lacan joga com a homofonia de *honte*, vergonha, e o prefixo *onto*). A psicanálise, como tal, não é jamais metafísica ou visão de mundo, apesar de eventualmente produzir uma ou outra. Nos termos de Lacan, trata-se de uma *praxis*, que merece o nome de *erotologia*. Trata-se de uma ciência da pulsão, uma prática do desejo que se realiza no campo do saber, mostrando a vinculação entre o desejo e o significante. É possível assim, considerar uma ética que situe o desejo como uma prática das relações do sujeito com o Outro e não uma reflexão sobre o Bem ou o Mal para o homem.[23]

## Capítulo VII

# AFETOS

### Angústia

Tudo começa com a angústia. A angústia assinala um momento de caos, perturba, desorienta, comove, locomove e, eventualmente, conduz ao consultório de um analista. Ela é anterior ao próprio caos, pois este é apenas inferido, suposto, a partir da experiência da angústia. Trata-se de uma experiência de desmoronamento radical das escoras subjetivas. O mundo desaba mas, estranhamente, sabe-se que tudo permanece onde está. Isto porque a angústia não diz respeito aos significados do mundo. Podemos apenas descrever suas sensações sem, contudo, tocar em sua causa. Por esta razão, não é possível dar um sentido comum à experiência da angústia, justificando-a a partir deste ou daquele episódio, por este ou aquele motivo. Da mesma forma, não é possível constituir uma explicação, um saber que comunique sua natureza, nem tampouco descobrir um conteúdo que a dissolva.

A angústia não serve para nada. Sabendo disso, tanto Freud quanto Lacan partem do consenso, da experiência quotidiana, para abordá-la. *Não tenho necessidade de apresentar a angústia a vocês*, este é o enunciado que sela o modo como Freud resolve esta dificuldade: tratar da angústia sem aprisioná-la no mundo dos objetos do sentido e da significação. Isto seria confundi-la com a ansiedade dos psiquiatras ou coisa que o valha, retirando-lhe o fundamento de indeterminação real, fundamento no vazio. Nada é, portanto, o que causa angústia e nada é também o que a cura. O nada angustia, e do nada a angústia retira sua força. É precisamente este nada que uma análise pode transformar em exigência de trabalho e, em conseqüência disso, eventualmente, engendrar o novo.

Apesar de a angústia estar na origem da análise, uma análise só se inicia se, em algum momento, ela se tornar questão. Do mesmo modo que a angústia aparece como questão filosófica em um ponto preciso da história da humanidade — com Kirkegaard — no âmbito de uma vida, seu aparecimento como questão também é datado. Com efeito, é no momento em que a causa da angústia aparece para alguém como enigma, no momento em que se supõe que algum saber poderá resolver a angústia, que será então possível supor em alguém este saber, endereçar, eventualmente, a um analista uma demanda de cura.

Não é sempre, contudo, que a angústia aparece para um sujeito, ou se torna uma questão, ou uma questão de análise. O motor da angústia pode seguir causando os movimentos do sujeito silenciosamente, desde que ele não saia dos trilhos determinados por sua história.

Caso ela se apresente, é sempre possível dar à sua agitação fora do sentido um sentido definido e conduzi-la a uma ação determinada — é o que chamamos de *acting-out*, tentativa de resolver a angústia mudando aparentemente de itinerário sem, contudo, sair dos trilhos. Frente à angustiada dúvida entre o noivo sem graça e o ex-namorado marginal, uma mulher, horas antes da cerimônia do casamento, desiste de tudo e decide retomar seus estudos em outro país. A ação intempestiva, que aparentemente escapa das determinações que estabelecem o dilema subjetivo, nada mais é do que outra forma, igualmente alienada, de seguir cumprindo seus roteiros. Afinal, o que seria mais determinado do que, por exemplo, lançar-se em terras estrangeiras na carreira acadêmica sonhada por seus pais?

A angústia pode ainda receber um tratamento discursivo coletivizado. Esta mesma mulher poderia filiar-se a uma igreja, cujo protocolo rígido e totalizante estipula condutas, garantindo a supremacia da alienação e o abafamento da angústia.

Finalmente, a angústia aparelhada, menos a partir do sentido que do significante, pode conduzir ao ponto zero das determinações, ponto em que se abre a possibilidade de seu remanejamento. É aí que podemos situar o que Lacan chama de *ato*, que deve à força da angústia sua efetividade.

Aqui estão os pontos de partida propriamente psicanalíticos para a abordagem da angústia:

- A angústia está presente antes, durante e depois de uma análise
- Ela é o que não se resolve com o saber ou seu recalque

- Ela não tem cura, não deixa de operar
- Não serve para nada, a não ser fazer deste nada o motor de um ato.

Como vemos, a última coisa a fazer é conduzir uma análise tendo como bússola a angústia. A psicanálise não é um ultrapassamento, metafísico, em que a experiência da angústia produziria um homem superiormente desligado do mundo dos homens. Freud não se deixa enganar pela angústia, pois sabe que o limite que ela desenha não pode ser franqueado. Neste sentido, a análise se desenrola bordejando o limite e será, assim, sempre angustiada o bastante para que haja mudança e jamais o bastante para que o silêncio se faça.

Resta acrescentar que a angústia nasce da relação com o Outro, que necessariamente se encarna no semelhante, naquilo em que ele tem de estranho. Ela não *é* o estranho, no sentido do caos sem corpo. Ela permite apenas, através do estranhamento, supor o que o caos *seria*. Aponta o limite, para além do qual estaria o eclipse do Outro que provê o sentido do mundo. Revela que este eclipse só aparece como estranha fonte de horror, diante do limite que se aponta a partir de seu próprio interior. Assim, partindo da relação ao semelhante e do que ela manifesta da relação ao Outro da linguagem, vemos a angústia instituir o Outro real como seu limite, interno.

Como situar este real, pura dispersão sem existência, no campo dos existentes, sem esvaziá-lo de sua potência dispersiva? Como situar o estranho angustiante no seio do familiar? Lacan constrói a seguinte cena:

> Suponham-me em um recinto fechado, sozinho com uma louva-a-deus de três metros de altura. É uma boa proporção para que eu tenha a altura do louva-a-deus macho. Além disso, estou vestindo a roupa de um louva-a-deus de 1,75m, mais ou menos a minha altura. Eu me olho, miro minha imagem, assim fantasiado, no olho facetado da louva-a-deus. É isto a angústia? Está bem perto. [...] Trata-se propriamente da apreensão pura do desejo do Outro como tal, uma vez que justamente ignoro minhas insígnias, pois estou ridiculamente vestido com a mortalha do varão. Não sei o que sou como objeto para o Outro.[1]

A angústia é, assim, o encontro com o desejo do Outro na medida em que o desejo se manifesta como um aspecto do real.

Esta pura apreensão do desejo do Outro deve, pois, ser distinta do desejo tal como se apresenta na demanda, já que se trata aí, justamente, do desejo no ponto em que ele se separa dela. Alguém que pede algo já situa, em algum lugar no destinatário, a posse da coisa pedida. Por isso, a demanda define, naquele a quem ela se endereça, as qualidades daquilo que ela busca. Desta forma, do lugar de objeto de demanda, o sujeito sempre dispõe de uma imagem que o identifique diante do Outro. De maneira análoga, do lugar de sujeito da demanda, sempre se espera uma resposta do Outro que homologue a demanda como tal. Como vemos, no registro da demanda, sujeito e objeto são pacificamente intercambiáveis.

Numa situação de angústia como a de Lacan vestido de louva-a-deus, estou definitivamente frente ao vácuo da demanda. Não sei o que o Outro quer de mim. Lacan consegue transmitir este lugar da angústia ao realizar, com esta cena, duas operações. Em primeiro lugar, a dimensão da demanda é reduzida ao seu fundamento mínimo, o jogo especular. Apesar de nada dizer, quieta, a louva-a-deus mostra, em seus olhos, sua demanda, como uma mulher que nada pede, mas mostra com seu olhar o que quer. Neste registro especular, conjugam-se, habitualmente, tanto as coordenadas imaginárias do que o outro quer quanto das imagens que representam o sujeito para o Outro. Desta forma, sempre sabemos o que querem de nós graças às imagens do que somos, que nos são refletidas pelo modo como os outros nos encaram. Acontece, porém, e aqui intervém a segunda manobra de Lacan, neste espaço de redução máxima destas balizas imaginárias do eu, que o sujeito dispõe somente de *uma* imagem, a da fantasia de louva-a-deus, que se sabe não ser a verdadeira imagem do Eu, Lacan, por trás da fantasia. Isto porque o apólogo é construído de forma que não possa entrar em jogo a imagem de um suposto "eu da realidade", no caso a conhecida figura *dandy* de Jacques Lacan, com suas orelhas salientes, seus óculos e seu charuto. Restam então apenas inferência e angústia diante da falta de enquadre da imagem.

## O falo e o objeto *a*

À esta imagem que falta, que estaria por trás das máscaras, Lacan dá o nome *falo*. Com este conceito ele retoma a cena mítica freudiana em que uma criança distingue os sexos ao perceber que algumas têm pênis e outras não. A universalidade da premissa fálica no contexto da teoria freudiana, que possui apenas este discriminante para a partilha dos sexos, permite a Lacan postular que ninguém detém verdadeiramente o falo; não somente a menina, que acredita não dispor desta imagem de potência, como também o menino. Mesmo os homens, apesar de exibirem orgulhosamente suas insígnias fálicas, sob a ameaça da castração, estão fadados a viver perguntando-se: se alguns têm e outros não, existe alguém que seja responsável por isso e, portanto, que esteja fora do alcance da castração? Então, alguém detém o verdadeiro falo? Se isso é verdade, então, o meu é apenas um simulacro?

Basta colocarmos estas perguntas em forma de premissas, "alguém escapa da possibilidade da castração", "o falo existe em algum lugar", "há uma verdadeiro falo, invisível, do qual o visível é apenas uma cópia", para termos instituído um sentido último por detrás das máscaras que garante a verdade tanto no registro do Outro quanto na intimidade, no interior do eu. Havendo este sentido último para o mundo, há também a crença em um eu essencial, profundo. Desta suposição de algo primordial, de um "verdadeiro eu", que nunca aparece como tal mas apenas como falta, pode ser deduzida uma certa função. Esta função, que avaliza a miragem da existência do objeto do desejo e de sua posse por alguns, é, justamente, o que Lacan chama de função fálica.

No exemplo acima, ela fica comprometida, pois não se sabe que estatuto dar à roupa de louva-a-deus. Afinal, se Jacques Lacan não está sob a fantasia, não seria ela, em vez de fantasia, o verdadeiro eu? Se for este o caso, "verdadeiro eu" nada mais é que uma roupa como outra qualquer? No fundo no fundo, não há nada? Vemos, assim, como o mundo, nestas circunstâncias, vê seus alicerces ameaçados.

A novidade freudiana não consiste apenas em eliminar a idéia de um verdadeiro eu, em supor que tudo são máscaras. Freud não apregoava o fim da busca da verdade, pois sabia que, apesar de discurso explícito, todo relativista e todo cínico se assenta solidamente na crença em sua verdade, garantida pela força de seu *ego*. Nada mais distoante das idéias de Freud, que anuncia: "o eu não é mais senhor em sua própria morada". Mesmo desacreditando na verdade do eu, Freud não se priva, contudo, de buscá-la em cada caso, justamente por ter inventado um dispositivo que permite situar o modo como a verdade, o sentido das máscaras, se constrói: a partir da premissa (fálica) da existência de um sentido originário, por trás da última máscara.

O falo é, assim, o nome dado por Lacan ao sentido do desejo, para além da demanda. Do lugar da fêmea, quero o louva-a-deus, mas desejo o que está sob esta máscara, esta fantasia do louva-a-deus. É justamente o desejo do Outro, direcionado para alguma coisa além da imagem de meu eu, coisa que nem eu mesmo consigo situar, o que causa a angústia. O desejo aparece, assim, na angústia, ligado ao real, limite da significação, ou seja, do campo (fálico), que é fundado na crença de que, sob as máscaras, há um sentido primeiro.

Neste quadro, Lacan define o falo como "o mediador entre demanda e desejo", pois ele permite que, no coração da demanda, apareça o desejo. Com efeito, se o falo desaparecesse como falta, não haveria mais desejo e a própria demanda se esvaneceria na satisfação da necessidade. O que se teme, então, não é, como pensava Jones, a *aphanisis*, que o desejo desapareça, teme-se perder o que permite ordenar o mundo, esta referência em relação à qual o sujeito vem se situar, ou seja, o falo.

Por esta razão, a função fálica garante uma imagem unificada do eu, fazendo da roupa de louva-a-deus o próprio corpo deste sujeito. Desta forma, a angústia aponta para a dissolução desta imagem fundadora, do corpo, do eu. Ela se produz, senão antes da imagem, ao menos no próprio nível que torna toda a imagem possível, já que se insere, como acabamos de ver, no ponto em que o falo sela a consistência imaginária.

O interessante é que esta consistência, como vimos, é selada por um vazio. O falo é uma falta, um "vazio estruturante", que torna toda imagem e toda nomeação possíveis, sem ter ele mesmo imagem ou significação. A angústia corresponde, então, à "falta da falta", célebre fórmula lacaniana. O falo tem, assim, uma propriedade essencial do significante. Ele nada é por si mesmo. Desta forma, esta *falta da falta* pode ser entendida tomando-se a ausência da função fálica como signo do desaparecimento da função de significação do significante, ou ainda, como a dissolução do imaginário que, articulado ao simbólico, constitui a imagem, um corpo.

Quando este vazio estruturante pára de funcionar, quando o mundo tende a ficar compacto e o ar sólido, já que não há mais frestas por onde circularia o desejo, neste ponto se instaura a angústia. Contudo, não se trata aqui de qualquer experiência etérea. Para garantir a transmissão do caráter profundamente material da experiência analítica, fundada no manejo da pulsão, Lacan insiste, justamente, em opor à metafísica a erotologia e, com este fim, inventa o objeto *a*. Ele é o que, a partir deste furo na imagem que é o falo, atrai a pulsão. O falo é uma condição necessária, mas não suficiente, pois é preciso que este vazio exista como lugar de gozo para pôr em movimento nossa estrutura desejante. O nome deste gozo estruturante é o objeto perdido de Freud, *a* para Lacan. Ele não é uma suposição de completude, mas sim um pedaço real, corporal, de gozo, que, como não pode ser apreendido pelo sentido, só pode ser situado como gozo primeiro e absoluto, paraíso perdido desde sempre. Ele é, no real, aquilo que o falo figura como vazio no imaginário. Ele é, no simbólico, aquilo que o significante realiza como paradoxo. Ele é o gozo primeiro que, perdido, só vem a ser na escória do discurso e no ponto cego da imagem. Desta forma, o objeto *a* não marca somente a falta no significante, mas deve ser concebido, de agora em diante, como resto real da simbolização. É o que traduz o matema a/-φ, a ser lido como: "o único sentido possível de *a* é -φ".

Para situar este real como tal, há o mito. É por isso que Freud situa o objeto como perdido. Concebido como perdido, sua posse pode, então, ser projetada no futuro. De "coisa alguma" ele passa a promessa de alguma coisa, pondo o desejo em movimento, tal como a cenoura amarrada à frente do burro. O objeto *a* está tanto à frente da cadeia do desejo, no lugar de objeto desejado, como atrás, como objeto que faz funcionar a cadeia; por isso ele será dito "objeto causa do desejo", por isso será situado no paradoxo de um interior excluído.

Esta posição paradoxal do objeto da psicanálise pode ser apreendida de modo mais simples: como nada me satisfaz completamente, deduzo que o que quero existe, mas é coisa do outro mundo. A diferença entre a psicanálise e a fé místico-religiosa é que esta última supõe a existência de coisas em outros mundos, enquanto a psicanálise supõe a existência dessa coisa de outro mundo que é o objeto *a*, causa do desejo de querer sempre outra coisa em cada coisa que quero.

Lacan, entretanto, acrescenta algo ao mito do objeto perdido, situando-o como um *pedaço perdido do corpo*: "Desde que se sabe que alguma coisa do real passa ao saber, há alguma coisa perdida, e a maneira mais certa de se aproximar de alguma coisa perdida é concebê-la como um pedaço do corpo." Este objeto primeiro, que faz mover o mundo ao ser perdido, é, segundo Lacan, um pedaço do corpo. É disto que trata o mito da lâmina, ou lamela, esboçado no seminário sobre a angústia e explicitado em "Posição do inconsciente". A lamela é um pedaço de um corpo originário, anterior ao mundo tal como o vemos constituído, exatamente a partir desta perda. A lamela pode tomar a forma da placenta, mas também do seio, das fezes, do olhar e da voz. A placenta seria sua mais antiga imagem, encarnando esta falta no real do corpo. A vantagem da figura da placenta é que não se pode dizer dela que se trata de um elemento inefável ou etéreo. Tal como a placenta, a lâmina é compacta, concreta, minha e, ao mesmo tempo, anterior a tudo o que é meu, pois só com sua perda venho à luz. Reconheço o gozo do tempo uterino que ela encerra, apesar de vivê-lo como profundamente estranho.

Em seguida, libertando-a do peso imaginário, histórico, desenvolvimentista da placenta, Lacan, faz a lamela transformar-se em *homelete*, resto do homem que após o nascimento teria se tornado, pela ruptura das membranas embrionárias, panqueca, ameba voadora, desprendida do passado e do corpo, pedaço solto de carne e, ainda, assustadoramente meu. Isto que pode parecer uma brincadeira de Lacan, na verdade, estabelece com precisão o estatuto delicado e complexo do objeto da angústia que não pode ser situado nem somente do lado familiar do eu, nem do lado estranho do Outro. O mito estabelece que o objeto *a* tem, portanto, uma face real cuja aproximação é sinalizada pela angústia, momento em que em lugar da falta, do -φ, aparece o objeto *a* como aquilo que completaria o Outro.

Este é o momento em que se manifesta o supremo Bem como indizível Horror, pois se me satisfaço absolutamente, desaparece o desejo e desapareço eu, fundado que sou no desejo. A novidade é que as figurações imaginárias deste Outro, monstro de maldade ou deus de bondade, são apenas mitos que organizam nosso encontro com o objeto. É com o objeto que temos de nos haver. Nos deparamos aqui e ali com a presença de um pedaço, fragmento real do Outro que indica que Ele, em algum lugar, está completo. Este fragmento, se fixado no corpo de uma mulher, em uma covinha, um irresistível e discreto estrabismo, me faz gozar a partir do corpo do Amor. Se ele se destaca, porém, do corpo e passa a flutuar, manifesta-se a presença desta ameba-lamela, que, por não ser deste mundo e por não estar mais lastreada pela imagem do corpo, passa por todas as frestas, atravessa todas as paredes.

> Imaginemos que toda vez que se rompem as membranas, pela mesma saída escapa um fantasma, de uma forma infinitamente primária da vida (...). Vamos supô-la como grande panqueca a se deslocar qual a ameba, ultra-achatada a passar sob as portas, onisciente por ser conduzida pelo puro instinto de vida, imortal por ser cissípara. Eis aí algo que não seria nada bom sentir escorrer sobre o rosto sem ruído durante o sono, apondo-lhe um lacre (...). Desnecessário dizer que

> logo se travaria uma luta contra um ser tão assustador, mas ela seria difícil (...). Como prevenir os caminhos de seus ataques (...) uma vez que ela não conheceria obstáculos? Impossível educá-la ou tampouco lhe armar uma cilada. Quanto a destruir esta Homelete, seria bom cuidar para que não lhe aconteça de pulular, pois qualquer talho feito nela promoveria sua reprodução e mesmo o menor de seus brotos, sobrevivendo, até mesmo ao fogo, conservaria todos seus poderes nefastos.[2]

## Amor, ódio e ignorância

Ao deparar-se com a lamela, neste momento de horror, pode-se buscar alguém que a afaste, pela oração, pelo exorcismo ou, ainda, que desacredite seus poderes sobrenaturais pela demonstração de seu submetimento às leis matemáticas da natureza. Ainda que o encontro com o objeto dê-se de maneira mais prosaica, pela perda da função de gozo da covinha da amada, por exemplo, a ameaça de caos representada pela angústia está potencialmente ali. O endereçamento de uma queixa a alguém é, portanto, uma das saídas possíveis. Com isto, um sujeito qualquer torna-se sujeito de uma demanda endereçada a um Outro.

Para dar consistência a este sujeito qualquer, vamos supor alguém que até então acreditava na concretude do mundo. Um inocente que agia como se não houvesse nada que não pudesse ser dito ou feito, acreditando que o único sofrimento é a dor, que o único gozo é o prazer e que a única crise é a da bolsa. Para este sujeito, a angústia só pode aparecer como caos impronunciável, ameaça de destruição e morte, pânico. Incapaz de dar à angústia um sentido conveniente, ele parte em busca de alguém que detenha um saber que a explique e a ele narra seu mal.

A partir deste endereçamento pode acontecer que, em algum momento da conversa, algo referido à verdade irrompa no discurso. Não se trata, evidentemente, da verdade como adequação entre as coisas e os julgamentos, mas sim da dimensão a partir da qual é possível um sentido a mais para as circunstâncias que levam à angústia. A verdade pode irromper nas mais diversas situações, um filme, a leitura de um livro, até mesmo uma conversa com um amigo, ou uma cena que se presencia. Em cada uma destas circunstâncias, ela pode apresentar-se de maneira distinta, mas o que importa é que, a partir disso, *sei*, mesmo que não consiga explicar, que se produziu um efeito de verdade: as peripécias de um personagem exibem meus desejos, um conselho muda o rumo de minha vida, resolvo um conflito ou ganho uma nova certeza sobre minha posição ao reconhecê-la no outro etc.

Esta conversa pode se estabelecer, entre outros, com um padre, um médico ou um pai-de-santo. O padre reconhecerá nesta experiência a verdade da presença absoluta de *Deus* e, quem sabe, a confissão de uma culpa. O médico exporá a seu paciente a verdade sobre a natureza de seu problema, inteiramente justificável pelo funcionamento da *máquina corporal*. Do pai-de-santo virá uma *composição mística* de explicações, médicas, religiosas, espirituais, que carrega a verdade em um lugar indefinido de sua trama. Nos três casos, é necessário supor o lugar da verdade fora do discurso. Com Freud, partimos, ao contrário, da premissa de que é propriedade do próprio discurso criar a ilusão de um sentido último, para além dele mesmo. *Não há metalinguagem* é o estenograma lacaniano desta premissa freudiana.

Suponhamos, então, que nosso angustiado inocente dirija a um analista sua demanda. Na contramão do padre, do médico e do pai-de-santo, um analista, ao menos num primeiro momento, acolherá qualquer sentido que possa responder pela angústia, pois estará interessado, mais além do próprio sentido, nas vias de sua constituição. Aí se explicita a relação do sujeito com a verdade, ponto onde incide a operação propriamente analítica.

Em nome desta operação são forjados os conceitos freudianos que servem assim para circunscrever a emergência da verdade sem recorrer à idéia de uma verdade em si. O primeiro passo é reconhecer que a irrupção da verdade, tal como descrita acima, é conseqüência do fundamento do discurso em uma falta, preenchida, como vimos acima, por *Deus*, *máquina*, *composição*. A falta, é então, para a psicanálise, a garantia do sentido do mundo. Por esta razão, a vacilação do sentido em uma fala, a constatação de sua imperfeição, pode apontar para um impronunciável sentido do mundo. Já que o nome lacaniano para esta falta fundadora é *falo*, a suposição de que há verdade em algum lugar é tributária da função fálica.

Com o conceito de falo, Lacan apenas formaliza a idéia comum de que as palavras não dizem tudo, explicitando ainda, e aqui está o passo da psicanálise, que são elas mesmas, seu desenrolar em discurso, que estipulam um sentido a mais, além da fala. A fala é, assim, uma experiência que engendra a falta-a-ser: *a palavra é a morte da coisa*. Neste sentido, a fala associativa é o dispositivo discursivo criado para tornar incontornável esta experiência da falta do sentido. Quando alguém se dispõe a falar *tudo o que quiser,* percebe de maneira contundente o quanto o discurso é determinado e o quanto ele não diz tudo.

Examinando o diálogo *De magistro*, de Santo Agostinho, interrogação sobre a linguagem e a verdade, Lacan, em seu *Seminário 1*, se interessa pelo modo como o filósofo demonstra a seu filho Adeodato que a fala não contém em si a verdade, conduzindo-o a admitir que apenas Deus nos permite conceber a verdade do ser. O interessante da apropriação por Lacan de Santo Agostinho é que, seguindo a premissa freudiana, ele valoriza a matéria retórica e nada além dela. Como analista, Lacan se interessa menos pelas conclusões e mais pela argumentação de Santo Agostinho, enfatizando aí o modo como ela conduz a uma experiência de desvelamento. Esta experiência é condicionada, segundo Lacan, pelo exercício de três características essenciais da linguagem: ambigüidade, erro e confusão.

É preciso, antes de abordarmos estas três figuras da fala, que se entenda que Lacan só é capaz de delimitar estes eixos porque dispõe, não de um manual de retórica, mas das ferramentas freudianas: condensação, denegação e recalque. Vejamos como.

A ambigüidade se constitui como uma propriedade da fala a partir da qual um elemento aparece valendo por muitos — um significante que, dado um determinado contexto, remete ao menos a dois significados. Isto é o que nos esclarece a noção de condensação, *Verdichtung*, delimitada por Freud nas formações do inconsciente. A palavra "mercado", por exemplo, de banquinha de frutas, ganha o sentido de todo um espaço de trocas financeiras e, hoje, marca tudo o que a circulação do dinheiro tem de real, de domínio em nossas vidas e países. Nesta capacidade da linguagem de constituir um significante gordo, prenhe de sentidos potenciais, funda-se o ideal de um significante totalizador, pleno de todos os sentidos do mundo. Esta é uma das maneiras pelas quais a verdade se manifesta. O ser se introduz aqui como plenitude. Assim como a palavra *Deus*, o *neologismo* do psicótico, ou o *Aleph* de Borges, ele contém todos os segredos e todos os momentos do mundo. Lacan acrescenta que neste tipo de desvelamento do ser funda-se a ilusão do amor. O amor, neste sentido, é a realização da plenitude a partir de um sonho de fusão. Esta é a condição para que alguém eventualmente ocupe, para um sujeito, o lugar de cara-metade. Tratamos, assim, de três aspectos desta propriedade da língua: a ambigüidade, que permite o surgimento de significantes-mestres que, por sua vez, fundam o sonho do amor.

O erro é a segunda figura da verdade. A *Verneinung*, denegação freudiana, nos ensina que, quando um significante veicula uma impropriedade, quando se apresenta como "não podendo estar ali", algo do ser comparece nesse regime de não-ser, de não poder-ser. "Não é minha mãe", exemplo freudiano de denegação, não obedece a nenhuma chave de leitura que estabeleceria, por exemplo, que este enunciado devesse ser lido como "é minha mãe". Ao contrário, a negação tem um peso de verdade para além do sentido, que não é obtido pela simples positivação de seu enunciado. Num fragmento de discurso, uma palavra ou fala pode, portanto, representar aquilo que não pode ser e, nisto, ela própria desfalece como tal, como sentido. Este momento de eclipse do sentido torna possível o surgimento da verdade na referência a um ponto artificial, para além do discurso. Se de alguma forma descubro que errei, mesmo sem saber como me corrigir, pelo simples fato de negar legitimidade a um dado qualquer, já sou remetido à dimensão da verdade. *Saí do caminho errado* geralmente é tão ou mais decisivo quanto *estou no caminho certo*. Este aspecto da língua é a condição do efeito de verdade produzido por qualquer confissão, *confesso que pequei, confesso que errei*. Da mesma forma, podemos entender por que sempre se dá mais crédito a quem critica do que a quem se defende. O erro diz respeito, portanto, a um significante que é o "não poder ser". Pode provocar o desprezo, a depreciação, a necessidade apaixonada de excluí-lo da série, de eliminá-lo. Este é o fundamento do ódio.

Para o terceiro eixo Lacan utiliza-se do termo *méprise*, habitualmente traduzido por engano ou equivocação. Em seu lugar, utilizaremos o termo *confusão*, no sentido de tomar uma coisa pela outra. Em uma fala, pode ocorrer que um significante ocupe o lugar de outro sem assumir seu sentido. Os dois passam, de certa forma, a coexistir e, no intervalo entre eles, a verdade novamente encontra condições de emergir. A confusão caracteriza aquelas situações em que digo o que não pensava dizer ou em que digo duas vezes a mesma coisa. Enganei-me, achei que ia dizer algo e disse outra coisa. Esta é uma dimensão da verdade especialmente valorizada na cultura a partir do advento da psicanálise, que enfatiza o quanto esta confusão, lapso, pode ser decifrada, interpretada, trazida para o campo do saber. A verdade se apresenta aqui como saber oculto encarnado pelo significante inesperado. Este tipo de desvelamento funda a ignorância, elevada por Lacan à condição de paixão fundamental. No amor, é como se o ser transcendesse o saber. No ódio, o ser está na exclusão do saber, aqui o ser seria o próprio saber.

Estes três eixos registram o real como Presença, Dissolução ou Lacuna.

## O diamante da transferência

Valorizamos até aqui o caráter lingüístico das operações significantes, utilizando exemplos mais condizentes com o plano dos elementos da língua desenvolvidos por Freud em seu livro sobre o chiste. Poderíamos chegar ao mesmo ponto, entretanto, partindo da *Interpretação dos sonhos*. Estas operações da linguagem aparecerão aí em um registro imagético, já que a imaginarização do significante é a propriedade fundamental do sonho.

Condensação, neste plano, corresponde à fusão de vários personagens em um só. Estamos todos familiarizados com este tipo de ser amalgâmico, tão presente nos sonhos. A denegação, entretanto, não aparece como tal no plano cinematográfico do sonho. Por esta razão, Freud, que partiu do sonho, afirma inicialmente que o inconsciente não conhece a negação. Isto seria de se esperar, uma vez que a negação, como vimos, é o apagamento de uma imagem. Onde buscá-la, então, no plano das imagens? Um sonho tem um modo de indicar o apagamento: o deslocamento, *Verschiebung*. A história de um sonho é cheia destes momentos em que algo que era de suma importância cede lugar a uma nova trama que se impõe. A passagem contínua de uma imagem pregnante a outra, com o desaparecimento abrupto da primeira, é signo da irrealidade de todas ou de qualquer imagem, o que de certa forma representa, se não o esvanecimento da imagem como tal, ao menos o esvaziamento de seu valor de sentido. O *morphing*, recurso de computação em que um rosto transforma-se sucessivamente em outros, tal como se viu pela primeira vez em um clipe de Michael Jackson, *Black or white*, ilustra esta propriedade negativizante do sonho.

Ao retomar as duas propriedades acima no nível mais geral do sonho, percebemos que são análogas à metáfora e à metonímia, promovidas por Lacan, a partir de Jakobson, a operações fundamentais da língua. A terceira propriedade se manifesta, então, a partir do jogo entre a condensação e o deslocamento e se revela apenas como uma combinação entre os dois eixos. Ela corresponde, no sonho, ao momento de coexistência de características ou elementos díspares em um mesmo personagem; basta recordar aquele momento, nos parques de diversão, em que a mulher-gorila já não é mais mulher e ainda não é gorila ou, ainda, evocar os sátiros e centauros da mitologia. É a marca do estranho enodamento de várias cadeias de pensamento em um sonho. O recalque pode ser situado como esta operação da linguagem que permite que haja esta excêntrica combinação entre os elementos.

As três figuras, ambigüidade, erro e engano, se relacionam assim com a metáfora, a metonímia e o ponto de basta. Marcam, respectivamente, o ponto em que a metáfora revela a verdade pelo excesso de ser, a metonímia pelo esvaziamento do ser e o ponto de basta pela irrupção do ser nos intervalos do sentido, justamente por seu efeito de sentido, por seu efeito de delimitação, circunscrição de uma sentença, fragmento de sonho etc.

A esta altura já estamos em condições de entender o enunciado de Lacan, segundo o qual a verdade irrompe em um discurso como furo. Para ilustrá-lo, ele se utiliza de um poliedro. Os três eixos são figurados como três pontos nodais que, articulados, constituem o triângulo que circunscreve o furo. É como se desenhássemos a irrupção da verdade em um discurso como um triângulo que se recorta em um plano.

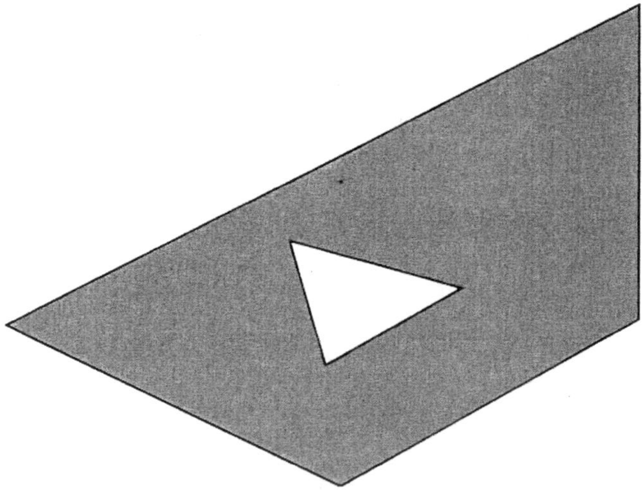

Este triângulo, por sua vez, servirá de base para a construção do poliedro, combinação de duas pirâmides que Lacan compara a um diamante de seis faces. O poliedro é a maneira encontrada por Lacan de representar os aspectos conscientes, na pirâmide superior, e inconscientes, na pirâmide inferior, do que se desenrola a partir do ponto inicial, de irrupção da verdade.

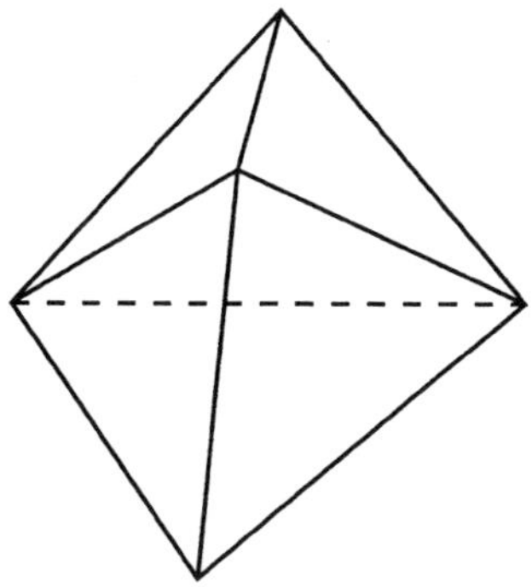

Em princípio, qualquer fala, mesmo aquela que não se endereça a um analista, pode se fazer representar pela parte superior do diamante. Apenas em uma análise, entretanto, é que podemos desdobrar esta primeira pirâmide em uma segunda, que lhe corresponde ponto a ponto como sua face inconsciente. Como se vê, a Outra cena não é independente das cenas de um discurso. Finalmente, nesta figura, Lacan situa as três paixões.

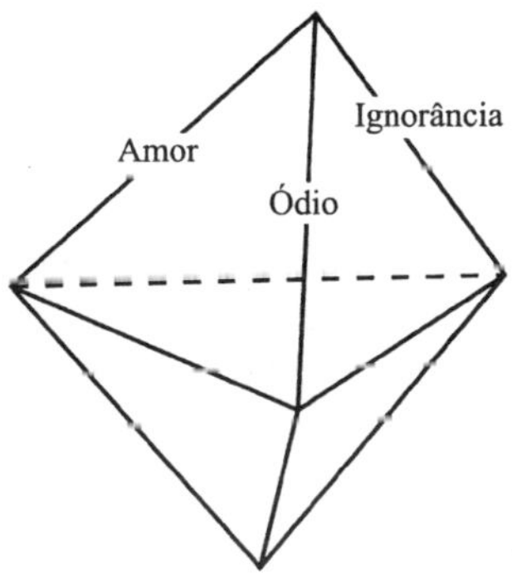


As paixões do ser instituem os caminhos por meio dos quais o discurso será mobilizado. A linha do amor, orientada para um ideal de fusão com o ser do outro, responde pelo eixo ambigüidade/condensação; a linha do ódio, linha do apagamento do ser, pelo eixo denegação/erro; por último, a linha da ignorância marca o indizível do ser, no eixo engano/recalque. As paixões constituem, assim, as arestas por onde se desenvolvem as três propriedades fundamentais da verdade na língua: a ambigüidade, o erro e o engano em uma cena, e a condensação, a denegação e o recalque em Outra.

A articulação entre estas três paixões no desenrolar de uma fala é, portanto, um fato de estrutura. Nada fora do discurso causa as paixões, que se constituem como funções dos três vértices do furo. As paixões do ser, como tais, tanto situam estes vértices, pontos da estrutura, como ocultam o fundamento linguageiro destes, uma vez que se manifestam no corpo, retomando a relação estrutural eu-Outro:

Conjunção: "eu e outro nos sabemos Um"
Disjunção: "eu ou o outro, sei que só pode haver Um"
Implicação: "só o outro sabe se eu sou Um"

## A transferência em uma análise

Mas a que servem as três paixões? É preciso que o vazio se mantenha para que haja fala. Porém, ninguém, nem mesmo aquele que fala com as paredes, se dirige ao vazio. O vazio só causa a fala quando recortado, extraído de um fundo de presença, para onde se endereça a fala. As paixões justamente dão consistência ao Outro, como ideal no caso do amor; como apagamento, no ódio; como saber, na ignorância. Torna-se possível então que este próprio endereçamento instaure uma distância, uma discrepância entre eu e outro, que permite que, na fala, se realize um vazio essencial, uma perda de gozo, lugar do objeto.

Os quatro elementos acima: o Outro como ideal, como evanescente ou como saber, na álgebra lacaniana, correspondem respectivamente a $S_1$, a $ e a $S_2$, que, associados ao objeto *a*, constituem o único universal da psicanálise, o discurso, declinado por Lacan em quatro modalidades fundamentais segundo o domínio do mestre, $S_1$, da histérica, $, da universidade, $S_2$ e do analista, *a*.

Como dizíamos, apenas se o vazio é tornado palpável a partir de alguma presença que permite situá-lo, alguém, já não tão inocente, pode endereçar sua fala. Por isto as paixões constituem o fundamento da transferência. Neste sentido, é preciso que se diga que não há hierarquia entre elas, ao menos no plano estrutural. Sempre que há fala endereçada, há mobilização dos três eixos. Todo aquele que ama, ao mesmo tempo odeia. Quem odeia, por sua vez, sempre ama. Por último, quem ama ignora que odeia e vice-versa. Elas fixam um ponto de ancoragem subjetiva sem o qual sairíamos do limite do humano, campo em que o monólogo absoluto não passa de uma suposição.

A psicanálise não promete, nem tem em seu horizonte, nenhum ponto exterior ao campo da transferência. Acontece, porém, que acabamos de assimilar o campo da transferência ao campo do humano, conseqüência das formulações de Lacan. Até Lacan, bastava assimilar a transferência à repetição, concebendo-a como um falso amor referido a figuras do passado que seriam projetadas sobre a tela em branco representada pelo analista. Esta concepção da transferência supõe a existência de um verdadeiro amor, real e não ilusório. Ora, a psicanálise demonstra justamente que todo amor é, em parte, uma ilusão e que qualquer relação humana traz a marca de relações passadas. Lacan lembra, assim, que o amor da transferência é um amor, ou ódio, tão legítimo e verdadeiro quanto qualquer outro, pois apenas apelando para uma escala de intensidade afetiva poderíamos distinguir o amor pelo namorado do amor pelo analista, ambos regidos por personagens pregressos da história subjetiva.

Mas então, qual a especificidade da transferência na psicanálise? A revolução da psicanálise foi ter revelado a dimensão do saber em jogo na paixão. Acontece que, por essa razão, tende-se a entender a psicanálise como o discurso que submeteu a paixão ao saber. O amor psicanalítico da transferência seria assim aquele em que o saber teria papel primordial. Se nos situamos exclusivamente no eixo eu-outro, a valorização do saber como elemento essencial aparecerá forçosamente no lugar do outro e não em uma posição terceira, o que só pode resultar na confusão entre o outro e o saber e na ilusão de uma submissão do primeiro ao segundo. Fica, então, impossível perceber que a psicanálise não cria nenhum novo amor, nenhum amor ao saber, mas apenas desvela, no exercício da paixão, a ação terceira do saber. Por esta razão, pode parecer que o eixo da ignorância seja operante apenas em uma situação artificial, como a situação analítica. Na verdade, descobrimos com a psicanálise que em toda dimensão da experiência humana os três eixos estão em ação. Apenas, dependendo das condições de produção da verdade, um ou outro eixo se torna mais ou menos aparente.

Podemos assim retomar a mesma questão em outro nível: já que todo amor implica tanto o ódio quanto a ignorância da suposição de saber, o que seria especificamente psicanalítico no amor de transferência? Não podemos mais situar sua especificidade na predominância de um eixo, o do saber, por exemplo, sobre os outros. Poderíamos associar a cada um dos possíveis caminhos para o nosso inocente, excetuando-se o psicanalítico, a valorização de um dos eixos. Com o padre, estaríamos guiados pelo amor e pela condensação. Com o médico, assistiríamos ao apagamento do "erro" do discurso subjetivo, em favor do funcionamento objetivo do organismo (o que indica o quanto a ciência, em seu funcionamento cego, abre caminho para o ódio, para a segregação). Finalmente, com o xamã, com o espiritualista, estaríamos diante da proliferação de novos sentidos que instituem, em sua combinatória holística, a verdade como um saber a mais, no além ou vindo dele.

E o psicanalista? Ele não se confunde com nenhum dos três personagens acima. A diferença não deve ser localizada do lado da paixão, pois, deste ponto de vista, não há nenhuma especificidade. Como todas as práticas da palavra, a psicanálise mobiliza os três eixos, priorizando um ou outro em determinado contexto sem, entretanto, fixar-se em um deles. Talvez pudessemos dizer que a diferença é justamente esta, que ela mobiliza os três igualmente. Isso, contudo, não é o bastante, pois o analista maneja as três paixões de um modo muito específico.

Para entendermos melhor, basta perguntar: o que é a psicanálise? Prática que cura pela palavra? Todo médico ou político conhece os poderes, eventualmente terapêuticos, da palavra. Prática que cura pela palavra do próprio paciente? Saímos da sugestão, mas ainda não da psicoterapia, que, mesmo quando se pretende não-diretiva, esquece que toda palavra é do Outro e, portanto, normativa.

Estamos ainda no nível da *talking cure* de Breuer. Nada garante ainda que haja psicanálise. Freud inventa esta última quando não recua diante da violência da paixão transferencial e aceita servir-se dela servindo a ela. É o que ele indica no caso Dora, quando diz que o analista, por saber da estrutura do amor de transferência, não cai no que este tem de engodo.

Ao pôr em evidência o recalque e, por conseguinte, a ignorância, a psicanálise efetua sua revolução, valorizando o funcionamento da língua em detrimento do mundo de aparência esférica que ela constitui. Isto explica como uma presença pode instituir e manter um vazio. Este é o sentido desta forma tão específica de escuta que é praticada pelos analistas. Ao visar o fundamento vazio do sentido, o analista visa à criação e não à criatura, à retórica e não à metafísica, ao significante e não ao significado.

Desta forma, uma primeira aproximação da especificidade da transferência analítica nos permite defini-la como o que ocorre quando alguém fala para outrem e, em vez de construir uma história de amor, ou a história de seus amores, se expõe aos efeitos de verdade ocasionados por esta estranha situação de fala sustentada por aquele que, advertidamente, ocupa o lugar desumano, silencioso, de quem não se interessa pelo sentido, mas sim pela sua falha.

## Reflexos de um diamante

A especificidade da transferência na psicanálise é que, neste campo, seu manejo prima sobre as qualidades que ela pode assumir. Isto esclarece a lógica de mais um enunciado lacaniano de aparência dogmática: *há análise onde há analista.*

A construção do poliedro serve, assim, para delimitar o espaço do trânsito da transferência, de modo a não fazê-la depender de uma só de suas facetas a cada vez. Este diamante, assim como inúmeras construções de Lacan, é, antes de mais nada, uma ferramenta que facilita o manejo da transferência por encarnar algo dessa estrutura complexa em que se combinam tanto elementos visíveis no nível do fenômeno, passional por exemplo, quanto invisíveis no nível metapsicológico, estrutural.

Um boa maneira de tomar o poliedro como ferramenta é utilizá-lo para abordar algumas questões práticas. A primeira delas diz respeito à relação entre, de um lado, o amor e o ódio e, de outro, a ignorância. Sem dúvida, esta última parece destoar, como se não estivesse no mesmo nível das outras. Mesmo recusando matizes, combinações ou estados mistos, Freud considera amor e ódio tão profundamente ligados, que Lacan chegou a cunhar o termo *hainamoration* para marcar esta união que conhecemos no quotidiano da experiência clínica. Lacan nos ensina com o estádio do espelho que este *amódio* se situa no eixo do narcisismo, em que a lógica especular permite qualquer inversão. Neste registro, como situar a ignorância, termo terceiro que parece exterior ao eixo imaginário a-a'? Basta acrescentar, como faz Lacan, os três registros da experiência Real, Simbólico e Imaginário ao diamante.

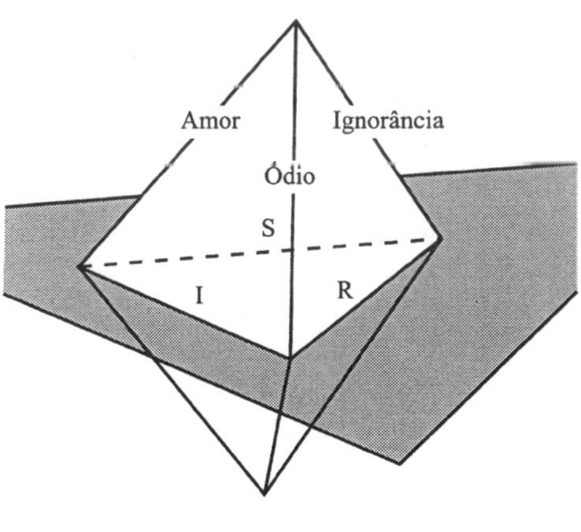

Para não impedir a leitura de quem não está familiarizado com a trilogia lacaniana, diria que podemos, ao menos quanto a este ponto, prosseguir com uma concepção relativamente simples, apesar de redutora, dos três registros, assimilando R, S e I a algo como: silêncio, significante e significado, ou vazio, traço e forma, ou, ainda, presença, palavra e paixão.

Podemos então perceber que o amor e o ódio, respectivamente entre S e I e entre I e R, são as duas paixões que se instauram no campo imaginário, enquanto a ignorância se aloja apenas entre S e R. Vemos que o eixo imaginário se sustenta em dois pontos de partida fundamentais, o amor e o ódio. Podemos aqui, baseados no seminário de Lacan sobre o Homem dos Lobos, dizer que o amor corresponde a *simbolizar o imaginário* (sI) da boa forma, da fusão do mito platônico ou do Um de Parmênides, através da demanda de amor. O ódio, por sua vez, corresponde à *imaginarização do real* (iR), cuja potência desagregadora é vivida como intrusão violenta do outro ou como agressividade destruidora em direção a ele.

Compreendemos também que é justamente para enfatizar a estrutura ternária, RSI, que Lacan introduz a ignorância, a qual, conjugada ao amor e ao ódio, situa o funcionamento da estrutura para além do binarismo imaginário sem precisar eliminá-lo. É justamente por introduzir a relação entre S e R, por valorizar a materialidade do significante, a retórica em favor da metafísica, que se dissolve o impasse da paixão sem dissolvê-la. Este impasse era representado, na época de Lacan, pela *Ego-psychology*, tantas vezes criticada por conduzir os tratamentos exclusivamente no eixo imaginário. Ganhamos muito ao perceber que um analista que conduz suas análises neste eixo não elimina os registros S e R, isto seria impossível. Em vez disso, passa-se que, valorizando-se apenas sI do amor e iR do ódio, permanece inexplorado todo o campo dos poderes reais do significante rS.

A paixão da ignorância pode assim ser entendida como a *realização do simbólico* (rS), onde o significante, aparecendo em sua materialidade literal, suporte do sentido fora do sentido, conduz à sua busca apaixonada. Uma vez que ela é exterior a I, espaço do sentido, da imagem, do fenômeno, ela está ausente como tal do horizonte das formas clínicas, não se manifestando da mesma forma que as outras. Vamos retomar cada uma das três paixões para melhor situá-las.

## Fascinação, beatitude, *tédiUm e amuro*

Depois da difusão maciça da psicanálise na cultura, é quase impossível sustentar a crença em um amor desinteressado. Apenas em espaços circunscritos o ideal de um amor de pura satisfação altruísta pode se manifestar concretamente. A articulação entre egoísmo e amor já não era nova. La Rochefoucauld, por exemplo, já afirmava: "não podemos amar algo que não diga respeito a nós mesmos e só fazemos seguir nosso gosto e nosso prazer mesmo quando preferimos nossos amigos a nós". Freud dá um passo a mais ao desvelar o teor sexual não só deste egoísmo, mas também da experiência do amor como um todo.

Esta vinculação entre amor e sexualidade ficou conhecida como a marca da psicanálise a ponto de apagar o que realmente nela era revolucionário. A causa foi apagada pelo efeito, razão pela qual chegamos a pensar que a descoberta freudiana se resuma à idéia de que o amor *na verdade* é sexual, ou de que o amor é *também* sexual. A proposta de Freud não é trazer à tona o que há de sexual no amor para que possamos conjugar amor e sexo e viver felizes para sempre. Nem tampouco valorizar uma experiência cética, de suspeita e de ultrapassamento da pureza, para que nos desiludamos de vez do amor. Não é porque perdemos a inocência que somos analistas ou que agimos como tal.

Freud não desconsidera a dissociação; entre sexo e amor. Pelo contrário, ele não só a reconhece como a estabelece como base da vida amorosa. Afirma que há uma divisão estrutural na vida amorosa cuja conseqüência é a divisão entre o campo do amor e o campo do desejo, acentuando a força desta clivagem que deixa o neurótico perdido entre a santa e a prostituta.

Freud não descobre esta dissociação; ele descobre como se constitui e age um psiquismo dissociado clivado. É isto que opera a subversão psicanalítica no campo do amor. Só descobrimos a radicalidade da relação entre o amor e seu fundamento erótico no momento em que temos instrumentos para pensá-los em articulação, mesmo que tudo na experiência humana pareça demonstrar o contrário. É justamente este tipo de instrumento que Freud constrói ao constituir uma série de conceitos em torno do termo *Liebe*.

Vamos nos restringir, aqui, nesta constelação semântica, à *Verliebtheit*, fascinação apaixonada, à *Trieb*, pulsão, mantendo *Liebe* como amor exclusivamente terno. Partindo-se da experiência comum, opõem-se amor e paixão. De um lado, temos a pura e duradoura ternura e, de outro, a paixão violenta e fugidia. A novidade freudiana é que é possível, localizadamente, em circunstâncias especiais, que uma brecha se abra na barreira que normalmente separa o amor e o sexo. Através dessa brecha, vislumbramos uma profunda vinculação entre o que do lado de cá da barreira se apresenta distintamente, seja como amor, seja como sexo. O conceito de recalque é feito para indicar não somente a que ponto esta clivagem é ineliminável (recalque primário), mas também o quanto é possível que, em algumas circunstâncias, ela deixe de ser intransponível (recalque secundário). É o caso das formações do inconsciente, um sonho, por exemplo, em que Nossa Senhora aparecesse como Dominatrix, de botas e chicote. É justamente por indicar que o homem é dividido que Freud pode demonstrar que, em alguns momentos, esta divisão é transponível. Diante desta clivagem estrutural se estabelece um tratamento, a psicanálise, cuja premissa é a de que é necessário atravessar o recalque em vez de tentar santificá-lo ou, ao contrário, dissolvê-lo. É o que lhe permite a hipótese da pulsão, fundo comum aos dois campos.

Vamos retomar o par ternura-paixão a partir do que já vimos até aqui. O fundamento do amor é esta propriedade da linguagem que chamamos ambigüidade. Ela sustenta a miragem da plenitude. Borges retrata admiravelmente esta miragem com seu *Aleph*:

> Chego, agora, ao inefável centro do meu relato; começa aqui o meu desespero de escritor (...) como transmitir aos outros o infinito Aleph, que minha tímida memória mal abarca? (...); Ezequiel fala de um anjo de quatro asas que ao mesmo tempo se dirige ao oriente e ao ocidente ao norte e ao sul (...) é possível que os deuses não me negassem o achado de uma imagem equivalente (...). Neste instante gigantesco vi milhões de atos agradáveis ou atrozes; nenhum me assombrou mais que o fato de todos ocuparem o mesmo ponto (...). O que meus olhos viram foi simultâneo; o que transcreverei será sucessivo, pois a linguagem o é. Algo, no entanto, registrarei (...). Vi o aleph de todos os pontos, vi no aleph a terra, vi meu rosto e as minhas vísceras, vi teu rosto e senti vertigem e chorei, porque meus olhos tinham visto esse objeto secreto e conjectural cujo nome os homens usurpam, mas que nenhum homem olhou: o inconcebível universo. Senti infinita veneração, infinita lástima.

Borges consegue a proeza de transmitir o Um a partir de suas coordenadas infinitas. Se o tomarmos apenas do ponto de vista da plenitude, ele marca com clareza a face mítica do amor, que, entretanto, pode levar à adoração extática, nada além. É preciso acrescentar-lhe algo, o enamoramento, para que passemos da muda adoração à paixão ruidosa.

Sejamos mais precisos. Não basta a crença de que se encontrou alguém que encarna o Todo do amor. Isto seria ou fugidio ou insuportável, pois este lugar é divino, impossível de sustentar. O *Aleph*, no amor, deve ser situado, na verdade, no circuito que se estabelece entre os amantes. Na verdade, ao encontrar a amada, descobrimos o *Aleph* na promessa de nos unirmos em Um, o que marca a passagem do plano da adoração à busca passional do encontro dos corpos. É o que Lacan assinala como a *metáfora* do amor, em que o amante encontra no amado um "quê", um elemento qualquer, impronunciável, que, entretanto, lhe diz respeito intimamente. Este elemento estabelece uma espécie de circuito de troca entre os amantes que sustenta o enamoramento. Nosso diamante, ao situar o amor como simbolização do imaginário, já indicava isso. O amor tanto é filho da ambigüidade quanto da sua metaforização, sua simbolização encarnada na possibilidade de inversão assimétrica do par amoroso, de se reconhecer no outro mesmo se sabendo diferente.

O amor terno depende da presença deste significante pleno, o *Aleph*. Ao mesmo tempo, não há disjunção simples entre amor e paixão, que não são duas entidades distintas. Lacan nos ensina, quanto a este ponto, a pensar o amor como um mito. Ele é um mito que dá sustentação à paixão e cuja realização constitui o enamoramento. O mito do Um, filho da ambigüidade da linguagem, permite a paixão, mas ela, entretanto, não se reduz a este mito. Chegamos então à uma decomposição do *Liebe* freudiano que ajuda a entender sua estrutura.

Enfim, é apenas porque percebemos a articulação complexa entre estas duas tendências, a ternura e a paixão, que podemos postular para elas um fundo comum muito peculiar, a pulsão. A pulsão não se superpõe ao sexual. Podemos sintetizar a abordagem freudiana do campo do sexual utilizando a articulação entre os termos pulsão, amor e paixão. A pulsão qualifica o elemento originário, indiferenciado, violento e ameaçador. A paixão e o amor, por sua vez, aparecem como realizações distintas da pulsão, já no registro da diferença, do circuito do desejo. Com efeito, é da estrutura tanto do amor quanto da paixão manifestarem-se separadamente, permitindo, com esta separação, a possibilidade de que o gozo se transforme em desejo.

O amor é, assim, a miragem de uma relação sexual possível, estabelecida a partir de um encontro, que, no entanto, é sempre contingente. No amor, tentamos transformar este encontro contingente em uma condição perene. Acreditar que neste encontro exista a mínima permanência nada mais é que um sonho. É este sonho, no entanto, que sustenta a conjunção carnal. O amor está no ponto do narcisismo onde "o Outro é Um" se enuncia como "o Outro é eu" e que torna possível a copulação.

*Amo, vou em direção à amada, nos amamos. Quando nos separamos, retorno a mim algo diferente.* Neste circuito podemos localizar, respectivamente, o amor, a paixão e o sexo. Resta situar este "algo diferente" que me faz retornar à amada. Trata-se justamente do gozo depositado neste circuito pulsional, que não se confunde como orgasmo. O gozo do próprio movimento de buscar, realizar parcialmente e tornar a buscar o Um.

Finalmente, com a distinção entre a ternura e a paixão, percebemos a inconsistência do amor puro, puro mito, pois, ainda com La Rochefoucauld, "o verdadeiro amor é como as aparições de espíritos, todo mundo comenta mas ninguém viu". Existem várias formas de materializar o *Aleph*, fazendo-o passar de infinita composição entre o Um e o múltiplo ao Todo. O mito do amor é uma delas. Outra é a Beatitude, que tem a particularidade de situá-lo em outro mundo. Lacan indica que, em nosso mundo, o único efeito possível da idéia de Beatitude é o tédio. Diante da convicção de que apenas em outro mundo ou outro lugar posso ser feliz, só resta o tédio.

Para assinalar esta relação indissociável entre o tédio e o Um, Lacan cria o neologismo *Unien*, anagrama de *ennui*, tédio, que poderia ser traduzido como *tédiUm*. Com esse neologismo ele visa, em *Televisão* e em *Ou pire...*, a designar a "identificação do Outro com o Um" através de um termo novo que presentifique essa "estranha assimilação de Eros ao que tende a se coagular". A mais eficaz maneira de constituir o real como coisa de outro mundo é fazer do circuito pulsional uma rotina, neste sentido, coagulá-lo.

> Desde o momento em que o homem chega em algum lugar [...] ele espera alguma coisa, um mundo melhor, um mundo futuro. Ele está aí e ele espreita, ele espera a revolução, mas sobretudo, no momento em que ele chega em algum lugar é excessivamente importante que todas as ocupações transpirem o tédio. Em outros termos, uma ocupação só começa a tornar-se séria quando o que a constitui, em geral a regularidade, tornou-se perfeitamente tedioso.[3]

O tédio aparece assim como o resultado do trabalho humano de domesticação do desejo. Não é de se espantar que Lacan nos dê como exemplo as regras técnicas da análise *standard* que mostram até que ponto o real domesticado produz tédio.

Resta lembrar que para que tenhamos, de um lado, o mito e, de outro, a paixão, seja ela enamoramento, tédio ou outra qualquer, é preciso que haja a barreira, o muro, atrás do qual elas se confundem no indiferenciado da pulsão. Este muro, que pode ser assimilado ao recalque primário, inspirou um outro neologismo de Lacan, o *amuro*. Trata-se de um nome para a função da castração, da função simbólica, do muro, cuja imaginarização estabelece separadamente a ternura e a paixão. O *muro* vem de um poema de Antoine Tudal:

Entre o homem e a mulher há o amor
Entre o homem e o amor há um mundo
Entre o homem e o mundo há um muro

## Fúria, ciúme e inveja

Das paixões da transferência, o ódio é a que se refere ao real da maneira mais evidente. De fato, do ponto de vista da trama da realidade, o real, que por definição é ruptura, ponto cego, será em sua irrupção sempre figurado como violência, desagregação e morte. A fórmula "imaginarização do real" indica este ponto de estrutura. Ela serve também para situar o ódio como forma primária de apresentação do real. Com esta chave, compreendemos por que Freud situa, em *Pulsões e destinos das pulsões*, o ódio em um ponto anterior ao amor, assim como, no mesmo sentido, Lacan indica que o ódio é o que mais se refere ao ser. Como o sujeito se constitui imaginando o real como sua anterioridade caótica, nada mais razoável que situar o ódio no nível desta forma "primitiva" do afeto.

O real pode, contudo, ser tratado por outras vias, mais eminentemente simbólicas, por exemplo, como impossibilidade lógica. Abordar o real a partir do simbólico é exatamente o fundamento da psicanálise, que lhe permite, assim como à ciência, fazer do real algo diferente de um inimigo a ser combatido. Não devemos, porém, considerar o imaginário apenas como um obstáculo a ser transposto para que o ódio ou o real se dissolvam. A psicanálise não constrói nem busca construir um dispositivo capaz de se desembaraçar do imaginário, abordando diretamente o real. Isto seria impossível. Ela constrói instrumentos que lhe permitem fazer novo uso do real por abordá-lo tanto pelo imaginário da paixão quanto pelo simbólico da inconsistência.

Uma vez que o ódio é uma imaginarização do real, ele necessariamente diz respeito à relação entre eu e outro, pois o real no imaginário é sempre encarnado por um personagem, outro que não o eu. Este outro toma, desta forma, o aspecto de algo anterior à linguagem, o aspecto do Outro que não é mais o outro da angústia, objeto puro e sem forma, mas tende a se encarnar como o Outro do paranóico, violento perseguidor.

A partir daí podemos estabelecer distinções nesta constelação semântica fixada pelo termo "ódio" e situada na estrutura como imaginarização do real. Sobressaem os termos cólera, raiva, agressividade, ciúme e inveja. Vamos primeiro examinar a agressividade, o ciúme e a inveja.

Lacan, desde o início, relaciona o ódio à agressividade, privilegiadamente especular. Sabemos que as paixões têm sempre função de véu. Entretanto, no caso da série do ódio, vela-se especificamente o lugar do Outro da Lei. Isto é demonstrado a partir da construção de um triângulo eu-outro-Outro. Este triângulo decompõe o Outro de que falávamos reunindo três elementos essenciais para qualquer relação humana. A imagem do eu; a imagem do pequeno outro, que designa o parceiro, sempre um corpo; o grande Outro que, por sua vez, indica o lugar da Lei, da ordem da linguagem que preexiste ao estabelecimento que pode assumir formas variadas, apenas eventualmente a de um terceiro corpo.

"Eu" e "outro" não somos naturalmente dois. É a presença do "Outro" que nos separa e distingue. No caso do ódio, vela-se este Outro. A conseqüência é que eu e o outro tendemos a Um. No Amor esta tendência à fusão é vivida como plenitude. Inversamente, no ódio trata-se de sobreviver ao perigo da fusão, aqui imaginarizada como destruição: "só pode haver Um". Esta fórmula se escreve seguindo os meandros das paixões humanas, cristalizadas na língua. "Só pode haver Um" é, portanto, a raiz da agressividade, do ciúme e da inveja, e também da raiva e da cólera.

O ódio oculta o Outro sob a figura do inimigo horrendo, a agressividade, por sua vez, marca o ponto em que o Outro se esvanece. Como isso é possível? Como apagar um elemento tão essencial à estrutura do eu? Passando ao ato. Todo ato tem algo de um impulso, de um arroubo não completamente contido nas determinações do sujeito. Desta forma, ele se dá em um ponto instantâneo de eclipse do Outro, sede destas determinações.

"Ou eu ou ele, só pode haver Um" apenas se realiza como tal na agressão, único registro em que um instante fugaz institui o eixo imaginário como se ele realmente envolvesse apenas dois personagens, como se estivesse desconectado do simbólico, ilusão que está na origem da agressão como fato. É importante lembrar que o apagamento do Outro, apagamento da Lei, implica o apagamento do próprio sujeito, fundamento do ato, cujas conseqüências para o bem ou para o mal são impossíveis de prever. Raduan Nassar ilustra admiravelmente este momento:

> "O mocinho é grandioso em tudo... fascistão!" (...) mas versátil, versátil a jovenzinha, atirou para dentro do carro a bolsa a tiracolo e apoiou as mãos na lata como se me chamasse para o tapa, e era evidente o que ela queria, mas eu não queria propriamente dar nela "você acha que estou nessa de te surrar hein, imbecil?" e vendo nisso quem sabe um recuo, fraqueza, ou sei lá o quê, e associando tudo isso do seu jeito, ela reagiu que nem faísca, e foi metálico, e foi cortante o riso de escárnio "há-há-há... bicha!" (...) eu só sei que a coisa foi suspensa, o circo pegou fogo (...) minha arquitetura em chamas veio abaixo, inclusive os ferros da estrutura, e eu me queimando disse "puta" que foi uma explosão na boca e minha mão voando outra explosão na cara dela, e não era bofetada generosa parte de um ritual (...) tornei a dizer "puta" e tornei a voar a mão, e vi sua pele cor-de-rosa manchar-se de vermelho, e de repente o rosto todo ser tomado por um formigueiro (...).[4]

É possível distinguir, nesta cena, agressividade, agressão e fúria. Agressividade seria o fundo de tensão instaurado na narrativa, que aumenta progressivamente até que, a partir do insulto, se dê a agressão, em pleno registro da fúria. Até o momento do tapa existe uma simetria entre ele e ela, pois estão em um espaço em que o Outro se apaga, progressivamente. "Fascista" difere de "bicha" porque o primeiro passa pelo Outro, vem carregado de significações da cultura e se apresenta como significação agressiva para o eu do narrador. "Bicha", porém, apesar de igualmente significativo na cultura, se introduz, nesta situação, desembaraçado ao máximo de seu sentido comum levando à agressão. A agressão aqui é tudo menos uma reação lógica à designação da preferência sexual do narrador. O insulto se dá como nome de gozo e não como epíteto do eu. "Bicha" não é somente uma imagem que designaria o eu do narrador, ele agride justamente porque não tem sentido, indica um gozo sem forma, algo velado para o próprio sujeito, mas que expõe o mais essencial do ser, conduzindo ao ato agressivo. É possível que este ato reorganize os elementos da trama, recolocando o mundo em ordem, ainda mais se acrescido, como neste exemplo, de um significado extra: "se eu sou bicha, você é puta". Pode ser também que o ato, eclipsando o Outro e, por conseguinte, o eu, degenere na fúria. De uma bofetada passaríamos a uma surra sem limites.

No caso da inveja, a situação é bem menos dramática, pois o Outro mantém-se em sua função. Ele não está reduzido ao mínimo de significação que ainda reside no insulto, mas, encarnado, opera como uma sombra, um suposto terceiro que completaria o outro. Segundo Lacan, em 1953, sua cena paradigmática é aquela descrita por Santo Agostinho, o olhar destrutivo da criança pequena diante da imagem de seu irmão, pequeno outro fixado no seio materno. O irmãozinho aqui parece gozar da completude que se instaura como falta do outro lado do eixo especular, do lado do eu, invejoso. No ciúme, ocorre uma inversão neste campo que se opõe ao eu. Não é mais o grande Outro que completa o pequeno outro, mas é este último que completa o grande Outro. Em algum lugar, existe um Outro que tem aquilo que me falta, pois o outro que está à minha frente é capaz de completá-lo. Alguém esta gozando (em meu lugar) com esta mulher.

Resta um pequeno comentário sobre estas distinções. Sabemos que não é possível fundar qualquer distinção na suposição de essências distintas, uma para cada um de nossos afetos. Tal procedimento equivaleria a supor a existência de distinções no real. Nem Freud nem Lacan apóiam-se em distinções fenomênicas dos afetos que pretendessem espelhar o real. Isto se torna tão evidente quando se trata de traduzi-los, que ficamos confusos. A *rage* lacaniana corresponderia à ira ou à raiva? O *hate*, tão valorizado por Melanie Klein, é o nosso ódio? O fato de que *jalousie* em francês signifique tanto ciúme quanto inveja faz com que Lacan não os distinga explicitamente. Será que isso implicaria que na França eles não existam como tais? Não é preciso que fiquemos tão desorientados. Apesar de negarmos ao real o poder discernidor, podemos considerar que existe um depósito, uma cristalização do sentido na língua que faz com que ela inscreva em si alguns caminhos necessários com seus possíveis e impossíveis. Partiremos, assim, da língua, em que cólera e raiva, por exemplo, distinguem dois leques de possibilidades, duas possíveis inscrições do gozo e de subtração de gozo.

Não se trata de definir posições que indicariam a verdade do que ocorre no tratamento. A manifestação de cada um destes afetos se insere em uma rede absolutamente particular e inantecipável de sentidos, o que nos impede de atribuir a qualquer um deles um sentido fixo, transubjetivo. Nossas ficções têm aqui o objetivo de destacar a trama simbólica que delimita o roteiro dos trânsitos afetivos. Só é possível falar dos fenômenos, então, no *a posteriori* de sua nomeação. Tomemos um exemplo simples. Um analisante exibe sinais de ódio. Este ódio só passa a existir como tal no momento de sua nomeação. Entretanto, sua posição na estrutura, a uma determinada distância do real, que lhe dá sentido, só poderá ser estabelecida com a nomeação, que não é arbitrária mas, no entanto, imprevisível. Antes da nomeação era impossível lidar com este afeto que poderá ser, a partir dela, neste caso, relacionado, por exemplo, a uma reivindicação fálica. Podemos imaginar até mesmo que o analisante decida que tem ódio do analista por este não ter sido capaz, como seu pai, de transmitir-lhe a "força", o equivalente fálico necessário para vencer na vida.

Por termos depreendido distinções de estrutura, obtivemos um ganho de saber que pode favorecer o manejo destes afetos em uma análise. Vemos, entretanto, como é impossível fazer consistir *a priori* este saber, uma vez que não é sua articulação com o real que decide o ato analítico. Só este ato poderá fazer com que uma nomeação, interpretativa, por exemplo, implique um novo enlaçamento entre R, S e I que venha a tocar o sintoma, abrindo a possibilidade para este analisante, até então fixado a uma reivindicação ativa, de uma sedução passiva.

## Ignorância, debilidade e estupidez

Lacan define a transferência como uma articulação de três paixões fundamentais: amor, ódio e ignorância. A ignorância, como já vimos, distingue-se das outras duas por não ter uma forma de apresentação no corpo. Resta, porém, demarcar o terreno em que ela floresce.

Há algumas imagens nas quais a paixão da ignorância se deixa ver. Suas formas mais explícitas estão no terreno da religião. O apaixonado deixa nas mãos de Deus Todo o saber e representa-se exterior a este campo. Basta recorrer às *Confissões* de Santo Agostinho para que se esclareça esta posição subjetiva particular. Segundo ele, o homem é a parte medíocre da criação e sua ação se limita a conhecer as obras do Senhor, pois nem mesmo é capaz de saber se pode ou não usar a palavra para conhecer o mundo.

Ele inicia suas confissões dizendo: "Concedei, Senhor, que eu perfeitamente saiba se primeiro Vos deva invocar ou louvar, se, primeiro, Vos deva conhecer ou invocar". Não estamos simplesmente no nível da intersubjetividade e da fascinação. O principal aqui é que esta paixão faz da castração imaginada — idéia de um homem decididamente limitado — o suporte de denegação da castração no Outro. Deus onipotente, homem impotente.

Com o advento da ciência moderna, Deus passa de depositário do saber a garantidor das leis que regem a natureza. A função do grande Outro passa a ser exercida em grande parte por isso que chamamos "a ordem do universo". Neste registro, Lacan opõe *ignorantia docens* e douta ignorância. Esta oposição delimita duas faces da ignorância, às quais Lacan dará importância até o fim de seu ensino, o desejo de saber, que é valorizado como um dos motores da transferência, e a paixão pelo saber, que impede que o analisante se liberte da suposição inicial de saber no outro que o levou à análise.

A ignorância docente se refere à possibilidade de um saber todo, sempre no infinito, que situa o sujeito como ignorante porque ainda não chegou lá. Onde quer que se considere que o saber é um conteúdo a ser adquirido, tijolo no edifício do saber, concebido como enciclopédia universal, esta ignorância impera.

Esta posição não funda a burrice, ao contrário, ela garante o desenvolvimento do que chamamos habitualmente inteligência. A aquisição de conteúdos é essencial para o pensamento. Entretanto, Lacan vislumbra o quanto a ignorância docente traz em si o germe de um empobrecimento, pois privilegia os blocos da construção mais que sua arquitetura. Partindo desta idéia, ele indica que a ignorância docente, se levada às últimas conseqüências, conduz à debilidade mental. Seu próximo passo é reconhecer que estamos banhados nela. É impossível não pensar o saber como uma acumulação de significações. É impossível não significar. Imersos na crença, somos irresistivelmente tentados a fixá-la em alguns sentidos fundamentais. Por essa razão, Lacan generaliza a debilidade, com um objetivo até certo ponto polêmico, que situa, no entanto, a estrutura fundamental do saber. Acreditar no mental, na força de um deus do sentido, é tornar-se debilitado por ele. A fetichização do saber conduz à debilidade mental.

À debilidade, Lacan opõe a *bêtise*, que assinala uma ingenuidade calculada, uma obtusidade decidida, uma estupidez sagaz. Existe, pois, algo de valioso nesta estupidez. É bem verdade que em sua face mais conhecida a estupidez se apresenta como a incapacidade de ir além da concretude, da evidência. Besta ou estúpido é quem é cego para os efeitos de sentido do significante tomando-o exclusivamente ao pé da letra. Porém, de certa forma, comparado com o débil quotidiano, o analista é tolo, estúpido. Lacan o indica explicitamente, afirmando que é preciso manejar os nós de maneira burra, sem perguntar o que eles significam ou representam. Esta é a grande vantagem da topologia: ela reduz a inteligência, tornando-nos todos menos sagazes, menos conhecedores, um pouco estúpidos, portanto um pouco mais sensíveis aos efeitos de possibilidade e de impossibilidade do significante.

O analista a princípio aceita tudo o que diz o analisante sem necessariamente cair na debilidade de acreditar nem no sentido do que lhe é contado. Nem tampouco no sentido oculto, como se cada sentença trouxesse consigo seu segredo profundo, só acessível aos iniciados. Ele presta atenção no que é dito, em sua materialidade. Pode, então, apoiar-se eficazmente na capacidade de discernimento do significante, encontrando pontos de ancoragem originais que conduzem a novos sentidos. A tolice é outro nome lacaniano, mais *light*, para esta debilidade. Todos somos de alguma forma tolos, pois é impossível transpor as barreiras da significação. Sobretudo são tolos, se perdem, aqueles que se acham sábios, seguros do sentido. Em algumas situações, em especial a situação analítica, uma certa estupidez é o segredo da verdadeira sabedoria, pois, guiando-nos pela materialidade do significante, é que podemos fazê-lo operar em toda a sua potência criadora. O estúpido pode ser incapaz de muito dizer, mas não cede às miragens. Os tolos erram, os não-tolos erram mais e os estúpidos jamais se perdem.

## Depressão, luto e tristeza

Vamos caracterizar a entrada em análise com a passagem da depressão à tristeza. É certo que este afeto não é prerrogativa exclusiva da entrada de um sujeito em análise, tampouco esta entrada depende da experiência da tristeza. Entretanto, com este afeto poderemos circunscrever o ponto em que das entrevistas psicoterapêuticas iniciais passa-se à psicanálise. Passar da depressão à tristeza é um dos possíveis efeitos do ato propriamente analítico que inicia uma análise.

O termo "depressão" está fundado na suposição bastante generalizada de uma energia vital, natural e originária. A primeira conseqüência é a de uma redução das inúmeras variantes subjetivas a simples mudanças quantitativas que seriam a origem do sofrimento em caso de baixa desta energia, ou de alegria em caso de alta. De nada adianta apenas protestar contra o esvaziamento da riqueza e da multiplicidade do universo subjetivo que uma teoria dos afetos fundada nesta concepção acarreta. É preciso uma reformulação de fundamentos. Em nosso caso, é necessário considerar o quanto isto que se chama energia deve sua existência à intervenção do homem. Ela só opera como tal a partir do momento em que há máquinas. Lacan, em *Televisão*, indica que a barragem do rio, não o rio em si, faz aquilo que era pura potência passar a algo quantificável, passível de medição, armazenamento, transformação. É preciso, assim, que se estabeleça a suposição de uma certa ordenação do mundo, que faz do caos do universo um texto. É o que assinala Galileu ao dizer que "a filosofia está escrita nesse imenso livro que continuamente se acha aberto diante dos nosso olhos, falo do universo".[5] A partir daí toma forma a energia vital. Primeiro, portanto, há a incidência da ordem simbólica como lei da natureza e, apenas em seguida, nasce a idéia de energia natural, como uma força que se dá como tende sempre existido.

Este tipo de formulação nos permite não somente relativizar a idéia de um dado natural, mas sobretudo apreender o modo como Freud constrói um aparelho capaz de trabalhar com a usina humana de uma forma nova. Prosseguindo com a metáfora de Lacan, vamos imaginar uma construção que esteja junto às águas de um rio e que deva lidar com elas. A arquitetura desta construção depende de algumas idéias fundamentais sobre a natureza do rio. Se o tomamos como um bela obra da natureza feita por Deus para ser desfrutada pelo homem, construímos, por exemplo, um moinho para servir a uma estalagem. Se o considerarmos uma torrente cuja força deve ser utilizada, construímos uma barragem, uma usina hidrelétrica, geradora de todo tipo de benefícios para a civilização.

Desta forma, a partir da idéia de finalidade divina, faz-se do rio uma benção de Deus. Com a idéia de uma energia natural, faz-se do rio a fonte desta energia. Freud, por outro lado, marca um novo ponto de partida. Com sua idéia de pulsão tudo muda. À pulsão não interessa mais o modelo da energia natural. Apesar de ter sido freqüentemente utilizada como um sinônimo psicanalítico da energia natural, a energia pulsional tem um estatuto radicalmente distinto. Em primeiro lugar, ela não existe nem como suposição, fora do aparelho. Ela é um mito, algo entre o conceito e o fenômeno. Em segundo lugar, ela não se presta a ser tomada como energia primeira a ser dominada ou administrada. Finalmente, ela tanto é rio como barragem, pois é efeito da usina humana da linguagem e, ao mesmo tempo, se insere, por definição, no campo do desmedido. A mobilização da pulsão não resulta jamais em uma descarga que levaria ao equilíbrio. Ela pode servir tanto à inibição, ao represamento, quanto constituir o gerador de uma multiplicidade de tarefas de uma usina, sem jamais esgotar-se nelas.

O estado de depressão decorreria de um problema no que decidimos chamar de barragem, que se encontraria em funcionamento alentecido. Nesta medida, como a energia vital é tida como perene e sempre positiva, só se pode compreender a redução de sua taxa de circulação como uma falha no sistema de tratamento da água. É preciso, então, corrigir estas falhas para que a seiva vital volte a circular sem entraves. É possível também, dentro deste contexto, explicar a depressão por uma redução de energia, não por seu esmaecimento em si, nem tampouco por uma falha da máquina, mas porque disfunciona aquilo que a catalizava. Ao perder um ente querido, um emprego etc., perder-se-ia, portanto, o contato com esta "água da vida", motivo do luto.

A idéia de perda se associa à da depressão e é normalmente por este caminho que se aborda a tristeza desde que os efeitos da ciência afastaram a responsabilidade de quem sofre por sua dor: se alguém sofre é porque há alguma pane em suas capacidades naturais para a felicidade ou porque está privado do objeto que colocava a usina em marcha. Freud nos fornece um novo ângulo de leitura, ao assinalar que a felicidade é impossível e que o objeto sempre esteve perdido. Apesar de abordar a tristeza a partir da elaboração da perda por meio do luto e da melancolia, insiste em que ambos os processos se caracterizam pelo trabalho psíquico e não por sua diminuição. Não há para ele nenhuma baixa em seguida a uma perda, mas, ao contrário, ocorre um aumento da exigência de trabalho de nossa usina, o psiquismo.

Abordar o luto não como perda mas como trabalho já indica o quanto a psicanálise rompe com o universo do mensurável. Lacan, por sua vez, toma um caminho ainda mais desvinculado do habitual ao deixar de lado o modelo da perda para abordar a tristeza. Perdas, as temos a toda hora, mas a tristeza deve ser compreendida, segundo Lacan, não como uma reação natural à perda e sim como um pecado.

Para ilustrar esta nossa perspectiva, vamos examinar um fragmento de caso clínico em que a tristeza prima sem que a perda seja o ponto central.

> João é um homem triste. Tem quarenta anos, casou-se duas vezes, sendo que em ambas voltou para a casa da mãe, com quem vive até hoje. Em análise, discorre sobre vários sentimentos que, examinados ao microscópio no decurso de tratamentos anteriores, já lhe esclareceram muitos detalhes de seu sofrimento. Sente-se preso à mãe e, de um modo geral, às mulheres. Por isso, as vezes em que deixou a casa da mãe, só o fez por conta dos desejos de suas mulheres. Diz que sempre lutou para construir um caminho seu, mas que, ao mesmo tempo, sempre se viu "preso". Chora muito porque se considera um covarde, incapaz de viver por si mesmo. Desconfia de tudo e de todos e nunca ousa.

A questão não é tanto descobrir o que João perdeu, ou o que deveria ter tido e não teve. Ele já o sabe. Faltou-lhe um pai que lhe transmitisse os "instrumentos necessários para ir à luta". É preciso reconstruir o modo como a prisão se fez.

Depois de muitas variações sobre este tema, em um dado momento produz um sonho que mudará este estado de coisas. No sonho, João era um vira-lata. Preso em uma casa, junto com outros cães, esperava uma menina que viria libertá-los. Ele via claramente as grades do muro que o impediam de fugir, mas via também a rua lá fora.

Este sonho poderia ser lido exatamente no mesmo sentido das formulações anteriores de João. O vira-lata, preso, o descrevia perfeitamente, segundo ele. Ele se recorda, inclusive, que sua irmã cria quatro cães, todos castrados no quarto vizinho ao seu, pois mora com a mãe e a irmã. A geografia do espaço em que se desenrola o sonho poderia ser entendida da mesma forma. João está encarcerado e avista, para além das grades, a liberdade, tão infinita quanto fora de alcance.

Entretanto, este espaço encerra muito mais do que aquilo que João havia delineado até então. A partir das associações, descobrimos que a casa do sonho situa-se em uma rua, imagem da liberdade, em que João brincava quando criança, onde tudo de bom lhe aconteceu. A geografia desta rua é muito especial. Trata-se de um espaço tanto aberto quanto fechado, pois, de um lado, dava num beco e, de outro, numa avenida de tráfego intenso. É este espaço relativamente fechado que funcionou como o exterior infinito com relação ao quarto e sala onde morava a família de João.

Os espaços que para João apareciam até aí como abertos ou fechados, a partir da entrada em cena do vira-lata, exibem uma característica paradoxal de fechamento e abertura. João recorda como os vira-latas "passavam por entre as grades" e como uma das casas da rua, justamente aquela do muro com grades, era uma casa na qual João sempre quis morar. João recorda também como seu pai, homem muito violento, "entrava e saía" do quarto e sala onde viviam e o quanto tinha sido impossível para ele identificar-se com este pai "vira-lata". A banda de Moebius é a figura topológica escolhida por Lacan para indicar esta transitividade da geometria do espaço atravessado pelo inconsciente. Fita original, ela tem a propriedade de estabelecer uma relação peculiar entre exterior e interior que, considerados a partir de pontos localizados, estão em oposição absoluta, mas que, graças a uma torsão especial da fita, estão estruturalmente em continuidade. A oposição deixa de ser absoluta, pois não pode se manter em todos os pontos, já que em algum momento uma formiguinha deslocando-se ao longo da fita passa do espaço interno ao interno sem ter sido preciso ultrapassar ou saltar nenhuma barreira. Assim como a rua de João, a banda de Moebius tanto define um dentro e um fora como, ao menos em um ponto, indica uma inversão\reversão em que dentro e fora estão do mesmo lado.[6]

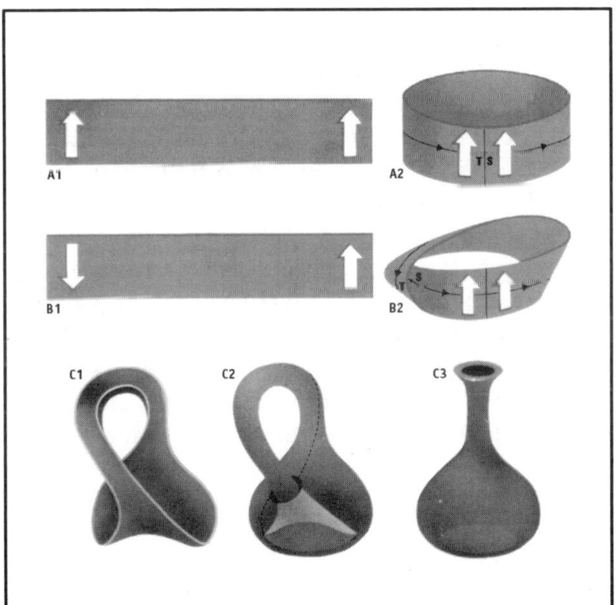

A história de João esclarece esta dupla função daquilo que representamos metaforicamente pela "barragem". De um lado, as grades o protegiam do desconhecido da rua, impedindo-o de circular nela. De outro lado, ao perceber que como vira-lata podia passar entre as grades, aquilo que antes era um impedimento, represa, continuou como limite, mas tornou-se condição de possibilidade de novos passeios de João.

Podemos esquematizar os enunciados que assinalam o caminho de João, da depressão à tristeza. "Perdi minha alegria", "estou em baixa", "nunca tive liberdade", "me faltam elementos para lutar", "sou castrado pelas mulheres", "estou preso" e, finalmente a partir de "sou um vira-lata", encadeiam-se "tenho algo de meu pai", "a prisão é relativa" e "estou dentro de alguns lugares e fora de outros". É assim que João pode, então, deixando cair os lastros imaginários da tristeza euclidiana, entrar em análise. Nada garante que este caminho esteja livre da tristeza. Entretanto, uma vez experimentada a propriedade do significante de instaurá-la em um espaço moebiano, ela se torna leve como o vento.

## Tristeza e pecado

Em *Televisão*, texto decisivo para nosso tema, Lacan vincula explicitamente o afeto à ética, convocando Espinosa. Vimos com este filósofo como compreender o afeto como relação e, ainda, como concebê-lo fora da oposição esférica do enquadre cartesiano, situando-o a partir de uma relação com o Bem. Espinosa incitava a bem pensar, Lacan a Bem-dizer. Com eles, podemos caracterizar a tristeza como uma má enunciação, fruto de um dito que se pretende antinômico ao gozo. Por isso, Lacan definirá a tristeza nos termos de uma "falta moral", de uma "covardia", de um pecado.

O pecado, portanto, existe para a psicanálise. Originário e universal, ele diz respeito às próprias condições da linguagem e reside na fixidez do sentido, naquilo que chamei, acima, "grilhões" ou "lastros" imaginários. Como fato de estrutura, ele se distingue do pecado da religião, pois para o pecado do sentido não há perdão. Não há céu em que se possa tudo dizer. De certa forma, utilizar-se da idéia de pecado aqui parece um contrasenso, pois este termo remete à suposição cristã de que há absolvição, fundamento da culpa. Entretanto, Lacan se serve dessa noção porque, apesar de ser um fato de estrutura, o pecado do sentido pode se realizar em diferentes articulações entre significante e gozo. A tristeza, portanto, é o grau máximo de disjunção entre os dois. A grade se opõe à liberdade, à coragem e ao gozo, até que o "vira-lata", sem eliminá-la, abra uma passagem que permite uma certo trânsito entre a rua e a casa. Este trânsito, por um lado, esvazia a oposição até então excludente entre a casa e a rua e, por outro, circunscreve um campo de gozo do qual o sujeito não pode mais se considerar alijado, uma vez que agora é, ele mesmo, a vítima e o algoz, o culpado e o inocente.

Para ilustrar a relação entre a tristeza e o pecado, Lacan nos remete a Dante. Como de hábito, vamos encontrar o que nos interessa ali onde menos se espera. Podemos encontrar três incidências da tristeza na *Divina comédia.* Ela aparece como o pecado de *acedia*, termo com que a Idade Média assinalava a repulsa à ação, a tristeza de um abatimento desencorajado que, exageradamente exercido na vida, conduz a uma temporada de sofrimentos no purgatório. Aparece também como o castigo infligido às almas que foram, em vida, demasiadamente dominadas pela ira e que, imersas nas lamas de um pântano escuro, lamuriam-se tristemente por seus excessos. Por último, a tristeza aparece em um terceiro momento que nos interessa diretamente. Trata-se do sofrimento causado em Dante pelas palavras que lhe são dirigidas por Beatriz. Após atravessar os nove círculos do inferno e subir o Monte do Purgatório, Dante reencontra Beatriz, amada desde a primeira vez que a viu, quando tinha nove anos. Morta precocemente, ela permaneceu para Dante como imagem da perfeição e da pureza, objeto de todo o seu amor até o fim de sua existência. Ao encontrá-la no céu, ele é recriminado por ela por ter se afastado da pureza deste amor ao se voltar para os valores vis do mundo.

> "Olha-me bem! Eu sou Beatriz. Julgas-te digno de ascender ao Monte? Não vês que o ser humano é, aqui, feliz?" Meu olhos inclinei aos pés; à fonte; vi-me nela triste e deprimido; à relva então os trasladei, curvada a fronte (...) O gelo que me enchia o coração solveu-se em ais e prantos, repontando à boca e aos olhos meus, em convulsão.

Dante chora, convencido de seu erro. As palavras de Beatriz afetam Dante, mas é importante notar que é a tristeza que sela o valor de verdade das acusações que fazem de Dante, casto e inocente, o mais perverso dos pecadores.

> Meu senso se abalara por inteiro; tentei falar-lhe, mas a voz tolhida morreu antes de aos lábios vir primeiro (...) Como o engenho, que rompe ou se desloca à tensa corda, e expele a seta à frente, a qual sem força a meta já não toca, eu me sentia aluir à carga ingente; e a desfazer-me em lágrima e lamento, perdera o uso da voz inteiramente.

Eis o pecado do sentido. A verdade foi dita toda. Qualquer palavra neste momento quebraria a ilusão desta consistência. Ao mesmo tempo, esta situação é insustentável, pois diante do Um absoluto, Todo sem falha, a falta se apaga e a Verdade esmaga o sujeito. O que se passa? Dante, sem palavras, chora. Mantém-se assim a aparência absoluta da Verdade, na medida em que nenhuma fala a circunscreve ou reduz sua amplitude. Por outro lado, o choro vem impedir o desaparecimento do sujeito e o confronto com a angústia, a partir da fixação do sentido da tristeza.

O choro é uma máscara, uma mímica, que vem em lugar do vazio e consegue a proeza de ser um gozo que diz que o gozo nada diz. Dante faz com que aquilo que marcaria a angústia de seu esmagamento transforme-se no gozo sentido de seu choro. Esta mímica, apenas aparentemente fora da fala, sustenta a consistência da Verdade e cria um meio de gozar como que oposto ao sentido.

Dante admite que, tão logo Beatriz partiu, entregou-se à falsidade do prazer. Opõe-se então o verdadeiro amor, o verdadeiro saber, divino, à conduta do prazer falso. Assim como a tristeza faz das grades moebianas uma prisão euclidiana, a imagem de um Dante dionisíaco sela sua culpa.

João estava na posição de Dante antes do encontro com Beatriz, apesar de aparentemente encontrar-se em posição contrária. Ele não consegue ter prazer, ao passo que Dante não conseguia fugir dos prazeres. Seria possível, entretanto, se Dante fosse um neurótico moderno e não trovador apaixonado por sua Dama, que seu sofrimento, assim como o de João, se mantivesse indefinidamente. Isto porque a dúvida o assaltaria: será que Beatriz diz mesmo a Verdade? Assim como João, ele estaria convencido de sua culpa mas, ao mesmo tempo, sem saber exatamente se seu pecado é aquele apontado pela Dama.

O vira-lata foi uma possibilidade para João. Nada semelhante é possível para Dante, pois ele faz de Beatriz a encarnação da Verdade. Desta posição, em que Beatriz é a Coisa, o real está tão próximo que não há como fazer com que a tristeza escoe, dê vazão à Toda angústia deste encontro. No olhar de Beatriz reside então *o aleph*. Da posição em que Dante se encontra, entretanto, nem mesmo a escrita pode servir-lhe como serviu a Borges, para circunscrevê-lo. Do lugar do trovador, daquele que acredita na Verdade da Dama, o real só pode aparecer como fora do mundo, objeto puro, que conduz neste caso ao esvanecimento do eu, ao desmaio.

> Como os meninos quando repreendidos que ficam mudos, seu olhar baixando, ante a justa censura arrependidos, eu me quedava. E ela seguiu falando: "Levanta a barba, e fita-me de frente, mais purgarás a tua culpa olhando". Mal meu olhar para ela se elevou, o coro das angélicas criaturas cessou (...) Tombei de sofrimento e de temor; e como eu me sentia, desmaiando, sabe-o quem me levou a tal torpor.

Podemos dizer, então, que a tristeza é o afeto paradigmático do programa do princípio do prazer, pois ela presentifica um real homeostático no mundo humano, coisa que pareceria absurda dado o estatuto definitivamente desequilibrador deste registro. A tristeza adocica o fel do real com sua suave amargura. O pecado consiste em enformar o real, que neste caso é função da amargura. O real, assim figurado, apóia-se na certeza que se opõe ao saber. Que outra maneira de acreditar piamente em algum significado senão pondo-o, ainda que ilusoriamente, fora do alcance do poder esvaziador da palavra? A tristeza é uma certeza que aparentemente está fora do discurso. Falar dela, buscar sua explicação, como ocorre, por exemplo, em uma análise, já a submete à dúvida.

O pecado está assim nesta dissociação entre o saber e o real, impedindo de apreender, de agarrar com o saber, aquilo que, dito, perderia em certeza. Este é o fundamento da ética do Bem-dizer. A tristeza condensa certezas fundadas na suposição de um saber impotente: "não entendo mais nada", "não sei mais o que fazer", ou ainda "a vida não tem nenhum sentido para mim". Tudo isso designa uma suposição primeira: "o real está fora de alcance". O Outro do sentido é assim mantido por essa significação primeira que ordena todas as outras, mesmo se ela promove ditos que apregoam a inexistência do sentido. A tristeza mantém a idéia de completude pela negação que ela opera, sendo a forma mais pura dessa vertente imaginária do afeto, daí seu estatuto de pecado exemplar.

Saindo do terreno da depressão e de sua escala universal de variação de energia, entramos em um campo da ética no qual se pode caracterizar a presença do real na fala como pecado ou virtude. Este é o campo mais geral da ética. A ética da psicanálise, entretanto, é uma das configurações mais singulares deste campo. Ao situar pecados e virtudes com relação ao dever de Bem-dizer, Lacan responsabiliza o sujeito e afasta a assubjetividade da energia vital. Ao mesmo tempo, subverte a idéia cristã de que um erro se paga com um castigo; para o crime do sentido não há absolvição. A confissão de culpa de Dante é o modo como ele persiste culpado. O sofrimento é castigo que torna o pecado um erro, uma escolha infeliz. A tristeza é o castigo que reifica o erro. Para a psicanálise o erro, entretanto, está sempre presente, não há escolha feliz no terreno do sentido. Bem-dizer o sentido é, segundo Lacan, "encontrar-se no inconsciente, na estrutura", é fazê-lo operar como ponto cego de gozo que faz o milagre de articular significante e pulsão, dando vida ao inferno, infernizando a própria história, beatificando a pulsão.

## Culpa, temor e piedade

Ao fundar o laço social originário no assassinato do pai primevo, Freud articula à própria condição humana uma perda fundamental, perda do pai onipotente, da mãe devoradora. Trata-se de uma perda de estrutura e não de um crime passível de absolvição. Todo aquele que fala está em dívida com seu gozo e, desta forma, o gozo é o próprio fundamento do discurso. Neste sentido, J.-A. Miller indica o quanto o alicerce do *Schuldgefuhl*, sentimento de culpa, é o *Schuldigsein*, ser-em-dívida, de Heidegger. Abre-se assim a possibilidade de tratar o supereu não como consciência moral, mas sim como exigência de trabalho, exigência de gozo do discurso. Freud revela porque quanto mais se é piedoso e devoto, mais se é culpado. É que o supereu se alimenta da falta vivida como culpa.

Ao analista não interessa que o analisante se torne mais ou menos culpado. Já vimos que o pecado para a psicanálise não se confunde nem com a culpa nem com o erro que a teria motivado. O erro é de estrutura e a culpa é apenas um de seus efeitos. O analista aceita e até mesmo se utiliza deste engodo fundamental, de que haveria uma possibilidade de redenção ou absolvição da culpa. Entretanto, seu objetivo principal é fazer manifestar-se a causa que faz de todo sujeito o responsável por sua condição.

Um analisante, por exemplo, queixa-se de ter agido erradamente com seu filho que, revoltado, volta a viver com sua mãe. Em angústia ele pergunta: "onde foi que eu errei?" Este analisante supõe um situação já terminada, ele é culpado por um erro sempre cometido no passado. Acredita que, em algum momento, "deixou de responsabilizar-se por seu filho", o que implica que há possibilidade de eximir-se da paternidade, por exemplo. Aí está o engano, que causa e mantém este pai em seu sofrimento. O analista, na contramão do senso comum, aceita e reconhece o culpado como tal. Ele não se interessa, porém, pelo castigo ou pela absolvição, pois não tem como objetivo primordial libertar seu paciente da culpa e de um suposto erro no passado, causa contingente de seu sofrimento. Ele busca antes de tudo fazer com que a responsabilidade apareça como dado ineliminável. Com efeito, mesmo que este pai considere fracassada sua missão, ele sempre foi e continuará sendo responsável por seu filho. Isto porque estará sempre em dívida com o gozo que lhe foi subtraído na condição de pai, o que se por um lado não permite que ele seja absolvido de seu erro, por outro indica que ele já ocupa o lugar que ele considera nunca ter sido capaz de ocupar. Portanto, ele não precisa conquistar ou reconquistar a paternidade, apenas autorizar-se a exercê-la.

A culpa diz respeito, assim, ao campo do *Bem*, do certo e do errado. A este campo Lacan opõe o campo do mundo dos *bens*, campo do sentido, assimilado ao espaço humano de trocas, ordenado não pelo Bem mas sim pelo útil, do bem concebido como valor de uso. Este campo é demarcado por Lacan a partir de Bentham e seu limite e alcance serão postos em cena na tragédia. Não quero dizer com isso que a psicanálise seja um novo utilitarismo, pois ela assume que o mundo dos bens é construído sobre uma exclusão original. Esse ponto excluído, a que chamamos objeto *a*, estará sempre presente no espaço dos objetos utilitários, porém de maneiras distintas, no pecado e na virtude.

O pecado original é a exclusão estruturante deste dejeto que, no entanto, sempre se presentifica, não necessariamente como um vazio, como falta de sentido para existência, mas em manifestações variadas deste objeto excluído, sempre carregadas de um valor excessivamente certo ou errado. Podemos assim falar de pecados e virtudes mesmo sabendo que o pecado é original e sem solução. O pai do qual falávamos abandonou seu filho ao constatar uma doença congênita na criança. A malformação presentificava o real e diante dele, o pai foge. Seu pecado não é abandonar a família, mas fugir da possibilidade de verificar que o real em jogo era assustador por ser ao mesmo tempo da criança e seu. Trata-se do gozo de sua própria condição de "malformado" por um pai degenerado, segundo a trama de sua história subjetiva.

A culpa diz respeito ao Bem, o temor e a piedade aos bens. Elas são emprestadas de Aristóteles, que afirma em sua *Poética* que a tragédia visa realizar a catarse do temor e da piedade. São estas as paixões que constituem mais explicitamente, no espetáculo da relação eu-outro, o trágico encontro com o real. Aristóteles as define como "tremer por si" e "tremer por outrem". Desta forma elas sintetizam admiravelmente aquilo do qual padece o neurótico, que reduz ao sofrimento compreensível, dele ou do outro, o que é pura e insensata ação da estrutura sobre o corpo. Quando o pai fujão decidiu abandonar a sua família, o fez motivado por um insuportável sentimento de piedade por esta criança. O real do confronto com a malformação cedeu lugar ao sentimento de piedade que o fixou no outro do qual pode-se fugir.

A idéia de Aristóletes de que o temor é "tremer por si" nos fornece uma maneira de situar o medo prescindindo de um referente preciso. Sabemos que, tradicionalmente, distingue-se o medo da angústia com base na idéia de que o referente do medo, ao contrário daquele da angústia, tem um conteúdo preciso. O que caracterizaria o medo, a partir desta retomada de Aristóteles, não é o fato de seu objeto ser claro e definido. Podemos temer algo difuso, podemos temer a idéia de Deus, por exemplo. A diferença é o lugar de onde este conteúdo ameaça o sujeito. Podemos sofrer verdadeiro pânico ao temer uma aparição que, descolada de qualquer sentido, coloca, num instante, o mundo em desordem. Falta ao medo a característica maior da angústia, pois o sujeito não é nem tomado, nem interessado nesse mais íntimo de si mesmo, mas sim reage a uma encarnação do objeto no outro.

Antígona sabe que a lei a qual segue é estúpida, não tem razão de ser e não se fundou por nenhum legislador, mesmo suposto. Isto não a impede de agir, ao contrário, impede que a angústia sobrevenha e impele à ação. Temos interesse em desfrutar aqui da leitura de Nietzsche, que se aproxima, apesar de diferenças de peso, daquela de Lacan.

> Não se trata de livrar-se do temor e da piedade, de se purificar de uma paixão perigosa pela sua descarga veemente (...) mas de tornar-se pessoalmente, para além do temor e da piedade, a alegria eterna do "devir" ela mesma, essa alegria que comporta a da nadificação.[7]

Antígona é a imagem deste ser desumano liberto do engano fundamental de supor que o outro é a causa do sofrimento, seja temor, seja piedade.

## Cólera e raiva

Em seu *Seminário 7*, Lacan define a cólera a partir de Charles Péguy. A cólera sobrevém quando "os parafusinhos não entram nas porcas" (*les petites chevilles ne vont pas dans les petits trous*). Ela irrompe como uma certa reação, por vezes violenta, a uma "decepção, ao fracasso de uma correlação esperada entre a ordem simbólica e a resposta do real". Para que haja decepção, é preciso que haja crença no Outro. Trata-se, evidentemente, do Outro como lugar da Lei e da ordenação simbólica do mundo. Se acredito que o mundo é um relógio, enfureço-me ao me deparar com uma falha que não possa explicar.

Não que a cólera seja aquilo que aparece sempre que as coisas não funcionam. Ela advém apenas quando não se consegue atribuir à falha uma razão que a inclua, mesmo como exceção à regra, no funcionamento da máquina. Neste sentido, quanto mais estivermos firmemente plantados no encadeamento das razões, maior será a possibilidade de que algo inexplicável esteja em ruptura com o universo e mais estaremos sujeitos à cólera. O mundo da informática é o melhor exemplo. Sabemos o quanto é desnorteante quando o computador parece agir propositadamente no sentido de nos sabotar. Caso ele insista em comportar-se assim, ou cedemos a esta irresistível tentação de humanizá-lo ou cedemos à cólera.

Passemos à raiva. Ela se insere em uma posição diametralmente oposta à da cólera. No ensino de Lacan, a raiva é abordada no seminário sobre *A carta roubada*. Lacan vincula este afeto à feminização característica de uma determinada posição. Para melhor definir esta posição, vamos recorrer a três cenas do conto de Poe. A primeira envolve o rei, a rainha e o ministro. O ministro vê a rainha ruborizar-se ao perceber a presença de uma carta sobre a mesa do rei. Sem que o rei se dê conta, o ministro apodera-se desta carta sob o olhar da rainha, que nada pode fazer para impedi-lo. Na segunda cena, temos o ministro e Dupin, o herói do conto, contratado para reaver a carta para a rainha. Nesta cena, depois da saída da polícia, Dupin se apossa da carta que estava então sobre a lareira do ministro, bem à vista da polícia que, no entanto, havia vasculhado em vão todo o apartamento. Finalmente, na terceira cena, o chefe de polícia recupera a carta após pagar a Dupin, por ordem da rainha, um soma considerável.

Podemos definir três posições em jogo em cada uma das cenas: o lugar da lei, ocupado sucessivamente pelo rei, pela polícia e pela rainha; o lugar do sujeito, do agente do extravio; e, enfim, um lugar fora-da-lei, ocupado por aqueles que detêm a carta, a rainha adúltera, o ministro chantagista e Dupin, dândi sem princípios. Devemos entender "fora-da-lei", aqui, não como criminoso, mas sim como apenas parcialmente submetido à lei. Este lugar fora-da-lei será aproximado por Lacan do lugar da mulher. Com efeito, sempre se soube, desde Eva até Antígona, que há algo na mulher não-todo regido pela Lei e que perturba a ordem estabelecida. A diferença entre Hegel e Lacan é justamente que este último não considera Antígona como porta-voz de nenhuma outra lei, seja ela da família ou da *polis*. Sua ação comporta uma determinação indizível referida àquilo que está para além e aquém do mundo humano.

Lacan destaca, em cada um dos fora-da-lei de cada uma das três cenas, o efeito feminilizante deste lugar, em que se possui a carta como segredo indizível do significante, sua face real. No primeiro caso, a rainha exemplifica a arte feminina de se ocultar. De se furtar ao olhar. Não se deve pensar, entretanto, que esta seria uma essência feminina, oposta à essência masculina de se exibir. Ela se oculta com o próprio efeito cegante da luz de sua imagem. Na segunda cena, trata-se da lassitude que exibe o ministro. Um certo consentimento lânguido às manobras viris da polícia etc. O ministro, de alguma forma, comporta-se como se soubesse que o essencial não está ali. Finalmente, Dupin, na terceira cena, é invadido por uma raiva definida por Lacan como de natureza manifestamente feminina. Isto ocorre no momento em que deve entregar a carta. Aparentemente não há nenhum motivo que justifique a explosão de raiva neste que, até então, dera provas indiscutíveis de sagacidade e controle.

Podemos supor que entregar a carta ganhou o sentido de ser chamado a se desfazer de algo que adquiriu um valor especial. Da maneira como o conto se estrutura, a carta neste momento encerra o gozo de Dupin, gozo cujo efeito poderia ser definido de inúmeras formas: ser mais brilhante que o chefe de polícia, mais ardiloso que o ministro, servir à rainha como ninguém. Nenhum destes efeitos saturam o gozo potencial que se esvai quando Dupin precisa entregar a tal carta. Em nossos termos, ao ser entregue, a carta passa de objeto *a* a insígnia fálica. Quando a raiva irrompe? No momento em que, deste lugar êxtimo ao significante, uma mulher é forçada a entregar seu indizível segredo, o segredo sempre bem guardado de seu ser, o de que ao significante falta o sentido do gozo e que, por isso, o significante sem gozo é morte.

Podemos tornar clara a diferença entre a cólera e a raiva a partir de um apólogo. Imaginemos uma briga de casal. De um lado um homem colérico, não por isto ou aquilo que sua mulher fez, mas sim pelo fato de que ela não lhe permite chegar ao final de seu raciocínio, perfeitamente encadeado, sobre o erro dela. Se ele pudesse ao menos uma vez demonstrar-lhe o quanto ela se engana... Realmente sua demonstração é irretocável, arrasadora. Seria impossível, para todo aquele que se insira na ordem racional, mesmo em Marte, contradizê-la. Acontece, porém, que à sua frente está sua mulher, que justamente não lhe permite tal felicidade, pois ela obstina-se, apesar de toda a sua aparência de ser racional, em interditar-lhe toda e qualquer proposição universal. Ele pode mesmo escrever uma tese para provar o erro dela, esmagadora e infinitamente equivocada, do ponto de vista da razão. Ela, entretanto, lhe responderá não com uma contra-argumentação à altura, mas sim com um "você não entende nada" e com uma saraivada de pratos e copos estilhaçando-se contra a parede.

Esta briga pode, então, é muito comum, tomar a forma passional da passagem ao ato, seja agressivo ou amoroso. De fato, uma briga deste tipo termina, no mais das vezes, ou em separação ou na cama. Ela retrata o ponto de encontro entre um homem, firmemente assentado sobre a dialética do universal e da exceção, e a mulher, que encontra, na posição histérica da exceção, seu lugar na ordem do mundo. Ambos, nestas circunstâncias, passam por uma inevitável perda. Jogar os pratos na parede, de saída, retira dela todo o mistério de sua condição que é imediatamente reduzida à de maluquinha ou qualquer uma de suas variantes. Caso tudo acabe na cama, nossa maluquinha sem dúvida encontrará um lugar mais simpático, fofinha, por exemplo. A exceção agora é positivada, ela é a "mais linda". Em ambos, o preço de um lugar definido no mundo é a indizível perda de um gozo além daquele de ser a mais linda, mais fofinha, além, portanto, do gozo das insígnias fálicas.

## A partilha dos sexos

J.C. Milner, em seu *Les noms indistincts*, fornece preciosa ajuda para esclarecer este jogo entre a cólera e a raiva que reproduz, de certa forma, o jogo homem/mulher, recorrendo às fórmulas da sexuação de Lacan. O mito do Um, o Todo, é situado, nestas fórmulas, a partir de duas linhas.

A primeira linha estabelece que uma propriedade ($\phi x$) só forma um todo ($\forall x.\phi x$) a partir de uma exceção ($\exists x.\overline{\phi x}$), uma existência que se excetue do conjunto. Isto pode ser formulado da seguinte maneira: "há Todo, desde que haja exceção", ou, ainda, "a exceção completa o Outro". É preciso ao menos um sujeito sem bigodes para que o conjunto dos bigodudos se estabeleça como tal. Passemos à segunda linha. Na ausência de exceção ($\overline{\exists x}.\overline{\phi x}$), não há Todo, o Todo não consiste, ou há não-Todo ($\overline{\forall x}.\phi x$).

As duas linhas são essencialmente solidárias. A primeira constitui o Todo, mas apenas por ser incessantemente descompletada pela segunda ela pode renovar sua operação, persistindo em se afirmar como a Verdade e, desta forma, criar a ilusão de que existe apenas a regra e a exceção que a confirma. Se não fosse descompleto, o Todo, sem nada que o perturbe, seria regra vazia, pura letra morta. A segunda linha, por sua vez, só tem sentido a partir da primeira, porque é preciso que o Todo seja uma possibilidade para que haja não-Todo. Em outros termos, só porque existem pequenos gozos quotidianos, que é tudo o que conhecemos, é possível supor um gozo absoluto, Outro, não mais localizável, mas que lhe serve de referência.

Temos, então, dois elementos totalmente díspares, o gozo nosso de cada dia e a suposição de um Gozo absoluto. A delicadeza da montagem lacaniana é justamente introduzir um terceiro elemento, aqui representado pelo intervalo entre as duas linhas, o objeto *a*. Este objeto representa, neste plano, a função que Lacan chamou mais-de-gozar. Ele é este pequeno ponto no corpo da amada que me causa desejo. Ele é aquilo que se aninha nas zonas erógenas, ou, ainda, que se localiza em uma pinta, no contorno dos lábios, no recôndito misterioso da nuca que atrai, faz gozar parcialmente e ao mesmo tempo acena com a possibilidade de um gozo absoluto. Neste sentido ele tanto é lugar de um gozo localizado e preciso como abertura ao infinito do Outro gozo.

Nenhuma das duas linhas existe separadamente, as duas coexistem neste objeto. Apagar uma ou outra linha é esvaziá-lo de seu mágico poder bivalente. É fazer consistir o mito do Um, seja através da universalização do todo, "só há o Todo e suas exceções", no caso do ocultamento da segunda linha, seja através da universalização das exceções, "não há Todo, só há exceções", se obliterarmos a primeira linha.

Se ocultavamos a primeira linha, a segunda passa a inscrever a posição daquele que não cessa de barrar o todo, universo histérico por excelência. A partir daí, podemos compreender algumas posições histéricas na cultura ou na clínica que se inserem nesta universalização da exceção. Podemos começar com a posição do analista, tida por muitos como a de exceção por excelência, uma vez que ele deve pretensamente subordinar o universal da teoria ao particular do caso. O "só sei que nada sei" socrático seria o paradigma desta posição. Esta máxima pode ser relida como "a única verdade é que não há verdade", assinalando a recusa obstinada de todo e qualquer universal. Muitos compreendem a psicanálise neste registro, no narcisismo das pequenas diferenças, como prática de histericização progressiva. "Não ceder de seu desejo" lê-se aí como "salvar toda e qualquer particularidade", lutar pela exceção. Esquece-se que a insistência em preservar a exceção, cultural, indígena, histórica, democrática etc., reafirma o Todo que se quer combater.

Por outro lado, a tensão entre estas duas linhas, sua dissimetria, é justamente o que permite a crença no casamento. Uma série de oposições dissimétricas como Eros e Tanatos, Homem e Mulher, Obsessão e Histeria, oferece pares complementares a partir da ilusão da independência de uma linha com relação à outra. Este é justamente o último reduto do Um, o pilar derradeiro da crença na relação sexual. Pode-se abrir mão de todos os ideais, todos os nomes que fazem grupo (liberdade, igualdade, e mesmo mercado, sucesso etc.), mas não do dado inicial de uma polaridade que engendraria a vida, a continuidade etc. *Não há relação sexual* não afirma que entre estas duas polaridades não há relação possível, mas sim denuncia que não há polaridade.

Examinemos melhor esta pretensa complementaridade. Trata-se de olhar à nossa volta e perceber o quanto o amor deve ao estabelecimento do casal a partir do Homem, assentado sobre o Todo do significante, onde só há regras universais e exceções que fundam estas regras. Toda singularidade, indizível, é aqui tratada como uma particularidade, uma exceção à regra, que tem seu lugar no discurso mas que perde seu valor singular. Este Homem se endereça a uma Mulher que aceite que o segredo de sua feminilidade seja tratado como capricho, leviandade, perfídia etc. Aí está o encontro de um homem incapaz de defender as proposições universais a partir das quais ele se autoriza e de uma mulher decidida a não consentir com nenhuma. Pensemos em Otelo, que acredita na traição por dedução racional, mas que por lhe escapar o mínimo detalhe, o imprevisto, se engana. Outras articulações entre o Todo e a exceção são também possíveis: o gostosão que acredita que as mulheres só atingem o Todo através dele; a gatinha que está convencida de que todos os homens estão prestes a ceder de seu Todo por ela; o otário que acredita em qualquer encarnação do Todo, o que, no nível das relações matrimoniais, é representado pelo corno manso que crê na sua mulher como a Mulher e que, portanto, diz a verdade Toda; por último, a mulher de malandro, capaz de se submeter a qualquer coisa por seu Todo-Poderoso homem.

## O estranho *Unheimlich*

Quando o Todo abre mão de seus poderes, somos atravessados pelo estranhamento. Não são raros os momentos em que nos deparamos com uma velha lembrança, que de repente se reveste de enorme estranheza.

> Você anda de rua em rua, mas um dia acontece que, sem saber por quê, você atravessa alguma linha, invisível a seus olhos, e acaba em uma praça onde jamais esteve e que, no entanto, você reconhece como sendo exatamente aquela praça onde se lembra de já haver estado. Ela estava lá, em sua memória, como uma ilhota à parte. Este lugar lembra alguma coisa não percebida. Ele não tem nome, mas se distingue pela estranheza de seu cenário, por aquilo que Freud aponta tão bem como o lugar da indefinição que constitui o campo do *Unheimlich*. Eis aí uma palavra que nos permite tocar a identidade entre o direito e o avesso, este lugar que chamamos Outra cena.[8]

Supõe-se uma existência real a todo lugar nomeado, que ganhou um lugar no discurso, e isso inclui até mesmo lugares que só existem na ficção. Inversamente, não há praça cuja existência real não seja precedida e organizada pelo significante. O espaço do estranho corresponde, em certa medida, ao descolamento entre o real e o simbólico que normalmente funcionam soldados pelo imaginário. Esta dimensão revela o que qualquer lembrança, qualquer sentido, tem de construção, de colagem entre um lugar e um nome. Na experiência da estranheza, o imaginário perde sua função de cimento de articulação entre o real e o simbólico e abre-se espaço ao infinito. Fica comprometida, portanto, a garantia quotidiana da existência do dentro e do fora, a gota de cola que fixa a banda de Moebius, dando-lhe a aparência de um círculo fechado.

> A estrutura de linguagem é capaz, não exatamente de uma adequação absoluta entre a linguagem e o real, mas de introduzir no real tudo o que nos é acessível de forma operatória. A linguagem entra no real e cria a estrutura. Nós participamos desta operação e, dela participando, somos nela incluídos, implicados numa topologia rigorosa e coerente que faz com que toda porta forçada num ponto desta estrutura não exista sem referência, indicação estrita do ponto onde está a outra abertura. Aqui é fácil evocar a passagem de Virgílio, as duas portas do sonho: porta de marfim e porta de chifre, que nos abrem o campo daquilo que há de verdadeiro no sonho.[9]

Seguindo esta analogia, digamos de maneira simplista que a porta de marfim se abre para o simbólico e a de chifre para o real. O sentido do mundo é garantido por um corredor que une as duas portas, espaço imaginário que garante o funcionamento das portas de maneira solidária, como uma só, e que garante que entre as coisas e seus nomes haja uma conexão aparentemente natural e necessária. O lugar da estranheza corresponderia a mergulhar neste corredor, neste espaço ambíguo do entre-duas portas, que normalmente é um espaço virtual e que passa em algumas circunstâncias especiais a se revelar como espaço de dimensões próprias e perigosamente elásticas.

Lacan assinala ainda que o *Unheimlich* se articula a uma paralisia, pois neste lugar entre as portas não há ação possível. Com efeito, se toda ação humana é regulada e definida pela relação entre as coisas e seus nomes e se a cola que a fixava, que fixava as duas portas, está perdida; se estamos imersos nesta dimensão do entre-dois, como lidar então com o real? Neste sentido a metáfora do "entre-dois" indica bem a inércia do imaginário e é por esta razão que, no âmbito do seminário *O sintoma*, Lacan associa o estranhamento à inibição.

"O cosmos é algo que depende de uma construção de natureza perfeitamente a-cósmica", diz Lacan. É com a esfera interna, sob o nome de realidade, que aparentemente temos de lidar em uma análise. O sujeito representa o psiquismo como o avesso de uma realidade, que reproduz a realidade cósmica. A psicanálise descobre que a passagem pela qual chegamos ao "entre-dois", do outro lado, do avesso, é o mundo da outra cena, o mundo do sonho, o *Unheimlich*. O espaço entre-dois é aqui situado como entre-duas esferas. Lacan indica que se pensa a alma, o espaço psíquico, como um mundo fechado, a partir de uma concepção do universo também como espaço fechado. O *Unheimlich* seria, então, o sentimento proveniente de um momento de apreensão do infinito que insiste entre estes dois mundos e que os desesferiza.

Vemos, então, que neste ponto a imagem esférica do eu está como que suspensa, paralisada em sua função. O *Unheimlich* se articula a uma vacilação desta imagem totalizante, engendrando a sensação de despersonalização angustiante que lhe é característica. Esta vacilação implica, forçosamente, uma vacilação do duplo, posto que é a partir deste duplo que a imagem do eu se constitui.

O *Unheimlich* é assim um campo feito de incertezas, especialmente no que se refere ao eixo eu-outro. Para situar esta sensação que alguma coisa está errada, que nos deparamos com algo tão conhecido quanto estranho, basta termos em mente o célebre episódio de Freud.

> Eu estava sozinho num compartimento de trem, quando sob o efeito de um solavanco um pouco mais brusco que os outros, a porta que levava aos banheiros se abriu, e um senhor, já de certa idade, vestindo um *robe de chambre*, com uma touca de viagem na cabeça, apareceu em minha frente. Eu supus que ele havia se enganado de direção ao deixar a cabine que ficava entre dois compartimentos e que ele havia entrado onde eu estava por engano. Levantei-me rapidamente para esclarecer o engano, mas logo percebi, aturdido, que o intruso era minha própria imagem refletida pelo espelho da porta intermediária. Ainda me lembro o quanto esta aparição me desagradou (...) Mas o desprazer que sentimos com isso não seria, mesmo assim, um resto desta reação arcaica que sente o duplo como uma figura estranhamente inquietante?" [10]

A estrutura que constitui o eu e seu mundo repousa sobre uma operação de sutura que tenta velar o infinito. A este espaço entre-dois mundos, que introduz a possibilidade do infinito, articula-se o *Unheimlich*. Pode-se dizer, para tomar de empréstimo o título célebre de Alexandre Koyré, que o *Unheimlich* inserindo-se no "entre-duas esferas" indica a passagem que vai do mundo fechado ao universo infinito, enquanto a angústia vincula-se ao espaço infinito, resto da operação de sutura do eu, que assombra este último.

A angústia, por outro lado, corresponderia à dissolução deste espaço, do qual nada restaria senão o enquadre da porta que desemboca no real. Ela adquire assim todo seu valor ético como possibilidade, para o sujeito, de "arrancar do real sua certeza" em um ato que não seja, como habitualmente, saturado pelos determinantes simbólicos de uma história, previsto e regrado desde sempre, e que, ao contrário, instaure retroativamente novos significantes e novas significações em uma vida.

Existe um antídoto para a vertigem causada pelo infinito espaço entre-dois. Se a estranheza advém do efeito despersonalizante de um espaço moebiano, basta derrubar suas paredes ao fazê-lo caber na palma da mão. É exatamente este o procedimento da topologia, razão pela qual Lacan recomenda o manejo de seus nós.

> Devo dizer que esta geometria dos nós, geometria bastante específica, original, é algo que exorciza esta inquietante estranheza. Há ali algo de específico. A inquietante estranheza advém incontestavelmente do imaginário (...); quero dizer que à medida que o imaginário se desdobra segundo o modelo de dois círculos instaura-se (...), associa-se ao imaginário do corpo, algo como uma inibição específica, especialmente caracterizada pela inquietante estranheza.[11]

## *Unheimlich* e pudor

Uma vez que não podemos aqui manejar os nós, devemos nos perguntar o que seria, do ponto de vista de um neurótico e da geometria euclidiana de seu sintoma, esta porta que desemboca no real? Com o sentimento de estranheza, descobrimos que a rota para o real não implica nenhuma longa viagem, pois esta porta se abre para o mais íntimo em nós:

> Thomas ficou lendo em seu quarto (...) Aqueles que entravam, vendo seu livro sempre aberto nas mesmas páginas, pensavam que ele fingia

> ler. Ele lia. Lia com uma minúcia e com uma atenção insuperáveis. Ele estava diante de cada signo na situação em que se encontra o macho quando um louva-a-deus fêmea está prestes a devorá-lo. Um e outro se olhavam. As palavras, saídas de um livro portador de um poder mortal, exerciam sobre o olhar que as tocava uma atração doce e pacífica. Cada uma delas, como um olho entreaberto, deixava passar um olhar muito vivo, que em outras circunstâncias, ele não teria suportado. Thomas deslizou então em direção a estes corredores dos quais se aproximou sem defesa até o instante em que foi percebido pelo íntimo da palavra. Isto não era assustador, era, ao contrário, um momento quase agradável, que ele gostaria de prolongar. O leitor considerava alegremente esta pequena centelha de vida que não tinha dúvidas de haver despertado. Via-se com prazer neste olho que o olhava. Seu próprio prazer tornou-se grande demais. Tornou-se tão grande, tão implacável, que o manteve em uma espécie de pavor e, levantando-se, momento insuportável, sem receber de seu interlocutor um sinal de cumplicidade, percebeu toda estranheza que havia em ser observado por uma palavra como se ela fosse um ser vivo, e não somente por uma palavra, mas por todas as palavras que se encontravam nesta palavra, por todas aquelas que a acompanhavam e que, por sua vez, continham nelas mesmas outras palavras, como uma seqüência de anjos se abrindo em direção ao infinito até o olho do absoluto.

Esta passagem de *Thomas o obscuro*, de Maurice Blanchot, prefigura o apólogo lacaniano do louva-a-deus. Ela indica, segundo Lacan, que o objeto humano se distingue, originalmente, *ab initio*, no campo de minha experiência, não assimilável a qualquer outro objeto perceptível, pelo fato de ser um objeto que me olha. Trata-se de um ponto que já havia sido abordado desde 1953 por Lacan. Em seu primeiro seminário, ele apóia-se em Sartre para indicar o momento fundamental em que o sujeito "se vê vendo". Neste ponto, é suposto um olhar no outro que faz do sujeito objeto. Importa marcar o giro de leitura que se introduz com o recurso a Blanchot no *Seminário 9* com relação a este primeiro balizamento: esta dialética do olhar, que introduz a angústia e o estranhamento, não se refere mais a nenhum objeto humano. Lacan já havia insistido, em sua referência a Sartre, no fato de que a visão dos olhos do outro não é necessária para que ela se instaure. Ele citava como exemplo a sensação de ser olhado por alguém ou alguma coisa que se introduz mesmo diante de uma janela totalmente obscura. Vemos que, mais importante que a materialização de uma figura humana, é necessária apenas uma certa suposição: "basta que alguma coisa me faça supor que um outro pode estar lá", diz Lacan. Podemos observar que, na referência a Blanchot, não se trata mais de intersubjetividade. Como mostra esta passagem tão esclarecedora, Thomas é olhado pelas palavras.

O olhar, assim, muda de perspectiva. De propriedade orgânica fundamental, passa a condição de sustentação do desejo do homem, invisível por trás das imagens do eu. O mundo, nesta perspectiva, deve manter-se, para o sujeito, como exibicionista e não como *voyeur*. Quando se está na condição de ser olhado pelo mundo, aparece o *Unheimlich*. Neste estranho lugar em que sou contemplado pelo mundo é que se insere a vergonha. Ela diz respeito a algo que não posso desvelar, mas que foi desvelado em mim. Situada em algum ponto impreciso antes do lugar do estranho, ela irrompe no momento em que passo de espectador a objeto de olhar e que percebo, no olhar do outro, meu próprio gozo de espectador. A vergonha sempre se situa no ponto em que algo de meu gozo passou para o significante, tornou-se coletivizado.

É possível, ainda, entretanto, distinguir a vergonha do pudor. O pudor é a arte de fazer materializar-se, ainda que parcialmente, isto que não se pode desvelar. Isto é obtido utilizando-se um véu. Freud propõe, a este respeito, uma especulação. A tapeçaria, o trabalho de tecelagem, deve ter surgido no momento em que as mulheres começaram a trançar seus pelos pubianos para ocultar a castração. Isto teria inaugurado o hábito da indumentária. Com esta teoria fantástica, ele indica uma verdade clínica. Ao cobrir, ao velar sua castração, a mulher nos faz duvidar se há ou não algo por trás do véu. Desta forma, assim como o gato de Heisenberg da física quântica, o falo ao mesmo tempo tanto está quanto não está ali. Além disso, a partir do momento em que ele não é mais claramente exposto, passa a não ter localização precisa, pois pode estar em qualquer ponto por detrás do véu, posso supô-lo em qualquer lugar. Esta função do véu é, então, o que permite que o falo possa metonimicamente passear pelo corpo, investindo o corpo todo da mulher sem consistir em nenhum lugar preciso. No caso do homem, por sua vez, ele se localiza precisamente nas insígnias e atributos viris.

## *Witz*, surpresa, humor e riso

Em seu seminário *L'Insu que sait...*", Lacan evidencia que a cada efeito de sentido há também um "efeito de furo" e que nesse efeito jaz a esperança de que a interpretação, como toda poesia, torne possível que outra coisa advenha, um efeito de sentido novo que não seja simplesmente um "sentido-a-mais", mas que seja um "a-mais-de-sentido". Este efeito de furo é assinalado pela surpresa. Uma surpresa não é boa ou má, mas é sempre feliz, porque marca a novidade, o encontro. Uma vez liberado do Bem e do Mal, o sujeito é feliz, porque todo encontro lhe traz a surpresa.

Sabemos, porém, que é impossível nos mantermos como este ser caleidoscópico, sempre ao sabor do encontro. Por isso vemos a surpresa se manifestar em circunstâncias muito precisas, das quais examinarei apenas uma, a surpresa do riso.

Toda primeira aproximação do fenômeno tende a localizar o riso na surpresa de uma ruptura da ordem estabelecida. Uma quebra da rigidez da censura, como, por exemplo, a queda do senhor sisudo e engravatado que escorrega em uma casca de banana. É preciso ressaltar, entretanto, que na experiência analítica não lidamos com nenhuma realidade em si. Esta última é simplesmente eliminada do dispositivo. Em termos concretos: não tenho casca de banana na entrada do consultório e, mesmo que aconteça uma queda, o acidente só será levado em conta se for trazido para o dispositivo, referido a ele. Deste modo, nossos episódios cômicos são sempre escutados e nunca observados.

Inverte-se, assim, a perspectiva e revela-se o caminho que vai do significante à imagem, desvelando-se a importância fundante do simbólico. Isto porque, na verdade, este é o vetor da constituição da realidade e não o contrário. O mundo é feito a partir da imaginarização do significante e não da simbolização de imagens ancestrais.

Compreendo que até à leitura lacaniana de Freud esta afirmação causasse espanto, pois, mesmo na análise, as imagens se dão aparentemente como primordiais, como no caso do sonho. Entretanto, a graça depende da cultura, da rede simbólica em que um tal acidente se insere. Mais precisamente, ela depende do jogo estabelecido entre determinadas marcas do simbólico: a casca de banana escorregadia se opõe à rigidez do engravatado, e por isso rimos.

Para ilustrar a força desta inversão, podemos recorrer a um exemplo quase caricatural. Suponhamos que encontremos alguém que se vê em um sonho lixando o pé. Não devo buscar qual o significado deste ato, ou deste pé, de quem seria o pé etc. Por outro lado, posso e devo aceitar que, pela via associativa, o sujeito chegue a "pé-rapado" e assim toque, não na Verdade do sonho (da qual não exigimos existência concreta), mas em um de seus centros irradiadores de sentido/imagens. A partir daí, abre-se um mundo de outras significações e imagens, como, por exemplo, a relação do sonhador com seu pai rico, com o pé de guerra em que vivem os dois etc. Basta modificar um pouco o exemplo, supondo que o sonho apresente as figuras de um pé e de um ralador para que se tenha a idéia de como o sonho é um *rébus*, uma carta enigmática, e de como ele se aproxima do chiste.

Uma vez esclarecida esta posição metodológica, podemos conceber todo o alcance da descoberta de Freud com relação ao chiste. Esta reviravolta permite perceber que é com o significante que podemos sair da prisão em que pode se transformar este *topos* contextual/imaginário que nos constitui. Ao se interessar pelos mecanismos significantes que ali estão em jogo, o que Freud encontra? Uma criação, um novo ser verbal, um significante-chave que, tal como o pé-rapado, serve para abrir portas. Ao menos duas. No caso do chiste, isso se dá de maneira purificada, evidente. O exemplo maior é o *familionário*, mas podemos citar inúmeros: *aborrecente*, *ponto facultatório*, *trocadalho*, *Mario Covascilante*, em que ao menos duas cadeias encontram articulação em um significante original.

Este significante-encruzilhada é um quase neologismo. Ele é e não é um neologismo, pois, uma vez enunciado, é imediatamente ratificado e incorporado ao código. Freud indica que nesta operação se estabelece um prazer especial (aqui ele se distingue dos lingüistas em geral) e o vincula à uma satisfação compartilhada. É o que podemos esclarecer melhor partindo da piada. É o que faz Lacan em seu seminário sobre as formações do inconsciente com a anedota do cavalinho, de Raymond Queneau. Ele decompõe a estrutura do chiste e demonstra sua vinculação com o cômico. É o que tentarei fazer a partir de um exemplo mais próximo de nós, pois como lembra Lacan citando Bergson, para que se ria é preciso que se seja "da paróquia".

> Uma executiva atarefada passa toda manhã por uma construção. Seu olhar sempre cruza o de um peão que a observa. Um certo dia ela escorrega, cai meio descomposta e rapidamente se levanta, reúne seus papéis e sua pasta e, ao se deparar com o olhar do peão, exclama: "Viu a ligeireza?" Ao que ele responde: "Vi, mas não sabia que tinha este nome".

Podemos dividir esta piada em dois tempos. É necessário um primeiro momento de preparação em que se fixa o contexto, para, em seguida, introduzir-se uma ruptura, o clímax. Vamos chamar o primeiro momento de cômico (pastelão, se quiserem). Ele inclui os encontros quotidianos entre a executiva e o operário que estabelecem todo o jogo, quase um duelo, de comportamentos e posições entre os dois. Todo um palco se constitui, com trilhamentos, facilitações e inibições que fixam os lugares dos dois personagens. Eles são essencialmente dissimétricos, mas ao mesmo tempo se irmanam em sua submissão a seus papéis. É justamente a quebra da ilusão de fixidez dos papéis que será a alma do cômico (a torta na cara da autoridade, por exemplo, e, neste caso, o tombo da moça).

O interessante é que devemos, com Lacan, chamar o segundo momento, momento do diálogo, de momento do chiste, pois encontramos em seu clímax a mesma estrutura do lapso que deu origem ao *familionário*. "Ligeireza" aqui é a embreagem, o *shifter*, que conecta a compostura da executiva com a descompostura que o peão nela enxerga. Este significante subverte a lógica prefixada pela fase de preparação e realiza uma *Aufhebung* a partir da qual o sentido anterior é mantido, renovado e referido a um novo universo. O próprio do chiste é que este significante fundamental seja uma criação verbal, já que nele a preparação está praticamente toda contida no significante-encruzilhada. Contudo, a estrutura de dois tempos pode ser desdobrada, como nesta piada e neste caso o significante especial pode apresentar a propriedade de introdução do novo, mesmo não sendo em si neológico.

Assim, do momento em que separamos cômico e chiste vemos, com auxílio da piada, sua articulação. Trata-se de admitir que todo pastelão tem algo da estrutura do *Witz* em seu clímax, assim como todo *Witz* precisa de uma preparação cômica. De certa forma, nossa disjunção vai sendo esvaziada, o que não é necessariamente uma tese freudiana, já que Freud distingue claramente o cômico do *Witz* e por isso mesmo é criticado por Lacan. Ficamos, então, com a seguinte proposição: "no cômico estamos no registro do pequeno outro, no chiste, do grande Outro", desde que acrescentemos: "para que o cômico acabe ou relance sua cadeia sem fim é preciso *Witz* e para que um chiste não se reduza a um puro neologismo é preciso um mínimo de contexto".

Continuemos um pouco mais nesta disjunção-conjunção que revelou a submissão do cômico ao chiste e dos dois aos poderes do significante. Vamos presumir e defender que só se rompe com o contexto rígido pressuposto no universo cômico pelos poderes da palavra. Que o pastelão, apesar de se manter estritamente ancorado na realidade, em suas leis e padrões, encontra o segredo de seu humor na operação do significante e não na sucessão de imagens. O vagabundo de Chaplin, em suas fugas hilariantes da polícia, não sai repentinamente voando, nem desafia as leis da lógica, mas ele está sempre onde o guarda menos poderia supor. Em *O garoto*, por exemplo, há um momento em que Chaplin e o menino estão fugindo do guarda. Correm em direção a uma porta no fundo de um beco e, de repente, em vez de fazer da porta o uso previsto, atravessando-a, dividem-se e cada um se achata contra um de seus lados, como se fizessem parte da porta e o guarda passa em carreira desbalada sem vê-los. Chaplin consegue esta proeza de sair da rigidez dos lugares prefixados, onde portas servem apenas para serem atravessadas porque dispõe de algo que faz a conexão entre dois universos contextuais, o da porta como umbral, franqueamento de um lugar para outro, e o da porta como corredor, onde, por exemplo, se postam os súditos para assistir à passagem do rei. Isto só se faz através da articulação significante. A quebra da autoridade tão característica deste humor ocorre porque, graças ao significante, passa-se a um outro contexto em que a autoridade é apenas um homem gordo.

Vejamos um exemplo que parece contradizer-nos:

> João e Sharon Stone são sobreviventes de um naufrágio, sozinhos numa ilha deserta. Os dois tornam-se amantes e após alguns meses João está muito infeliz. Pede a Sharon, que se prontificara a fazer o que quer que lhe desse algum prazer, que o ajude a realizar uma fantasia, vestindo-se de homem e andando na direção oposta à dele (para que simulassem um encontro do outro lado da ilha). Ao se encontrarem, João exclama com uma alegria desmedida: "Zé, meu amigo, você não sabe quem eu estou comendo".

Esta piada mostra o quanto a relação especular é necessária para que haja graça. Aparentemente ela demonstra que o humor só se concretiza se houver o pequeno outro, mesmo que para isso seja preciso inventá-lo. É preciso perceber, porém, que sem o sintagma "Sharon Stone", que comunica o mundo da ilha deserta com o universo machista de uma mesa de bar, por exemplo, nada teríamos de engraçado.

Com este exemplo percebemos, sobretudo, que algo a mais se introduz com o *Witz*. Não podemos dizer que "Sharon Stone" seja apenas um *shifter*, um sintagma que comunica duas cadeias de significação, assim como, se quisermos ser rigorosos, não podemos dizer que "ligeireza" seja apenas um significante-encruzilhada.

No momento em que penetramos neste novo registro, nos despedimos do Freud exclusivamente lingüista e do Lacan exclusivamente estruturalista, no sentido mais corrente destes termos. Com efeito, até aqui podemos ter chocado o essencialista que achava que a graça reside na força da vida vencendo a rigidez da rotina, mas não o estruturalista que vê nas rupturas e rearrumações do discurso, ou seja, na animação da vida pelo significante, o mundo humano. Mas não ficaremos apenas neste plano. Quando Freud dá lugar à satisfação especial do chiste, faz ver que todo o interesse desta dialética entre S e I é que ela mobiliza também R, ela é triádica e não dicotômica.

De fato, ao passar da compostura para a descompostura, ao apontar a falha na compostura feminina, o peão aponta para alguma coisa outra. Esta coisa é criada e constituída no momento do *Witz* como um ser. Em outros termos, podemos dizer que "ligeireza" vai trazer à cena a Coisa em sua forma disforme, ou, ainda, que com a "ligeireza" o objeto se materializa em sua aparição-desaparição.

O Outro é forçado a inserir o objeto, como um clarão, em uma cadeia significante, ratificando o neologismo do *Witz* como mensagem. Aí se ancora o gozo, localizado e compartilhado, obtido no chiste. O real se apresenta neste gozo condensado, obtido através de uma vitória parcial sobre o Outro. Esta vitória não será mais entendida como a derrisão imaginária do outro, tal como nas teorias psicológicas do riso, mas como torção sobre o cristal da língua que introduz o objeto.

O objeto *a*, para Lacan é isso, este ser que só existe no gozo que apaga seu nome, mas que por este gozo terá sido, ao menos por um momento, identificado. "Ligeireza" e "Sharon Stone" são nomes do objeto que marcam uma vitória sobre o Outro, sobre a impossibilidade estrutural de dizer o que causa meu gozo.

Acontece, entretanto, que esta vitória é ao mesmo tempo uma derrota, pois não há saída para o sujeito a não ser submeter-se a esta relação em que o objeto só pode "ser em gozo" uma vez submetido ao significante e, por isso mesmo, parcialmente perdido. É isto que o humor judaico exemplifica bem: a auto-depreciação é, ao mesmo tempo, separação parcial do Outro do judaísmo e presentificação de um certo "ser judeu", que aliena e gera identificação.

Esta vitória sobre o Outro não se faz sem uma perturbação dos sentidos estabelecidos, um vislumbre da incerteza das significações que amarram nossa realidade quotidiana. A psicose se insere precisamente aí como trágica vitória, em um ponto extremo em que a vitória sobre o Outro o exibe como enxame caótico, implodindo a realidade. A partir desta catástrofe, a realidade pode se rearrumar segundo, por exemplo, o modelo da paranóia, de uma maneira demasiadamente fixada e por isso mesmo perigosa. Outra possibilidade é a saída melancólica, dotada da mesma fixidez, caracterizada, entretanto, pela mortificação.

Há a respeito da psicose dois fragmentos de casos, discutidos na *Conversação de Arcachon*, que nos interessam porque em sua montagem, deixam depreender o funcionamento da estrutura mais geral da linguagem.

O primeiro caso é o de uma senhora engraçada, filha de um conhecido animador de salão. Tudo vai bem apenas enquanto ela pode fazer rir assim como o pai fazia. Vê-se o quanto seu contexto subjetivo é fixo quando algo falha em sua atividade social, por exemplo, quando ela se muda para um ambiente sério, onde riem menos de suas piadas e trejeitos. Ela cai em um estado melancólico profundo. Se lhe falta a ratificação quase permanente do Outro através de seu riso, temos a ruína melancólica do mundo, em que o delírio é uma reconstrução que fixa as coisas, porém, de maneira congelada e morta.

O segundo caso é o de um rapaz que envia ao Outro pseudo-mensagens, frases cortadas sem valor imediato de sentido, porque não partem de um Outro constituído ("meu braço foi engolido pelo caixa 24h", "me enforquei no dia 24 de maio"). Com a evolução do caso, percebe-se que só quando o Outro endossa algumas destas mensagens interrompidas o sujeito consegue, *a posteriori*, fixar o contexto de onde elas poderiam ter partido. É o que permite, então, ao paciente se situar. É como se a piada nascesse assim de maneira invertida, mas ainda assim funcionasse como piada ("me enforquei no dia 24 de maio, foi o dia em que me casei"). É como se começássemos a rir, para só em seguida contar o fato engraçado. O riso sem sentido marca a loucura de um mundo sem Outro previamente organizado em código. Ao endereçar-se este riso, associado a alguns fragmentos de fala, ao Outro, este rapaz pode ter como retorno uma resposta que lhe permita fixar estes elementos e inseri-los, tal como Schreber, em um código fundamental. O que advém do lugar do Outro não é sua "mensagem invertida", como na neurose, mas uma leitura de sua fala que lhe dá um significado possível a partir do qual, pode engajar na reconstituição do mundo.

Nos dois casos, o riso é fundamental. Nos dois casos aprendemos que o inconsciente não é sério, se seriedade disser respeito exclusivamente às significações fixas do mundo, mas rigoroso, porque segue implacavelmente as leis significantes que situam tragicamente a existência humana na corda bamba do real.

É preciso aproximar-se deste rigor do inconsciente. Sem temer esta aproximação, a análise realiza sua proeza, que consiste em destrinchar uma piada sem que ela perca a graça. Com efeito, se aproximamos uma piada de uma história, que poderia ser uma história pessoal, vemos que a análise pode ser definida como o longo trabalho de destrinchamento de anedotas que, em sua maior parte, têm sua importância esvaziada, mas que no entanto não perdem a capacidade de fazer gozar da criação do novo. Este trabalho de decomposição mantém, nas partículas reduzidas que restam, os elementos fundamentais de articulação de gozo que permitem a um sujeito manter viva a pulsação que as anima e as articula em cadeias, abertas ao riso, às lágrimas e além.

## Alegria e mania

O modelo da alegria no ensino de Lacan é o do júbilo do estádio do espelho, ou seja, do efeito de apreensão de uma totalidade ligada à imagem do corpo. Ele se traduz por "signos de jubilação triunfante e ludismo de descoberta que caracteriza desde o sexto mês o encontro da criança com sua imagem no espelho". A partir deste modelo, podemos compreender a alegria como o signo da ilusória apreensão do sentido do mundo. Vejamos.

A tristeza é o afeto paradigmático do pecado por estabelecer uma apresentação do real que o tira de cena ao instituí-lo como causa externa de um sofrimento moral. Na alegria, apesar das aparências, trata-se do mesmo fundamento, pois o real, como ruptura desestabilizante da ordem do mundo, será descartado. Para o deprimido, nenhum sentido e nenhum objeto parece compensar a certeza da falta de sentido da vida. Se nada me satisfaz, porém, é porque já me satisfiz com um sentido maior: a vida não tem sentido. O pecado, original, formula-se como "o Outro é Um". Na tristeza ele se declina em um "a vida não tem sentido" e na alegria em "a vida faz sentido".

A alegria se concebe aqui como o *alter-ego* da tristeza. Ela é a impressão de que o objeto existe e que sua posse é garantida. O sujeito alegre tem respostas. A tristeza também repousa sobre a convicção de que o objeto existe; apenas em vez de suposição de trazê-lo no bolso, como na alegria, há a suposição de que ele está para sempre fora de alcance. A alegria é a marca de um discurso encadeado de forma a fazer do fora-do-sentido o próprio sentido das coisas. Por esta razão, "estou tão alegre" se declina comumente como "estou tão feliz" ou "estou tão contente", uma vez que assinala a satisfação, o contentamento, com o gozo do sentido: "encontrei todas as respostas".

Apesar da simetria entre a tristeza e a alegria, Lacan deixará a alegria de lado. É o que ocorre, por exemplo, em *Televisão*, texto fundamental para nosso tema, que aborda apenas a tristeza. Em vez de opor uma à outra, Lacan prefere indicar o quanto, se levado às últimas conseqüências, o pecado da tristeza (assim como o da alegria) se apresenta na forma de uma excitação mortal, a mania.

A psicanálise vem nos mostrar que a alegria dos filósofos, miragem de unificação do sujeito traduzida pela idéia de Beatitude, não existe. Existem apenas o júbilo imaginário, que pode chegar até a agitação maníaca, ou o tédio, que como já vimos é o correspondente afetivo da Beatitude. Desta forma é preciso corrigir a abordagem habitual da alegria, pois percebemos o quanto a oposição entre alegria e tristeza, do ponto de vista da estrutura, é relativa. Isto não quer dizer que a psicanálise considere que a alegria é pouca coisa, mas sim que ela contém em seu germe a tristeza.

Basta que pensemos na alegria do carnaval, em sua alegre agitação compulsiva, no quanto ela pode comportar de violência e de tristeza surda, para percebermos o quanto alegria e tristeza andam juntas e o quanto podem, eventualmente, apresentar-se na forma da excitação maníaca mortífera. Por esta razão, Freud toma como modelo da mania justamente o carnaval. Lacan, por sua vez, apóia-se em Clérambault para desvelar que, em vez de valorizar unicamente seu caráter dionisíaco, exageradamente evidente, podemos encontrar o fundamento da mania mais em sua agitação sem sentido do que na tonalidade subjetiva que a acompanha. A agitação florida do maníaco se concebe, com Lacan, como resultado da falência total do ponto de basta que se traduz por um desfiar "da metonímia infinita e lúdica da cadeia significante". A fuga de idéias representa a sucessão de $S_1$s que não se encadeiam nunca aos $S_2$s. Esses desenvolvimentos nos levam a situar a mania como o exemplo extremo da mortificação que a linguagem opera sobre o sujeito a partir da nadificação que seu retorno no real acarreta.

A mania nos interessa aqui como exemplo do que a psicose pode comportar de nadificação do sujeito. Ela é a face mortal do pecado, pois denota o exercício desmedido da covardia de ceder ao sentido. De um lado há a falha moral, a covardia na sua vertente neurótica. Do outro, há de novo covardia e pecado, salvo que, transposto um determinado limite, aparece a psicose. Um extremo diz respeito à tristeza e à depressão neurótica dos psiquiatras, o outro à mania e à melancolia. Não há aqui o abismo que em geral se espera encontrar. É preciso uma escolha que determine a estrutura segundo uma gradação. Trata-se, evidentemente, de um escolha imponderável, já que o sujeito não está ainda constituído. Negar essa escolha corresponde, entretanto, a excluir o psicótico da experiência humana.

## *Gaio sçaber* e entusiasmo

Após ter examinado o par tristeza e mania, Lacan introduz uma paixão alegre e a define como virtude. Trata-se do *gaio sçaber*, que se opõe ao par tristeza-mania sem, entretanto, transcender a dimensão do pecado do sentido. Seria impossível fundar qualquer paixão em um espaço exterior ao pecado que não como mito. O pecado, como diz Lacan, é original, nada pode opor-se em pleno direito a ele. Isto seria supor uma posição subjetiva fora do mundo da subjetividade, delimitado exatamente pelo sentido. A universalidade do pecado não impede, entretanto, que se conceba situações em que o sentido favoreça o significante como criador e não o domestique como criatura. Lacan define, então, ao menos duas virtudes, o *gaio sçaber* e o entusiasmo, associadas ao avesso do sentido sem, no entanto, idealizá-lo ou ignorar sua onipresença.

O *gaio sçaber*, *gay sçavoir*, é um sintagma criado por Lacan que remete por um lado a Nietzsche e à sua *Gaia ciência* e, por outro, ao *Gay saber* ou *Gaia sciensa* dos trovadores do amor cortês. Lacan o define como diametralmente oposto à compreensão. Neste sentido, ele lembra que "o que Freud descobre no inconsciente [...] é realmente outra coisa do que perceber que grosso modo podemos dar um sentido sexual a tudo que sabemos".[12] Com efeito, a psicanálise não tem por objetivo injetar sentido nos ditos do analisante. O *gaio sçaber* é marca de uma posição subjetiva que se funda sobre o esvaziamento da consistência excessiva do Outro, que passa a se apresentar em sua função de (quase) pura cadeia, de letra de gozo. Letra de gozo é aquilo que se fixou, por exemplo, em uma menina cujo pai passava horas estudando verbetes de enciclopédia em ordem alfabética com ela. Trata-se, neste exemplo, daquilo que Lacan denomina "gozar do deciframento", desde que entendamos que ele não se confunde com o prazer que os dois desfrutavam na leitura, que o gozo do pai permanece velado e que o gozo da filha, que pode se tornar, por exemplo uma bibliotecária, restará alienado a este imponderável.

O *gaio sçaber* é algo próximo do exercício lúdico do deciframento, mas encontra seu real valor de virtude apenas em uma análise, pois só aí ele materializa o impoderável do gozo como tal sem fazê-lo passar diretamente ao prazer. Apesar de, segundo Lacan, acabar caindo no pecado, o gozo do deciframento é algo distinto do gozo de aderir-se a ele. Corresponde, ao em vez disso, à alegria que decorre de uma certa leveza no exercício do saber. Segundo o Nietzsche de *Gaia Ciência*:

> Sobre a porta daquele que conhece a Gaia ciência está escrito: "Moro em minha própria casa, nada imitei de ninguém e ainda rio de todo mestre que não riu de si também.

O entusiasmo é referido por Lacan, em seu seminário sobre a ética, a um além do prazer. Ele é retomado de Aristóteles, que o considera em sua *Política* como um dos efeitos da música em oposição ao temor e à piedade.

Alguns são conduzidos ao entusiasmo pelo efeito dos cânticos sagrados que deixam "a alma fora dela mesma". O entusiasmo é, assim, próximo da exaltação, de algo que segundo Lacan "arranca as tripas". Podemos assim ser afetados pela trama da tragédia, cujas paixões, sempre no registro do temor e da piedade, são veiculadas pelo Coro ou pela música, que causa entusiasmo. Ocorrerá no primeiro caso um apaziguamento da ordem do prazer e no segundo um estado original de agitação sem angústia.

Distinguem-se assim o temor e a piedade do lado do apaziguamento e do prazer, do entusiasmo que se relaciona com o infinito que se vislumbra no limite do campo dos bens. O entusiasmo, segundo Lacan, é uma crise que se desenrola em "outra dimensão" e que eventualmente ameaça o prazer, pois "sabemos a que extremos pode conduzir a música entusiasmante". O entusiasmo é, então, o efeito que acompanha a descoberta de uma abertura ao infinito no mais protegido interior da esfera psíquica, uma passagem mágica que, tal como as portas de Virgílio, deixa passar do mais interior ao mais exterior.

A melhor ilustração do entusiasmo assinalando uma resposta a esta abertura é dada por Lacan em um episódio clínico tirado de sua experiência pessoal e narrado em seu seminário. Ele conta o entusiasmo que sentiu quando Soury e Thomé, seus alunos, vieram mostrar-lhe o nó de quatro, de quatro nós de trevo, que ele tinha em vão procurado encarniçadamente.

> Soury e Thomé — lembrem desses nomes — vinham-me trazer a prova de que o nó borromeano de quatro, de quatro nós de três nós, existe, o que justificava certamente minha obstinação, mas que não tornava menos deplorável minha incapacidade. Não acolhi, entretanto, a novidade com sentimentos mistos, mistura de minha lamentação acerca de minha impotência com sentimentos referidos ao sucesso obtido. Meus sentimentos não eram estes, eram pura e simplesmente de entusiasmo.[13]

Vê-se claramente como o entusiasmo se descola do círculo do temor e da piedade ou da tristeza e da alegria. Nele não estamos fixados em uma significação do tipo "sou impotente, minha incapacidade é deplorável", nem tampouco "tinha razão, sou brilhante". O entusiasmo é uma nova maneira de responder ao real que não se reduz à atribuição de sentido. Diferente dos afetos do pecado, ação que vela o real, o entusiasmo marca um novo *savoir-faire*. Lacan se serve do real, pondo-o a trabalhar. Com efeito, o nó de quatro permite a Lacan situar a realidade psíquica, o Édipo de uma maneira nova, levando a uma reformulação decisiva de sua teoria. O quarto elo enlaça, segundo a propriedade borromeana, os três registros e, ao mesmo tempo, distingue-os. Apenas após ter encontrado o nó de quatro, de quatro nós de trevo, que demonstra que cada consistência de cada registro já está enodada de maneira borromeana, é que Lacan estenderá esta reformulação fundamental à psicose em seu seminário, fazendo desta descoberta um dos pontos de apoio de uma reviravolta teórica fundamental.

Não podemos dizer que Soury e Thomé trouxeram o nó em questão para Lacan de modo análogo a uma mãe que traz o leite a seu filho que chora. Trata-se de uma experiência em que Lacan reproduz o nó de quatro a partir da mostração que lhe é feita por seus alunos. Ele sai desta experiência com alguma coisa que não possuía antes sem que para que esta transmissão tivesse havido a produção de novas significações. Não se tratou, portanto, de comunicar um saber mas sim de mostrar um objeto real o que se faz somente pela experiência fundada em sua presentificação. Os nós mostram, não demonstram.

O que o sujeito fará a partir desta mostração dependerá de sua posição subjetiva. Em nosso exemplo, o nó de quatro torna-se para Lacan um instrumento e não um problema. Ele serve aqui para fazer falar o real, porque o sujeito em questão apoiou-se em um desejo inédito que será o fundamento de uma transmissão. Podemos definir este desejo como desejo de consentir em verter sua reação subjetiva no favorecimento de sua transmissão, em favor da psicanálise. Desejo de ocupar um lugar especial no dispositivo analítico e, desta forma, contribuir para sua reprodução.

Este afeto está bem representado no seguinte fragmento de análise. Trata-se de um sujeito que está bloqueado há algum tempo pela impressão de já ter dado conta de sua questão. Ele sonha com um elefante que o olha com um olhar cúmplice. É preciso dizer que o olhar para este sujeito era o que sempre lhe assegurou a consistência imaginária de seu ser. Ao exibir-se na cena do mundo, exibia-se ante o olhar cúmplice de sua mãe. Quando se aproxima do elefante e encontra seu olhar, o elefante se infinitiza em uma série de imagens, tal como quando um espelho se coloca em frente do outro. De repente toda uma série de elefantes que tende ao infinito o olha, o que o desperta em angústia. O sujeito interpreta este sonho como o desvelamento de algo que está além do olhar, uma aproximação do objeto como mancha. O olhar no infinito, não mais olhar cúmplice, abre as portas do real. Esta elaboração parece realmente dar conta de um ponto real de gozo percebido. Ela poderia, entretanto, obturar o furo que ela mesma constituía. Entretanto, no momento em que o analisante construía esta elaboração, insistindo que o olhar era "sua via", o analista o interrompe, aproximando-se de seu ouvido de maneira abrupta e dizendo simplesmente "humm...".

Esta intervenção conduz o analisante a um estado incompreensível de angústia. Ele é incapaz de elaborar um discurso, naquele momento, para calá-la e a questão permanece aberta. A angústia assinala o desvelamento do objeto, desta vez referido à voz e não ao olhar. O analista presentifica o objeto a partir de sua voz que resta não significável pelo analisante. Apenas em um segundo tempo, este sujeito estará em condições de estimar o alcance dessa intervenção. Ela aponta o objeto e incide sobre ele e só o faz porque ela, ao mesmo tempo, "sai da boca do objeto". O analista, do lugar do objeto, faz aparecer o real. Ele o presentifica com sua fala e ao mesmo tempo indica com ela uma dimensão que até então tinha ficado em segundo plano, a da voz. Isto só é possível porque sua intervenção se articula ao ponto do real do olhar, fazendo-o passar à voz. Conceber o papel fundamental que desempenhava o objeto voz na relação singular deste sujeito como Outro é o que esta intervenção torna possível. O objeto resta a ser circunscrito a partir de diferentes vias significantes que conduzem a ele, condição necessária para o fim. Entretanto, este momento acompanhou-se de um entusiasmo evidente. Entusiasmo de perceber que há um fim e que este fim é abertura. Entusiasmo ligado ao vislumbre desta abertura além dos limites imaginários, liberação, angústia e incomensurável obrigação de circunscrevê-la a partir de um saber incessantemente inventado.

É assim que o entusiasmo será correlacionado por Lacan ao fim da análise quando diz: [O analista] por ter cercado a causa de seu horror [...] sabe ser um rebotalho. É o que a análise deve tê-lo feito ao menos sentir. Se ele não é levado ao entusiasmo, pode bem ter havido análise, mas analista, sem chance.[14]

## A angústia do final

Ao final, o que resta então? O que havia no começo, um impalpável e estranho objeto, que, se antes fazia falta, agora descompleta e relança as paixões. Muitas histórias e cenas caíram no arquivo morto da memória. Produziram-se, porém, novos significantes, novas bases para reescrever uma história se necessário fosse... Entretanto, não foi. Não foi preciso reescrever a história, bastou chegar à sua trama. As paixões foram atravessadas e continuam lá, no estoque que o Outro da cultura oferece, prontas para intervir caso seja preciso arrumar o caos e pôr a casa em ordem. A diferença é que, desta casa, desvelou-se a arquitetura significante e libertaram-se as paixões da função de arrimo.

Sobra a angústia que segue provocando desassossego. É curioso o trabalho do psicanalista, porque sua posição é sempre, e é bom que assim seja, desconfortável. Não se trata de produzir angústia porque esta, como tal, de nada vale. Contudo, ao mesmo tempo, é impossível trabalhar sem ela. O que resta a um analista é trabalhar para garantir a existência da psicanálise na insistência de seu gesto, resguardando-lhe assim um lugar na cidade e no mundo. Isto se torna ainda mais importante nestes tempos em que há um certo esvaziamento da função da angústia como produção de questão. As respostas já estão aí. "O que devo querer?" "Nada, apenas consumir".

De sua parte, a psicanálise insiste em que "há um além das vontades, um além das demandas e de seus mandos". Assim se formaliza um lugar para o desejo, a partir da delimitação de seus circuitos. O desejo é indestrutível e silencioso, existe apenas como um rastro, como o sulco escavado pela demanda. Portanto, fixá-lo a um sentido ou atribuí-lo a alguém é uma fantasmagorização que o reduz à mera *demanda do além.*

O desejo é o que nutre as demandas e ao mesmo tempo o que só nelas encontra expressão. Desta dissimetria entre desejo e demanda deduz-se o lema: "não existe desejo, só demandas", o que por sua vez se declina em "não há nada além daquilo em que se pode eventualmente deitar mão; nada a esperar e nada de espera porque tudo está aí, sob os olhos; nada de hierarquia a não ser a estabelecida pela contabilidade do gozo". Esta redução do desejo à demanda é o mote contemporâneo em vias de se constituir como sintoma social dominante de nossos tempos. Seus arautos foram o cálculo utilitarista e o ocaso da ideologia burguesa apontada por Marx. Seus signos contemporâneos exibem-se na alegria dos advogados (tudo é causa a ganhar), na prepotência dos economistas (toda fome é monetarizável), mas também na depressão astênica da morte do desejo. Esta apatia angustiada é a mãe da toxicomania generalizada que invade o homem comum, ruborizado com sua normalidade em extinção. Reduzidos ao registro da demanda, todos os objetos, todos de consumo, têm de ser excepcionais, ao menos enquanto durem, pois nenhuma média, solidária do significante e de sua Lei, estabiliza o objeto do desejo.

A psicanálise promove os circuitos em vez dos objetos e, a partir daí, delimita um parceiro original para o homem, um objeto sem nome e sem corpo, impossível de consumir-se todo, que, entretanto, faz gozar ao incorporar-se aos itinerários significantes de uma fala. Indica-se aqui o lugar atópico da psicanálise que lhe dá um vislumbre atípico da condição humana. Indica-se também como é difícil constituir uma comunidade a partir de sua novidade, ou transmitir o que está em jogo em sua experiência, pois o trajeto de uma análise, narrativa das peripécias sujeito-objeto, é, necessariamente, escrita na solidão de uma fala e inscrita no singular de uma vida.

Diante deste quadro, o que fazer? Lacan responde: "que devo fazer? Só posso retomar a questão como todo mundo, colocando-a para mim. E a resposta é simples. É o que eu faço: de minha prática, tirar a ética do Bem-dizer."[15]

# CONCLUSÃO

Nosso percurso termina em um ponto imediatamente anterior à constituição de um compêndio, que começa definindo o que é e o que não é o afeto, habitualmente partindo do código, dos dicionários. Apenas agora, com o ganho de saber adquirido ao longo de nosso percurso, podemos, exatamente neste ponto, enunciar algo de positivo sobre o afeto, sem o risco de fazer de nossos enunciados os elementos inaugurais de uma ontologia afetiva.

## Os nomes...

Afeto, emoção, paixão e sentimento são os termos do campo semântico que nos interessa, aos quais Lacan confere autonomia. O nome *afeto* só aparece na língua francesa a partir da difusão da psicanálise. Este termo pode ser considerado, então, como um efeito da alíngua de Freud sobre a língua francesa, o que nos permite, por sua vez, pensá-lo nos termos de uma tradução, de uma retomada lacaniana do *Affekt* freudiano. Toda tradução, entretanto, só se sustenta por um nome próprio, razão pela qual consideramos que Lacan recria este termo ao retomá-lo de Freud. Desta forma, podemos deixar de lado o contexto etimológico e histórico da constituição do afeto como conceito e dirigir todo o nosso interesse para o fato de que alguns ditos de Freud engendraram ditos de Lacan.

Neste sentido, podemos considerar estes quatro elementos como a tradução lacaniana dos três termos centrais de Freud no que diz respeito ao afeto: *Empfindung*, *Gefühl*, e *Affekt(zustand)*. A utilização freudiana destes termos, assim como de muitos outros, sempre confundiu os tradutores. Strachey, por exemplo, na abertura de sua *Edição Standard*, confessa que toda dificuldade reside no fato de que estas palavras, nas duas línguas, referem-se a "campos muito imprecisos" e que "as significações das palavras alemãs e inglesas não coincidem, tendo apenas franjas comuns". Esta, todavia, é apenas a face manifesta do problema. Assim como Strachey, os tradutores de Freud sempre se apoiaram nos benefícios da tradição, que garante, para estes termos, significações depositadas na cultura. Neste contexto, *Empfindung* traduzir-se-ia por sensação, *Gefühl* por sentimento e *Affekt* por afeto.

Freud, entretanto, como sabemos, não se prende a qualquer fixidez de sentido. Pelo contrário, ele visa algo fora da inércia das significações da tradição. Os tradutores, então, indicam inúmeras dificuldades: *Empfindung*, remete, em algumas passagens, à emoção, enquanto *Gefühl* significa, algumas vezes, emoção, outras, sentimento. Algo análogo ocorre com o *Affekt*. A partir de Lacan, a tradução destes termos se faz, não a partir do cristal da língua, mas a partir do fio da experiência analítica. A cada passagem, a significação de um termo será, assim, menos importante do que os cortes que este termo institui no âmbito da própria experiência analítica.

A distinção estabelecida por Lacan entre afeto e emoção é clara. A emoção, como agitação corporal, situa-se no registro da energia vital. Poderíamos situá-la aproximando-a da vertente real do afeto. Deve-se, entretanto, cuidar para não confundir o contexto em que a emoção se desloca, que definimos como "enquadre cartesiano", com o enquadre propriamente psicanalítico. Neste último, a emoção não tem senão um lugar relativo. Ela marca a agitação do corpo articulada e incluída no significante.

Poderíamos dizer, neste sentido, que o afeto é aquilo que, no enquadre psicanalítico, ocupa o lugar da emoção. Ele a inclui e a transcende ao mesmo tempo. Isto é uma simplificação, mas nos dá uma idéia de um plano no qual estão em jogo determinadas relações a partir das quais se pode conceber a emoção como uma forma do movimento do afeto.

Entre afeto e sentimento também há importantes distinções a fazer. O sentimento aproxima-se do afeto na medida em que é, também, uma espécie de solda, de fixação do lastro do sentido. Ele solda, entretanto, o sujeito a um discurso, enquanto o afeto é signo de sua consolidação em um corpo. Isto não significa que o sentimento deva ser tomado de maneira desconectada do corpo. Trata-se, em vez disso, de concebê-lo a partir de um vetor orientado em direção ao discurso, enquanto, no caso do afeto, trata-se de um vetor direcionado ao corpo. O sentimento se relaciona com o jogo de oposições significantes e com as nomeações que a fala permite. Ele é o vivido das palavras de um discurso, na medida em que este é subjetivado, que ele é experimentado e assimilado como pessoal e íntimo. Seu nome já diz, ele é da família da sensação e da sensibilidade, do senso, do sentido e, como tal, ele é sentido subjetivado. Seu valor só se instaura a partir do jogo significante pelo qual ele é constituído. O afeto, por outro lado, "faz sentido", subjetiva o gozo e, por esta razão, por ser enganador, articula-se fundamentalmente com a verdade. Se o afeto engana, o sentimento-mente. Ao alinhar desta forma duas fórmulas lacanianas, percebemos nitidamente a diferença entre eles.

Chegamos então à paixão. Estabelecendo uma correlação entre esta e o afeto, Lacan opera uma reviravolta cujas dimensões seriam difíceis de exagerar. A paixão evidencia a posição do sujeito em suas relações com o Outro, abrindo o caminho para a reflexão ética. Ela está, neste sentido, estruturalmente inserida na dimensão ética, pois enfatiza, no afeto, o ponto de ancoragem do gozo, de uma posição do sujeito com relação à verdade. Apesar disso, Freud raramente utiliza o termo *Leidenschaft*. Este termo, familiar à filosofia, foi, por esta mesma razão, negligenciado por Freud, que desejava evidenciar, com o termo *Affekt*, algo que lhe parecia bastante distante das formulações da filosofia. Lacan mostra, entretanto, que há uma determinada filosofia, especialmente a espinosista, que pode ser convocada, pois implica o sujeito nos efeitos "afetivos" de seus dizeres.

Podemos dizer, então, que Lacan situa o *Affekt* freudiano em um triângulo cujos vértices seriam a emoção, o sentimento e a paixão. É tentador atribuir a cada um desses vértices um dos registros: o imaginário do corpo para a emoção; o simbólico para a experiência discursiva; o real para a violência da paixão. Deve-se, contudo, lembrar que RSI indica aqui apenas um pólo de orientação para a apreensão destas "entidades" do campo afetivo. Não estamos, com este triângulo, diante do nó, tal com Lacan o formulou, para instituir os impossíveis de um determinado campo. Trata-se apenas de uma figuração das relações fundamentais do campo que nos interessa.

Desta forma, este triângulo deve ser tomado como um plano, tanto no sentido de um campo, como de um mapa que desenha as fronteiras do universo afetivo. Lacan institui a paixão como um vértice fundamental, a partir do qual se delimita o espaço onde se situa o afeto que, contudo, não consiste, como tal, em nenhum de seus demais vértices. Com estas coordenadas pudemos, ao longo de nosso percurso, tomar os afetos um a um, numa tentativa de situar a experiência afetiva prescindindo de sua entificação.

Com severas restrições ao uso do termo afeto, por conta de seu caráter por demais "vago" e "médico", Lacan se refere a ele sempre lembrando que não se deve tomá-lo em seu contexto habitual, em que "veicula derrisoriamente um apelo ao concreto". Com estas restrições, delimitado pelas linhas de nosso triângulo, o afeto entra, finalmente, no registro propriamente metapsicológico.

Lacan mantém o termo, não porque o uso o teria homologado, mas porque, sob a condição de que o coloquemos em seu lugar, ele permite abordar, de forma mais ou menos definida, a paixão. Não devemos tomá-lo como substantivo, mas sim fazê-lo passar ao verbo. Referindo-nos ao nosso triângulo, escapamos de qualquer reificação *a priori* do afeto, pois a princípio ele não se confunde com nenhum de seus vértices. Contudo, não podemos esquecer que ele comparece neste campo, a cada vez, como um ponto específico de coordenadas precisas. Esta é a razão pela qual o tratamos sempre a partir de suas formas mais ou menos preestabelecidas.

O afeto interessa, antes de mais nada, porque ele é a substantificação da paixão. Ao desvendar este segredo, Lacan nos permite perceber porque devemos considerar este termo sem conferir-lhe uma consistência natural. É, por outro lado, em grande medida, por apoiar-se no caráter do afeto de conversão da paixão que Lacan se serve dele para lidar com aquilo que diz respeito à inserção do gozo no mundo dos bens, alguma coisa consistente, sobre a qual podemos deitar mão. Basta-nos ter em mente que estes blocos de energia que são os afetos, estes *Beträge*, devem ser tomados como *semas*, pois sua realidade é tributária das significações da alíngua. A partir daí, compreende-se porque sua articulação com o Outro é atravessada pela ética, dado que a língua, como forma de gozo, é solidária da realidade dos sentimentos que ela significa.

## ... do afeto...

A partir destas considerações, podemos avançar em direção a algumas interrogações de ordem mais geral sobre o afeto. Retomando algumas idéias de Lacan acerca do desejo e do gozo e articulando-as com o afeto, podemos estabelecer as seguintes proposições: se o desejo é a "metonímia do sentido" e o gozo é o "real do sentido", então o afeto é a "âncora do sentido", por conferir-lhe um lastro decisivo de certeza, sustentado pela imagem do corpo. Não se trata de associar cada conceito a um dos três registros, mas de esboçar a articulação entre eles. Isso permite pôr em evidência o papel do afeto como aquilo que vem consolidar o sujeito como corpo e que tende a fechar, por isto mesmo, a porta ao real.

A angústia, signo da aproximação do real, só pode ser situada, paradoxalmente, com relação ao "desencontro estrutural" com este. As paixões do amor, do ódio e da ignorância, por outro lado, já configuram o resultado deste encontro. Elas se estabelecem na contingência do ser como três tentativas, fundamentais e indissociáveis, de dar sentido ao real. Isto é apontado por Lacan ao situar estas paixões como "fagulhas invisíveis" que se alinham e se entrelaçam na vizinhança da Coisa. Não há aí a mínima permanência. A duração se introduz quando estes afetos se cristalizam e se inserem na trama corporal que contribuem para tecer. Podemos assim considerar as três paixões, em sua acepção mais radical, como nomes do encontro possível com o real, apesar de elas tomarem também, ao se fixarem no corpo, caráter de afetos.

Desta forma, esta cristalização pode seguir outras vias, vias de outros afetos. Neste nível, os afetos são sempre uma resposta reiterada ao *Che vuoi?* Eles afirmam que "o sujeito (*je*) é o eu (*moi*)" ou que "o Outro consiste" ou, ainda, que "o Outro é Um". Ordenam-se segundo balizas éticas. São pecados por fazerem sentido, por mal-dizerem o real, localizando-o nas profundezas de um corpo esférico. Os afetos operam um velamento do desejo e, ao mesmo tempo, contribuem para a sua perenidade, pois ocultam o insustentável do gozo, na malha corporal que contribuem para constituir.

O afeto conduz, assim, a um dualismo de essências. Ele faz crer no corpo como substância autônoma, assim como na oposição deste corpo à alma. Faz crer que o significante seria oposto ao corpo, algo que o causa desde o exterior. Ele inclina a pensar seu caráter de *Ansatz*, de apêndice, nos termos do apêndice de um corpo feito de *órgãos*, e não do dedo de *luva*, que nada mais é que o vazio de sua forma. O afeto engana, desvia do que é, este *apotropaion*, véu que deve ser tomado menos como apêndice-órgão do que como apêndice de uma tese.

Isto posto, o afeto diz, apesar de tudo, uma verdade, a da paixão que a linguagem impõe ao ser. Apesar de retirar seu sentido primeiro deste pecado fundamental, ele pode ser virtuosamente mobilizado, pois responde à articulação sentido-gozo. Neste caso, ele diz respeito a uma posição subjetiva assentada sobre a passagem da dimensão da impotência à da impossibilidade. Gozar do deciframento é o paradigma deste Bem-dizer, *j'ouïs sens*, sua palavra de ordem, e *sentisfação*, uma de suas traduções possíveis. A partir desta ética singular, o afeto será relacionado aos ditos do sujeito, concebido nos termos de uma "reação". Incluem-se assim, nas formulações sobre o afeto, as referências lacanianas sobre a posição subjetiva, articulando a letra de gozo, o dizer do significante e o dito do sentido.

## ... no tratamento.

O aforismo lacaniano *o afeto deve ser verificado* realiza sua potência de corte no tratamento. Ele não significa que, ao desvelarmos o significante inconsciente ao qual o afeto está ligado, tocamos a verdade do sujeito. Ele indica, antes de mais nada, que a tonalidade do afeto não traduz aquela da pulsão, que, por definição, não tem nem imagem nem tonalidade. O afeto não é um ícone da pulsão; ele deve ser correlacionado ao significante para ser compreendido, o que não quer dizer que ele dará o sentido deste significante, nem tampouco que este significante lhe dará sentido. Este aforismo traduz também o fato de que o afeto não é diretamente causado pelos significantes, nem mesmo os da cadeia inconsciente. Ele não é um produto dos significantes-mestres de uma história, ele sobrevém ao surgimento de significantes que nomeiam um determinado enlaçamento RSI, uma posição. Estes significantes, em seu aparecimento como nomes do nada, afetam o sujeito, levando a um trabalho em que se obtura o furo do saber. O afeto é, assim, um dos resultados deste trabalho, ele é este curativo sobre a ferida do ser. Ele intervém não porque uma verdade particular, uma cadeia inconsciente, introduziu-se na fala consciente, mas porque estes significantes revelaram-se em sua face real. Por conseqüência, ele é enganador não somente porque no nível da cadeia consciente ele se dá com um significante de substituição, mas também porque ele visa, no nível da cadeia inconsciente, velar a letra desabitada, a face de gozo do significante recalcado. Seu valor de verdade deve não somente ser estabelecido a cada vez, pois não conhecemos os significantes da narrativa que se apresenta a nós em um tratamento, mas também ser remetido a seu lugar na estrutura. É isto que permite apreender os afetos, em sua articulação com significantes-mestres do analisante, como aparelhamento do real.

Tomemos o chiste como exemplo. Ele provoca uma abertura ao fora do sentido, que é imediatamente tamponada por uma nova significação. O afeto vem acrescentar-se a este sentido novo, trazendo-lhe uma espécie de suplemento de significação e um lastro, um a-mais de consistência. O sujeito, afetado pelo equívoco significante do chiste, vê este espaço virtual entre $S_1$ e $S_2$, que corria o risco de ganhar as profundezas abissais do real, transformar-se em "leito de rio", relativamente seguro, graças à ponte que o afeto estabelece aí e que constitui, de um só golpe, tanto o rio, fluxo vívido da significação, como suas margens, fixação da significação no código. O afeto é, assim, uma destas maneiras através das quais o laço se estabelece. Seu modo de instalação depende da maneira pela qual os significantes articulam-se em uma história e da articulação desta com o Outro da cultura. Sua verdade, entretanto, é tributária do real. Com o afeto, estamos seguros de que o furo introduziu-se em algum lugar, já que vemos seu efeito. Isto posto, o afeto não constitui uma via de acesso privilegiada a este furo e menos ainda ao jogo significante que o engendrou.

Isto nos permite compreender por que Freud observa que é preciso afeto para que uma interpretação seja eficaz e, ao mesmo tempo, lhe dá apenas um lugar secundário na teoria. A presença do afeto mostra que houve corte e abertura, o que conduz a um remanejamento das significações subjetivas, apesar de não sabermos onde ela se produziu, velada muitas vezes pelo próprio afeto. Ele não é signo do despertar, ao contrário, ele faz adormecer. Entretanto, é somente a partir do arrebatamento pela miragem do Um, de completude, que o afeto veicula, que existe a possibilidade de despertar.

Por esta razão, o *pathos* é o motor do qual se serve o analista para fisgar o sujeito, conduzindo-o, através do temor e da piedade, aos limites do patológico. Para isso serão necessários remanejamentos sucessivos dos circuitos significantes, com seu efeito passional, até o esgotamento de sua goma semântica. Isto não produz um analista estóico ou ataráxico, e tampouco uma Antígona, além das paixões, além da vida e antes da morte. O analista não é animado pela violenta força de um desejo puro, desumano e sem conteúdo passional. O furo, tendo se lhe tornado íntimo, seu tampão afetivo não precisa mais ser fixo. A paixão não é mais vivida como o sentido do ser do sujeito. Ela adquire assim, ao mesmo tempo, a leveza dispersiva do real, bem como sua violenta carga potencial.

## Fim

Isto basta para assinalar que os afetos, por dizerem respeito ao sentido, só podem servir de indícios indiretos daquilo em direção a que o tratamento deve ser conduzido. O fim de uma análise passa por um novo modo de habitar a linguagem, em que o real da pulsão é força de trabalho significante, em que o sujeito usufrui de sua incompletude como Um real. O afeto só pode ser situado a partir do momento em que se põe em jogo sua relação estrutural com o preceito ético da psicanálise, segundo o qual o sujeito não deve renunciar a existir como Um real. O afeto se opõe à singularidade, ele é esta reação terapêutica ao caos da angústia que visa a restaurar o laço. Mas ele autentica, a partir de sua decifração, este preceito ético como uma exigência pulsional, de estrutura, insubordinada a qualquer normatização coletiva.

O afeto é, assim como a fantasia, encenação, espelhamento imaginário da irrupção do real. "Deve-se representar" ou "deve-se salvar o fenômeno" é o que ele diz. Ele é esta pantomima do sujeito na cena da fantasia. Neste teatro, ele é o movimento do mímico, aparentemente fora da fala, sendo, entretanto, ele próprio fala. Expressa a incorporação de um roteiro significante, incluindo-se aí a possibilidade de uma rota de encontro com o real.

Percebemos, assim, que o afeto pode se constituir como um meio de abordagem da ética da psicanálise. Ele nos faz ver o invisível. Permite ouvir algo desta ética, silenciosa mas falante, particular mas transmissível, pois transpõe a tragédia para o espaço do drama menor da cena afetiva, que ele representa. Compreendemos também por que Lacan afirma que o analista tem horror de seu ato. O ato analítico, curto-circuitando a trama da fantasia, retorna sobre o sujeito, tornando-o presa de afetos. Destas paixões, uma análise conduzida a seu final pode fazer elementos pulsionais de criação do novo, transformando a essência patética do Arlequim em verdadeira comédia, ou, ainda, levando Pierrot a fazer valer a dimensão trágica de suas lágrimas.

# APÊNDICES

A compilação de referências de Lacan que se segue visa sobretudo orientar o leitor que queira consultar de modo mais detalhado meus pontos de apoio no texto lacaniano. Ela não é temática e sim cronológica. Primeiramente, listei as menções feitas por Lacan a seus quatro termos-chave: **afeto, paixão, emoção** e **sentimento**. Retive apenas as passagens em que estes termos pareceram-me se apresentar não em seu sentido comum, mas como verdadeiros conceitos. Trata-se evidentemente de uma escolha subjetiva, o que elimina de saída qualquer cunho de exaustividade desta lista.

Em seguida, cito por ordem alfabética todos os afetos dos quais pude encontrar pista em Lacan, acompanhados de sua localização no texto. Esta segunda lista se compõe não somente de afetos, mas também de alguns sentimentos. Alguns afetos, tal como o amor ou a angústia, de abordagem demasiado vasta, não puderam ter todas as suas ocorrências assinaladas. Nestes casos, forneço apenas as passagens que fazem do afeto uma questão.

Finalmente, estabeleci uma coletânea de citações de Freud e Lacan que, em boa parte, balizam o percurso deste livro. Apesar disso, ela foi concebida para ser percorrida de maneira autônoma e divide-se em: metapsicologia; inconsciente e linguagem; pulsão, desejo e libido; emoção, sentimento e paixão; as paixões do ser, paixões lacanianas.

## A. Referências de Lacan a **afeto, paixão, sentimento** e **emoção** no Seminário e nos Escritos*

**Afeto I:** I-3, V-2/3, XIX-1, XXII-1/3 **II:** XXI-4 **IV:** XV-1, XVII-3 **VI:** I-1, III-2, V-3, VI-3, VII-1, VIII-2/3, IX-1, XII-2, XXV-3 **VII:** IV-3,

* Os números dos seminários estão em negrito, seguidos do número da lição (também em algarismos romanos). Acrescentei os números 1, 2 e 3 que correspondem a uma subdivisão das lições em três seções.

## B. Os afetos lacanianos

**Vergonha**: **I:** XVII-3 **V:** XXV-2 **VI:** XXIII-2 **VIII:** XII-3 **XI:** VII-2 **XVII:** XIII-1/2 **XVIII:** VI **XIXb:** II **E:** 41.

***Verliebtheit*** **I:** XIII-2, XXII-3 **II:** XX-3, XXI-1 **III:** XX-2 **V:** VII-1 **XI:** IX-3 **XIII:** VIII.

## C. Coletânea de referências de Freud e Lacan ao afeto

### Metapsicologia

- Cada acontecimento, cada impressão psíquica está munida de um certo **valor afetivo** (*Affektbetrag*) [em alemão no texto], do qual o eu se liberta seja pela via da reação motora seja por um trabalho psíquico associativo (FR/1893-22, ESB/I-238, GW/I-53/4).
- Nas funções psíquicas, é preciso distinguir alguma coisa (**quota de afeto**, soma de excitação [***Affektbetrag***, *Erregungssumme*]) que possui todas as propriedades de uma quantidade — mesmo que não consigamos medi-la — alguma coisa que pode ser aumentada, diminuída, deslocada, descarregada e estende-se aos traços mnêmicos das representações, como carga na superfície dos corpos (FR/1894 (a)-13, ESB/I-65, GW/I-74).
- Para designar este outro elemento do representante [*Repräsentanz*] psíquico o nome ***quota de afeto*** [***Affektbetrag***] é admitido; ele corresponde [*entspricht*] à pulsão destacada da representação e encontra expressão conforme sua quantidade em processos ressentidos sob forma de afetos (FR/1915-55, ESB/XIV-176, GW/X-254).
- O ser humano encontra na linguagem um equivalente da ação, graças ao qual o afeto pode ser "**ab-reagido**" quase da mesma maneira [que a descarga direta pela ab-reação] (FR/1893-5, ESB/II-49, GW/I-85).
- Para nossa enorme surpresa, descobrimos que cada sintoma histérico desaparecia imediatamente e sem retorno quando nos empenhávamos em trazer à luz a lembrança do incidente desencadeante, despertando o **afeto** que lhe estava ligado e quando o paciente passava a descrever o que lhe tinha ocorrido de maneira forte e detalhada, dando à sua emoção uma expressão verbal (FR/1895(c)-5, ESB/II 44, GW/I-85).
- Contudo, a '**ab-reação**' não é o único modo de descarga disponível no mecanismo psíquico normal de um indivíduo saudável, quando este sofreu um traumatismo psíquico. A lembrança, mesmo não ab-reagida, integra-se ao grande complexo de associações e toma lugar ao lado de outros incidentes, ainda que contraditórios, sendo corrigida por outras representações (FR/1895(c)-5, ESB/II-44, GW/I-85).

***

- Todos os estados mentais, incluindo os que normalmente consideramos "processos de **pensamento**", são até certo ponto "afetivos" (FR/1905-7, ESB/VII-302, GW-V-295).
- Um **estado afetivo** compreende de início certas inervações ou descargas, e em seguida certas sensações. Estas são de dois tipos: percepção de ações motoras executadas e sensações diretas de prazer e de desprazer que imprimem ao estado afetivo o que se chama o tom fundamental (FR/1917-373, ESB/XVI-461, GW/ XI-410).
- Existia toda uma série de **sensações** [*Empfindungen*] e de **re-presentações** paralelas. Era tanto a sensação que sugeriria a idéia quanto a idéia que, por simbolização, tinha criado a sensação, e acontecia freqüentemente que nos perguntássemos qual dos dois elementos era o elemento primário (FR/1893-144, ESB/II-230, GW/I-250).
- Como todas as seqüências de pensamento são passíveis de afetos, poderíamos talvez, sem arriscarmos nos enganar, conceber a **repressão da afetividade** como uma conseqüência da inibição que exercem os [conteúdos] contrários uns sobre outros (...) (FR/1900-402, ESB/V-501, GW/II/III-474).

***

- Pode-se assim ver claramente a finalidade pela qual a **censura** se dirige e engendra a deformação dos sonhos: impedir a produção da **angústia** ou de outras formas de afeto desagradáveis [*peinlichen Affekts*] (FR/1900-233, ESB/IV-283, GW/II/III-274).
- Podem ser três os destinos do fator quantitativo do **representante pulsional** [*Triebrepräsentanz* [...]: a pulsão é inteiramente reprimida, de tal maneira que não se encontra nenhum traço dela; ou bem ela se manifesta sob sua forma de uma **afeto** dotado de uma coloração qualitativa qualquer; ou enfim ela é transformada em **angústia**. Estas duas últimas possibilidades nos convidam a levar em consideração um novo destino pulsional [*Triebschicksal*]: a transposição [*Umsetzung*] de energias psíquicas de pulsões em **afetos**, e muito particularmente em **angústia** (FR/1915-56, ESB/XIV-177, GW/X-255)
- Quando nós restabelecemos a conexão exata, nós chamamos inconsciente a moção de **afeto** [Affektregung] originária, ainda que seu afeto jamais tenha sido **inconsciente** e que apenas sua representação tenha sucumbido ao recalcamento. (FR/1915-82-83, ESB/XIV-204, GW/X-277).
- É possível que o desenvolvimento do afeto parta diretamente do sistema *Ics*; neste caso ele tem sempre um caráter de angústia, **angústia** contra a qual todos os afetos são "recalcados", são trocados. Mas acontece freqüentemente que a moção pulsional deve esperar até que ela tenha

encontrado uma **representação substitutiva** [*Ersatzvorstellung*] no sistema Cs. Então o desenvolvimento do afeto é tornado possível a partir deste **substituto** [*Ersatz*] consciente e é a natureza deste último que determina o caráter qualitativo do afeto (FR/1915-85/86, ESB/XIV-205, GW/X-278, SE/XIV-179).

- Portanto, é exato que sensações [*Empfindungen*] e sentimentos [*Gefühle*] só se tornam conscientes atingindo o sistema *Pcpt.*; se a transmissão está bloqueada, eles não chegam a se realizar sob forma de sensações, ainda que a "outra-coisa" que lhes corresponde seja a mesma no prosseguimento da excitação. De uma maneira resumida que não é de todo correta, passamos então a falar de "**sentimentos inconscientes**", mantendo uma analogia com as representações inconscientes que não é inteiramente justificada. Na realidade, a diferença é que, enquanto com as *representações Ics* devem ser criados intermediários antes que elas possam ser trazidas para o *Cs*, com os sentimentos, que são transmitidos diretamente, isso não ocorre. Em outras palavras: a distinção entre *Cs* e *Pcs* não tem nenhum sentido no que diz respeito aos sentimentos; o *Pcs* aqui é posto de lado — os sentimentos são ou conscientes ou inconscientes (FR/1923-234/235, ESB/XIX-36, GW/XIII-250).
- Toda a diferença vem do fato das **representações** serem investimentos — fundados sobre traços mnêmicos — ao passo que os **afetos** [*Affekte*] e **sentimentos** [*Gefühle*] correspondem a processos de descarga [*Abfuhrvorgängen*], cujas manifestações finais são percebidas como sensações (FR/1915-84, ESB/XIV-204, GW/X-277).

***

- Mas o *afeto* de angústia da **fobia**, que constitui sua essência, não é resultado do processo de recalque (...), mas do próprio agente recalcante. A angústia da fobia de animais é **angústia de castração** não transformada, portanto uma angústia real [*Realangst*], angústia diante de um **perigo** efetivamente ameaçador ou real. Aqui é a angústia que produz [*machen*] o recalque e não, como considerei anteriormente, o recalque que produziu a angústia (FR/1925-24, ESB/XX-131, GW/XIV-137).
- Nosso resultado se enuncia assim: a angústia é uma reação à situação de **perigo**; poupamo-nos aí de pensar se o eu faz alguma coisa para evitar a situação ou subtrair-se a ela. Poderíamos dizer que os sintomas são criados para evitar o desenvolvimento da **angústia**, mas isto não nos permite ver em profundidade. É mais exato dizer que os sintomas são criados para evitar a situação de perigo [*Gefahrsituation*] **sinalizada**

[*signalisiert*] pelo desenvolvimento da angústia [*Angstentwicklung*] (FR/1925-43, ESB/XX-152, GW/XIV-154).

- Com esta nova concepção, a função da **angústia como sinal** indicando uma situação perigosa [...] passou ao primeiro plano; a questão de saber de que a angústia é feita perdeu seu interesse (FR/1933-117, ESB/XXII-108, GW/XV-992/93).
- Nada há a dizer contra a hipótese segundo a qual o "eu" utiliza a energia, tornada livre pelo fato do **recalque**, para despertar o **afeto**, porém não é mais de importância alguma qual a parcela de energia que é empregada para essa finalidade (FR/1925, ESB/XX-164, GW).

## Inconsciente e linguagem

- Sustento que, quando um histérico cria uma manifestação somática para uma idéia colorida de afetividade através da **simbolização**, isso depende menos do que se poderia imaginar de fatores pessoais ou voluntários. Ao tomar locuções como "punhalada no coração" ou "bofetada na face" em seu sentido literal por ocasião de uma ofensa, ressentindo-se delas como de um fato real, o histérico não toma liberdade com as palavras, mas simplesmente revive as sensações às quais a locução verbal deve sua justificativa (FR/1893-144-145, ESB/II-230, GW/I-271).
- Vejam o *Projeto* [Freud]: pára, titubeia, sobre o **sonho** [...]. Diz-se que abandonou a perspectiva fisiologista, por outra psicologizante. Não é disso que se trata. Ele descobriu o funcionamento do **símbolo** como tal, a manifestação do símbolo no estado dialético, no estado semântico, em seus deslocamentos, os trocadilhos, os jogos de palavras, as brincadeiras funcionando sozinhas na **máquina de sonhar** (S-II-12/01/55).
- Esta presença do **significante** está articulada de uma maneira infinitamente mais instantânea, infinitamente mais potente, infinitamente mais eficaz na experiência freudiana [que na psicologia] e é isso que Freud evoca o tempo todo. É igualmente o que se tende a esquecer da maneira mais singular, quando se quer fazer da psicanálise alguma coisa que iria no sentido (...) [de um] campo das **profundezas**, alguma coisa mais reduzida ao vital (S-VI-26/11/58).
- Pois já não se vê limite e nem sequer razão na investigação das pretensas **profundezas**, se o que ela descobre não é mais verdadeiro que aquilo que ela encobre, e se, ao esquecer disso, a análise degrada-se numa imensa barafunda psicológica, da qual os ecos que podemos ter de sua prática em alguns dão perfeitamente a sensação (E-336).
- É o **significante** que é recalcado, pois não há outro sentido a dar nesses textos à palavra *Vorstellungsrepräsentanz*. Quanto aos **afetos**, ele formula expressamente que não são recalcados, podendo apenas serem

assim chamados ditos por tolerância, e articula que, simples *Ansätze* ou apêndices do recalcado, sinais equivalentes a acessos histéricos fixos na espécie, eles são somente deslocados (E-714).

- A **experiência** freudiana não é de modo algum pré-conceitual. Ela não é uma experiência pura (S-III-16/11/55).
- A confiança que temos na análise do fenômeno é totalmente distinta daquela que lhe atribui o ponto de vista fenomenológico, que se dedica a nele ver o que subsiste da realidade em si. Do ponto de vista que nos guia, não temos confiança *a priori* no **fenômeno** (S-III-15/02/56).
- Imaginem que a **energética** é diferente do que acreditam os corações ingênuos dos engenheiros. Ela não é outra coisa senão a rede de **significantes** chapeada sobre o mundo (S-XVII-14/01/70).
- A **energia** não é uma substância que, por exemplo, se torne melhor ou que se torne azeda, envelhecendo — é uma constante numérica que o físico precisa encontrar em seus cálculos para poder trabalhar (Tl-34).
- O enigma concernente à maneira pela qual o sujeito pode ter acesso a seu próprio corpo é que isso não se faz sozinho. É algo de que todos, há muito tempo, estão perfeitamente advertidos. Já que esta famosa e eterna distinção de desunião ou de união da **alma** e do **corpo** é sempre, no fim das contas, o ponto no qual todas as articulações filosóficas vieram desaguar, por que não seria possível, justamente para nós, analistas, encontrar a passagem? (S-IX-02/05/62).
- Eu peço a cada um de vocês, no interior de sua própria pesquisa da verdade, a renunciar radicalmente — apenas a título provisório para ver se não se ganha com isso — a utilizar uma oposição como a do **afetivo** e do **intelectual** (S-I-7/ 7/ 54).
- A **substância** pensante, pode-se dizer que nós a modificamos sensivelmente. Desde aquele *eu penso* que, ao supor-se a si próprio, funda a existência, demos um passo, o do **inconsciente** (S-XX-19/12/72).
- O **inconsciente**, não é que o ser pense [...] o inconsciente é que o ser, falando, goze e, acrescento, nada queira saber disso (S-XX-08/05/73).
- Em outros termos a **personalidade** não é paralela aos processos nevrálgicos, nem mesmo ao único conjunto de processos somáticos do indivíduo. Ela está, em sua totalidade, constituída pelo indivíduo e seu próprio meio. Uma tal concepção do "**paralelismo**" deve ser reconhecida como a única digna deste nome, se não esquecemos que esta é sua forma primitiva, expressa, de início, pela doutrina espinozista (T-337).

## Pulsão, desejo e libido

- A **libido** permite falar do desejo em termos que comportam relativa objetivação [...] Supõe-se uma unidade quantitativa, indiferenciada e suscetível de entrar em relações de equivalência. A noção de libido [assim concebida] não comporta na origem este emprego elaborado e saiu pouco a pouco da experiência freudiana (S-II-19/5/55).

- O **desejo** é o que no próprio cerne de nossa subjetividade é o mais essencial ao sujeito e, ao mesmo tempo, algo que é também o contrário, que aí se opõe como uma resistência, como um paradoxo, como um núcleo rejeitado, como um núcleo refutável (S-VI-01/ 07/59).
- [Espinosa] define o que nós desejamos ou o que é desejável, mas deixa aberta a questão de saber se isto se confunde ou não. Mesmo na análise, a distância entre o que é **desejado** e o que é **desejável** está plenamente aberta. É a partir daí que a experiência analítica se instaura e se articula (S-VI01/07/59).
- [A **pulsão**] é uma unidade objetiva [...] ela não é nem consciente, nem inconsciente, ela é simplesmente o que é, um fragmento isolado da realidade que nós mantemos como tendo sua própria incidência (S-VI-26/11/58).
- É significativo que em Freud o desejo jamais se produz a não ser pelo nome de *Wunsch*, *wish*, é o que se quer [...]. O sonho demanda coisas, mas aí ainda a língua alemã não serve a Freud, pois ele não encontra outro meio de designá-la a não ser chamando-a vontade, *Wunsch*, que em suma está entre **demanda** e **desejo** ("Ouverture de la Séction clinique", *Ornicar?*, nº 9, p.14).
- Não há temor da ***aphanisis***, há temor de perder o **falo**, porque apenas o falo pode dar ao **desejo** seu campo próprio (S-IX-04/04/62).
- Jamais este **falo** está tão ali quanto quando está ausente (S-IX-9/5/62).
- Menos ainda que o nada que passa na dança das significações que agitam os homens, ele [o **desejo**] é o rastro inscrito do transcurso, e como que a marca do ferro do significante no ombro do sujeito que fala. É menos paixão pura do **significado** que pura ação do **significante**, que pára no momento em que o vivente, tornado signo, a torna insignificante (E-629).

***

- Uma **ética** se anuncia, convertida ao silêncio, não pelo caminho do pavor, mas do **desejo**: a questão é saber como a via de tagarelice da experiência analítica conduz a ela (E-684).
- É a física newtoniana que força Kant a uma revisão radical da função da razão pura. É como expressamente ligado a este questionamento da origem científica que se propõe uma **moral** [...] que se destaca expressamente de toda a referência a um objeto de qualquer afecção, de qualquer referência ao que Kant chama *pathologisches Objekt*, um objeto

patológico, o que quer dizer apenas o objeto de uma **paixão** qualquer que seja ela (S-VII-23/12/59).

- É porque nós sabemos melhor do que aqueles que nos precederam reconhecer a natureza do desejo que está no seio dessa experiência [a analítica], que uma revisão **ética** é possível [...] A virada que comporta nossa experiência coloca em lugar central uma medida incomensurável, uma medida infinita, que se chama **desejo** (S-VII-6/7/60).

## Emoção, sentimento e paixão

- O surpreendente é que eu, que faço uma psicanálise dita intelectualista, vou passar um ano inteiro falando disso, ao passo que se pode contar com os dedos da mão os artigos dedicados à questão do **afeto** na análise, ainda que os analistas encham a boca com o afeto quando falam de uma observação clínica já que é ao afeto a que sempre recorrem (S-VI-26/11/58).
- Esta relação do afeto ao significante necessitaria todo um ano de **teoria dos afetos** [...] Eu não tomei esta via dogmática de fazer preceder de uma teoria geral dos afetos o que eu tenho a lhes dizer da angústia. Por quê? Porque nós não somos psicólogos, somos psicanalistas. Eu não desenvolvo um discurso sobre esta realidade irreal que se chama psique, mas uma práxis que merece um nome: **erotologia** (S-X-14/11/62).
- Tentei dizer o que o **afeto** não é: ele não é o ser dado em sua imediatitude, nem o sujeito sob qualquer forma bruta. Ele não é em nenhum caso **prototípico** (S-X-14/11/62).
- Isso que se chama **afeto** não é algo pura e simplesmente opaco e fechado que seria uma espécie de além do discurso, uma espécie de conjunto, de nó vivido do qual não se sabe de que céu ele nos cai (S-VI-14/01/59).
- O **afeto** vem ao **corpo**, não provem dele ("Radiophonie", p.61).
- O **afeto** vem a um **corpo** cuja propriedade seria habitar a linguagem (Tl-41).
- O **afetivo** não é uma densidade especial que faltaria à elaboração intelectual (S-I-10/02/54).
- O **afetivo** se separa em ato do **intelectual** (E-883).
- Podemos dizer que o ato sexual carrega consigo e vai carregar ainda essa espécie de estranho efeito de discordância, de algo que não se resolve, que se chama **culpa** (S-XIV-8/3/67).
- A **contingência** [...] não há aí nada além de encontro, encontro, que se dá no casal, com os sintomas, os **afetos**, de tudo aquilo que em cada um marca os rastros de seu exílio, não como sujeito, mas como falante, de seu exílio da relação sexual (S-XX-26/06/73).

- Não seria possível dizer que é somente pelo **afeto** que resulta dessa hiância, que algo desse encontro, que pode variar infinitamente quanto ao nível do saber, mas que, num instante, dá a ilusão que a relação sexual cessa de não se escrever? (S-XX-26/06/73).
- O que é a **angústia**? Descartamos que seja uma **emoção** [...] é um **afeto** (S-X-14/11/62).
- A **emoção** é da ordem do comportamento, do movimento, ***motion hors***, enquanto a angústia é um sinal (S-X-23/01/63 e 25/06/63).

## As paixões do ser

- O **ser** não está em nenhum lugar, a não ser nos intervalos, ali onde ele é o menos significante dos significantes, a saber, o **corte** [...] Se quisermos dar ao ser sua definição mínima, diremos que ele é o **real**, na medida em que ele se inscreve no **simbólico** (S-VI-03/06/59).
- Será preciso pagar este preço em comicidade para que simplesmente se veja reconhecida a **falta-a-ser** do sujeito como o coração da experiência analítica, como o próprio campo em que se desenvolve a **paixão** do neurótico? (E-613)
- Os sofrimentos da neurose e da psicose são, para nós, a escola das **paixões** da alma, assim como o fiel da balança psicanalítica, quando calculamos a inclinação de sua ameaça sobre comunidades inteiras, dá-nos o índice de amortecimento das paixões da pólis (E-99).
- Nesse campo que eu chamo o campo de *das Ding* somos projetados em algo que está bem mais além do domínio movediço, confuso, pouco localizável por falta de uma suficiente organização de seu registro, da afetividade [...]. É [neste outro registro] em que há, ao mesmo tempo a boa vontade e a má vontade, esse *volens noles* que é o verdadeiro sentido dessa **ambivalência** que compreendemos mal quando a tomamos no nível do **amor** e do **ódio** (S-VII-20/01/60).
- [As **paixões do ser**] são vias de realização do ser enquanto três linhas de partição nas quais o sujeito se engaja quando se realiza simbolicamente na fala, se dirige ao ser do outro (S-I-305).
- O que é assim dado ao outro preencher, e que é propriamente o que ele não tem, já que a ele também falta ser, é aquilo a que se chama **amor**, mas também o **ódio** e a **ignorância** (E-627).
- Ela [a demanda] evoca a falta a ser sob as três figuras do nada, que constitui o fundamento da demanda de **amor**, do **ódio** que vem negar o ser do outro e do indizível que se **ignora** em seu pedido (E-629).

***

- É idéia há muito superada, e que se funda em aparências superficiais, a de que o paciente sofre de uma espécie de **ignorância** e que se alguém consegue remover esta ignorância dando-lhe informação [...] ele deve recuperar-se. O fator patológico não é esse ignorar propriamente, mas o fato que o fundamento dessa ignorância encontra-se em suas resistências internas; foram elas que primeiro produziram esse ignorar e elas ainda o conservam agora (ESB/XI-211).
- O que é a **ignorância**? É uma noção certamente dialética porque é somente na perspectiva da **verdade** que ela se constitui como tal. Se o sujeito não se põe em referência à verdade, não há ignorância (S-I-05/05/54).
- Ele [o analista] não tem que guiar o analisante em direção a um *Wissen*, um saber, mas às vias de acesso a esse saber [...]. É ensinar ao escravo a dar o verdadeiro sentido a sua própria fala [...]. Em outros termos, a posição do analista deve ser a de uma ***ignorantia docta***, o que não quer dizer sábia e sim formal e que pode ser formadora para o sujeito (S-I-07/07/54).
- Do gozo, ele, o sujeito, nada quer saber, **paixão da ignorância** (S-XX-15/5/73).
- Aprendam a distinguir o **amor** como paixão imaginária do dom ativo no qual ele se constitui no plano simbólico (S-I-07/07/54).
- Aquele a quem suponho um saber, **amo** [...]. Se disse que me odeiam é porque me de-supõem o saber (S-XX-20/02/73).
- Nada concentra mais **ódio** do que o dizer onde se situa a ex-sistência, o verdadeiro **amor** desemboca no ódio (S-XX-15/05/73).
- O deslocamento da negação, do cessa de não se inscrever ao não cessa de se inscrever, da **contingência** à **necessidade**, este é o ponto de suspensão ao qual se vincula todo **amor** (S-XX-26/06/73).

## Paixões lacanianas

- Não está excluído que vocês encontrariam como tal, o desejo do Outro, do Outro real tal como eu o defini em outro momento. Este é o ponto em que nasce a angústia [...]. A **angústia** é a sensação do **desejo** do Outro (S-IX-04/04/62).
- A **angústia** é este corte sem o qual a presença do significante, seu funcionamento, sua entrada, seu sulco no real é impensável (S-X-19/12/62).
- A **angústia** não é a dúvida, ela é a causa da dúvida (S-X-29/05/63).
- A **angústia** arranca do real sua certeza [...] agir é operar uma transferência de **angústia** (S-X-19/12/62).

- Deus permita que o analista, por melhores que sejam as disposições que possua para ser analista, que o analista que ingressa em sua prática sinta ressoar em suas primeiras relações com o doente sobre o divã, alguma **angústia** (S-X-14/11/62).

***

- A fenomenologia do sonho da injeção de Irma nos fez distinguir duas partes. A primeira culmina no aparecimento da imagem de **horror**, terrificante, angustiante, dessa verdadeira cabeça de Medusa, na revelação dessa alguma coisa de, propriamente falando, inominável, o fundo dessa garganta, de forma complexa, incapaz de ser situável, que é também o objeto primitivo por excelência [...] a revelação do real sem nenhuma mediação possível (S-II-196).
- Se os cabelos da cabeça da Medusa são tão freqüentemente figurados pela arte como serpentes é que estes provêm por sua vez do complexo de castração e, coisa notável, tão apavorantes que sejam em si mesmos servem de fato para atenuar o **horror** porque se substituem ao pênis, cuja ausência é a causa do horror (ESB-XVIII-330, GW/XVII-47).
- Na neurose traumática a doença não é determinada por um ínfimo ferimento no corpo, mas pelo afeto de **horror** [*Schreck*] de um ***traumatismo*** *psíquico* (FR/1893-3, ESB/II-46, GW/I-84).
- Para Pascal, justamente, senão a natureza toda, ao menos o pensamento, tinha horror de que em algum lugar pudesse haver vazio. É isso que se propõe à nossa atenção, assim como saber se nós também não cedemos de vez em quando a esse **horror** (S-X-12/12/62).
- O que acontece a partir do momento em que a **fobia** entra em jogo na existência de Hans? Uma coisa é certa, é que, diante dos cavalos de angústia, *Angspferde* [...] não é angústia que ele experimenta, é **medo** [...]. Os cavalos trazem a angústia, mas o que eles carregam é o medo (S-IV-20/03/57).
- Centrar nossa vida, centrar até mesmo nosso culto ao **medo** como termo último é um erro — o medo com seus fantasmas já é uma **defesa** localizável, uma proteção contra algo que está além e que é precisamente aquilo que nós desconhecemos (S-VII-18/05/60).

***

- A **dor da existência** [é] quando nada mais habita o sujeito a não ser a própria existência. Tudo no excesso de sofrimento tende a abolir este termo indestrutível que é o desejo de viver (S-VI-10/12/58).

- Ao final da existência há apenas a **dor de existir**, antes assumi-la como a do outro [do pai] que ver desnudar-se este último mistério (S-VI–10/12/58).
- Se nós não distinguimos o objeto ***a*** do i(***a***), nós não podemos conceber o que Freud evoca e articula enfaticamente (...) a diferença radical que há entre **luto** e **melancolia** (S-X-03/07/63).
- A **tristeza**, por exemplo, é qualificada como depressão ao lhe conferir como suporte a alma ou a tensão psicológica do filósofo Pierre Janet. Não se trata porém de um estado de espírito (*état d'âme*), é simplesmente uma falta moral, como se exprimia Dante e até mesmo Espinosa: um **pecado**, o que quer dizer covardia moral, que se situa em última instância a partir do pensamento, ou seja, do dever de Bem-dizer ou de orientar-se no inconsciente, na estrutura. E o que resulta, por menos que essa covardia, por ser rechaço do inconsciente, vá até a psicose, é o retorno no real do que é rejeitado, da linguagem. É a **excitação maníaca** por meio da qual esse retorno se torna mortal (Tl-39).
- É o que indiquei com o **estágio do espelho** que consiste na unidade obtida pelo corpo [...]. O **corpo**, prematuro, descoordenado, parece se juntar, fazer um corpo (...) o que não acontece no mesmo nível nos animais que nascem maduros: não há essa **alegria** do estágio do espelho que chamei **júbilo** (S-XXII11/3/75).

***

- Atrás desse **véu** há algo que não se deve mostrar e é nisso que o demônio [...] do desvelamento do **falo** no mistério antigo, se apresenta, se articula e se denomina como o demônio do **pudor** (S-V-07/05/58).
- O **olhar** se vê, precisamente esse olhar de que fala Sartre, esse olhar que me surpreende e me reduz à certa **vergonha** (S-XI-26/02/64).
- O mundo é *omnivoyeur*, mas não é exibicionista — ele não provoca nosso olhar. Quando ele começa a nos provocar o olhar, começa então o sentimento de **estranheza** (S-XI-71).
- O **amuro** é o que aparece como sinais estranhos no corpo [...]. Então é falso dizer que há separação entre o soma e o germe, já que, por hospedar este germe, o corpo traz marcas. Há marcas no amuro (S-XX-21/11/72).
- Vocês talvez nunca tenham pensado bem até que ponto o **tédio** é [querer] outra coisa. Podemos comer merda mas não sempre a mesma. Trata-se de álibis, álibis formulados, já simbolizados, disso que é a relação essencial com a "outra Coisa" [...] Desde o momento em que o homem chega em algum lugar [...] é excessivamente importante que todas as ocupações transpirem **tédio**. Uma ocupação só começa a tornar-se séria

quando o que a constitui, em geral a regularidade, tornou-se perfeitamente tedioso (S-V-15/01/58).

- O espantoso não é que [o sujeito] esteja contente sem suspeitar o que o reduz a isso, sua dependência da estrutura, mas sim que ele tenha a idéia da **beatitude**, uma idéia que vai bastante longe para que dela se sinta exilado [...]. Ao que em nós responde: **tédio**, palavra com a qual, ao fazer dançar as letras como no cinematógrafo até que elas se relocalizem numa linha, compus o termo: **unien**. Pelo qual designo a identificação do Outro com o Um (Tl-41).

***

- Cada vez que nos aproximamos em um sujeito dessa alienação primordial engendra-se a **agressividade** mais radical — o desejo de desaparecimento do outro como suporte do desejo do sujeito (S-I-05/05/54)
- Santo Agostinho, por exemplo, assinala [...] esta **inveja** devastadora, que a criança experimenta por seu semelhante, desencadeada principalmente enquanto este último está pendurado no seio de sua mãe, quer dizer ao objeto do desejo que é para ele essencial (S-I-05/05/54).
- Esta é a hipótese de trabalho que eu sugiro e que deveríamos ver se cola ou não, que a **cólera** é uma **paixão**, que não se manifesta pura e simplesmente por meio de tal ou qual correlativo orgânico ou fisiológico, por meio de tal ou qual sentimento mais ou menos hipertônico, inclusive elativo, mas que talvez a cólera precise de uma espécie de relação do sujeito com algo, que exista sempre um elemento fundamental de decepção, como o fracasso de uma correlação esperada entre uma ordem simbólica e a resposta do real (S-VII-20/01/60).
- Quando no nível do Outro, do significante, quer dizer, sempre mais ou menos entre a fé e a boa fé, não se joga o jogo, é isso que suscita a **cólera** (S-X-14/11/62).
- É assim que Dupin, *do lugar de onde está*, não pode se defender daquele que interroga desta maneira, experimentando uma **raiva** de natureza manifestamente feminina (E-40).

***

- Não há, diz Freud, possibilidade de emergência do chiste sem uma certa **surpresa** (S-V-11/12/57).
- Não sabemos nunca se uma surpresa é boa ou má. Uma surpresa é uma **surpresa**, está fora do campo do agradável e do desagradável, já que, no fundo, o que chamamos de bom ou mau é agradável ou desagradável.

Então uma surpresa é feliz, digamos que seja aquilo que chamamos de **encontro**, quer dizer algo que vem nós mesmos (S-XXII-11/2/75).

- A virtude que eu designo de *gaio sçaber* [...] consiste: não compreender, morder no **sentido**, mas roçá-lo o mais perto possível sem que ele faça visgo para essa virtude, para tanto gozar do **deciframento**, o que implica que o *gaio sçaber*, no final, faça apenas a queda, retorno ao pecado (Tl-40).
- A **catarse** é aqui a calmaria, obtida por uma certa música cujo efeito esperado por Aristóteles não é ético ou prático, mas sim o efeito de **entusiasmo** (S-VII-25/05/60).
- Onde em tudo isso, o que faz **felicidade** [*bon heur*]? Exatamente em todo canto. O sujeito é feliz. É até mesmo a sua própria definição já que ele só pode dever algo à **sorte** [*heur*], em outras palavras à fortuna e que todo encontro [*heur*] lhe é bom para o que lhe mantém, ou seja, para que se repita (Tl-40).

# NOTAS

## I. De um Freud

1. Não se trata aqui de demonstrar como a psicanálise é capaz de decifrar o segredo do filme ou das motivações ocultas de seu autor, e sim utilizar a obra (cinematográfica, neste caso) para esclarecer algum ponto difícil da psicanálise. Psicanálise aplicada será, assim, entendida aqui como psicanálise aplicando-se a entender a arte e, assim, entendendo-se. A axiomática desta relação freudiana entre psicanálise e arte foi explicitada por François Regnault e desenvolvida de maneira brilhante por Slavoj Zizek em inúmeros trabalhos (Cf. F. Regnault, "Ces calembredaines de textes analytiques", *Lacan*, p.167-182, e S. Zizek, *Enjoy your Symptom — Jacques Lacan in Hollywood and Out*).

2. S. Freud, FR/1895(c)-5, ESB/II-44, GW/I-85.

3. É fácil reconhecer aqui o passo estruturalista. Como veremos adiante, este difere do platonismo, que resolve o problema da relação entre duas essências distintas com a teoria das Idéias, e também de Lacan, que formulará uma solução própria, não estruturalista no sentido mais ingênuo do termo, a lógica do nó borromeano.

4. S. Freud, ibid. (cf. também a "Carta 18" a Fliess).

5. S. Freud, FR/1895(c)-144, ESB/II-188, GW/-I-250.

6. Agradeço a Suzanne Gattaz por ter me chamado a atenção para esta cena.

7. Cf. L. Wittgenstein, *Investigations philosophiques*, p.121.

8. ESB/I-75, "Histeria", *Handwörterbuch der Gesamten Medizin*, p.889.

9. S. Freud, FR/1894 (a)-13, ESB/-65, GW/ I-74.

10. S. Freud, FR/1905(c)-125, ESB/VII-223, GW/V-18.

11. S. Freud, FR/1914(b)-55, ESB/XIV-176, GW/X-254.

12. Os textos exclusivamente dedicados ao afeto são raros na literatura psicanalítica. Uma revisão geral da literatura desde Freud confirma esta escassez de textos sobre o afeto. Entre o artigo "Fear, Guilt and Hate", de Ernest Jones, publicado durante a vida de Freud (que podemos considerar o primeiro texto sobre o assunto) e os dias de hoje, enumera-se apenas uma vintena de textos

que fazem do afeto uma questão. Na leitura exaustiva das principais revistas especializadas entre 1980 e 1995, não encontrei, com a exceção dos textos que tratam da angústia, nenhum artigo que empreendesse um balanço do afeto na psicanálise, ou propusesse um novo ponto de vista sobre o assunto. Na Inglaterra, no *International Journal of Psychoanalysis* encontram-se apenas três artigos, num total (aproximativo) de 900, e nos Estados Unidos: *Psychoanalytical Quaterly*: 8 em 310. Não se trata de um fenômeno especificamente anglo-saxão, já que na *Revue Française de Psychanalyse* encontram-se apenas 9 entre 1300 artigos, e na *Nouvelle Revue de Psychanalyse* (1980-1993), ainda que ela dedique um volume inteiro à paixão, 13 em um total de 510. Do universo lacaniano, se tomamos os *Actes de l'École de la Cause* e a *Revue de l'ECF* como um conjunto (1981-1995), encontramos 21 artigos em cerca de 1100. Em *Ornicar?* não se encontra nenhum artigo em seus 48 números. Por outro lado, se buscamos artigos que tratem especificamente de um ou outro afeto sem considerações gerais sobre o tema, ou em passagens que dizem respeito a outros temas nos quais o aspecto afetivo está em primeiro plano, encontramos um número bastante importante deles (cf. apêndice) (Cf. Vieira, M.A., *L'Ethique de la passion*, cap.II).

13. J. Lacan, S-XX-19/12/72-3.

14. Cf. A. Koyré, "Aristotelisme et platonisme dans la philosophie du Moyen Âge", *Études sur la pensée scientifique*, p.35.

15. Cf. J. Vuillemin, "Le Bonheur Selon Descartes" e ainda "O L'intuitionisme moral de Descartes et le traité des passions de l'âme". Cf. também B. Baas, *Descartes et les fondements de la psychanalyse*, p.33-7.

16. J. Vuillemin, art. cit., p.231-232.

17. J. Lacan, E-153 e 152.

18. Com J.C. Milner, acompanhamos a demonstração rigorosa de que se trata do sujeito de um pensamento vazio de qualquer substância que a segunda meditação de Descartes faz surgir (Cf. J.C. Milner, *L'oeuvre claire*, p.34 e seg.). Milner permite compreender, dessa maneira, por que "Lacan jamais reclama para si, a não ser o que se pode chamar de ponto extremo do *cogito* e que, por todos os meios, ele se dedica a suspender a passagem do primeiro ao segundo tempo". Por esta razão, Bachelard considera que a ciência contemporânea não é cartesiana. Lacan diria que a ciência nunca foi cartesiana; ocorre apenas que, em nossos dias, seu funcionamento, extrínseco a qualquer espaço egóico, radicalizou-se.

19. J. Lacan, E-799. Cf. também S-X-14/11/62.

20. J. Lacan, S-XX-19/12/72-3.

### II. De um outro Freud

1. J. Lacan, S-V-20/11/57-2 e 8/1/58-2.

2. Cf. L. Hjelmslev, *Le Langage*, p.68 e 140. Cf. também. J.A. Miller, "Struc'dure", *Pas-Tant*, nº 8-9.

3. J. Lacan, E-339.

4. S. Freud, FR/1916-370, ESB/XVI-458, GW/XI-407. Encontraremos algumas definições descritivas na obra de Freud, mas tais descrições são imediatamente renegadas como "claramente insuficientes" (cf. por exemplo S. Freud, FR/1925- 46, ESB/XX-156, GW/XIV-163).

5. J. Lacan, S-III-15/2/56-0.

6. Cf. J. Lacan, S-III-17, S-XXIV-15/3/77, *Ornicar?*, vol.17-18, 1979, p.10. Cf. sobre Husserl, em relação a Lacan e a Merleau-Ponty: B. Baas, "Notre matière", *La Cause Freudienne*, vol.29, 1995, p.47-57.

7. Cf. J. Lacan, S-XI-26/2/64-1. Cf. também M. Merleau-Ponty, *Le visible e l'invisible*, p.180-2 e 191, e ainda *La phénomenologie de la percéption*, p.293.

8. Lacan vai ainda mais longe quando indica o lugar do pensamento como sendo, ele também, um efeito da estrutura. Não um *a priori*, como em Kant, por exemplo (Cf. J. Lacan, S-XVII-20/5/70-0).

9. Basta percorrer o índice geral de Strachey. De 71 referências ao afeto nos três primeiros volumes da *Standard Edition* a 8 para os três últimos.

10. J. Lacan J. S-II-96-97 e também p.260.

11. S. Freud, *ibid.*

12. É justamente recusando a idéia de afeto inconsciente que Freud funda a diferença entre afeto e representação (Cf. S. Freud, FR/1914(a)-82-84, ESB/XIV-203-206, GW/X-277).

13. S. Freud, FR/1923- 234-235, ESB/XIX-36 , GW/XIII-250.

14. Cf. J. Lacan S-VI-26/11/58.

15. S. Freud S, FR/1894(c)-76, ESB/I-210, GW-77.

16. S. Freud S, FR/1905(c)-168, ESB/VIII-231, GW/V-126.

17. J. Lacan, S-II-19/5/55-2. Cf. também E-148 e 90-91.

18. J. Lacan, S-II-25/5/55-1.

19. S. Freud, FR/1916- 378, ESB/XVI-459, GW/XI-416.

20. "Ele contém uma série de coisas novas e importantes. Rejeita e corrige muitas conclusões anteriores, e, de uma maneira geral, ele não é bom", escreve Freud a Jones (Cf. a respeito desse texto E. Jones, *Sigmund Freud: Life and Work*, vol.III, p.139; cf. também F. Kaltenbeck, "Freud 1894-1925: Deux théories divergentes de l'angoisse", *L'angoisse, perspectives philosophiques, perspectives psychanalytiques*, p.27-40).

21. S. Freud, FR/1933-117, ESB/XXII-108, GW/XV-92-93. Cf. também FR/1925-54, ESB/XX-164, GW/XIV-159.

22. Freud é explícito quanto à relação entre *ISA* e a segunda tópica: "Esta decomposição da personalidade psíquica em um supereu, um eu e um isso [...] nos impôs também uma nova orientação para os problemas da angústia" (S. Freud, FR/1933-116, ESB/XXII-107, GW/XV-91). Basta lembrar o quanto Freud se apóia na articulação entre a teoria da pulsão de morte e a segunda

tópica em seu exame da melancolia, para constatar a profunda vinculação, apesar de menos explícita, entre este texto e a teoria da pulsão de morte.

23. Cf. S. Freud, FR/1925-24-25, ESB/XX-131, GW/XIV-138.

24. Cf. S. Freud, FR/1933-117, ESB/XXII-108, GW/XV-92-93.

25. S. Freud, FR/1925-43, ESB/XX-152, GW/XIV-154.

26. A angústia assim concebida é profundamente ligada à segunda tópica e ao eu, que seria sua sede única. Muitos autores viram aqui a prova da supremacia do eu, de uma concepção do eu forte, fundamental para a cura. É verdade que Freud não se refere ao eu unicamente como sede, situando-o também como a instância que desencadeia o sinal de angústia. Convém notar, no entanto, que não é nada categórico quanto a este papel ativo de um eu forte. Ele insiste, sobretudo, que a angústia é um estado de afeto que pode ser experimentado apenas pelo eu, advertindo-nos ainda que não devemos considerar contraditórias as relações entre seu papel passivo e ativo, pois sua energia é, na verdade, a própria energia do isso reutilizada (Cf. S. Freud, FR/1925-54, ESB/XX-164, GW/XIV-159).

27. Isto não o impede de enumerar as situações específicas que reenviam à castração, à cada etapa do desenvolvimento. Esta enumeração foi privilegiada por inúmeros pós-freudianos a fim de estabelecer uma leitura standartizante de Freud, deixando de lado a referência à castração e ao falo.

28. A relação da angústia com a libido define-se agora nos termos de uma substituição. A angústia vem em lugar da (*an Stelle der*) libido, pouco importando-se, em termos energéticos, se ela é ou não libido (Cf. S. Freud, FR/1925-24-25, ESB/XX-131, GW/XIV-138).

29. "Mas confesso que acreditava dar mais que uma simples descrição [*Beschreibung*], eu levantava a hipótese de que havia reconhecido o processo metapsicológico de uma transposição [*Umsetzung*] direta da libido em angústia; é o que hoje eu não posso, então, mais manter." (S. Freud, ibid.).

30. Cf. P. Ricoeur, *De l'interprétation*, p.81 e seguintes.

31. No "Manuscrito E" esta noção de um excesso que não entra no quadro do mensurável é explicitamente referida por Freud (Cf. quanto a este ponto J.-A. Miller, *op. cit.*, p.124, e F. Kaltenbeck, art. cit., p.30).

32. S. Freud, FR/1937-270, ESB/XXIII-292, GW/XVI-44 (grifo meu).

### III. Um sonho de paixão

1. Cf. por exemplo J. Lacan S-VI-26/11/58.

2. Cf. J. Lacan, S-VI-26/11/58. Lacan assinala, assim, que a pulsão é uma "convenção" e não "algo que se resolve com o movimento". Indica ainda que ela não tem componentes, ela é uma dedução e não uma resultante de forças biológicas (Cf. J. Lacan, S-XI-6/5/64-2 e 3).

3. Cf. J. Lacan, S-VI-26/11/58 e ainda E-378.

4. S. Freud, FR/1900-363 (a tradução é minha), ESB/V-459. Este sonho será retomado mais tarde em 1911 em "Formulações sobre os dois princípios do funcionamento psíquico". Ele vem, neste texto, ilustrar a tese freudiana de que o desejo é idêntico à sua realização no processo primário ao demonstrar que o filho é punido por um crime desejado exatamente como se o tivesse realmente cometido (Cf. S. Freud, FR/1911-142, ESB XII-285).

5. J. Lacan, E-337.

6. J. Lacan, S-VI-26/11/58. É preciso observar que o "desejo" lacaniano distingue-se do *Wunsch* freudiano. Lacan traduz seu desejo por *Begierde*, situando o *Wunsch* como mais próximo da "vontade", entre desejo e demanda (Cf. J. Lacan, E-690 e 802, e, ainda, *Scilicet,* 1, p.56, ou "Ouverture de la Séction clinique", *Ornicar?*, nº 9, p.14). Empregarei aqui os dois termos indistintamente. Cf. também a este respeito N. Haas, "L'allemand de Lacan, ou 'désir' dans un texte de Freud", *Littoral*, vol.38, 1993, p.155-167.

7. J. Lacan, S-VI-26/11/58.

8. S. Freud, FR/1900-120, ESB/V-682.

9. Cf. J. Hyppolite, E-881 e J. Lacan S-VI-7/01/59.

10. Cf. J. Lacan, S-II-16/2/55-2 e 3 e segs.

11. A negação se insere neste nível, ela é "alguma coisa que emigra da enunciação em direção ao enunciado"(J. Lacan, S-VI-17/12/58). Apesar de o texto de Freud sobre a *Verneinung* constituir um dos argumentos mais fortes dos pós-freudianos para insistir sobre a divisão entre o intelectual e o afetivo, vemos que esta divisão deve ser entendida de outra forma, pois "o afetivo se separa [somente] em ato do intelectual" (J. Lacan, E-883; cf., ainda, E-383).

12. Cf. J. Lacan, S-VI-18/3/59 e 15/4/59.

13 Cf. J. Lacan, S-VI-10/12/58 e 07/01/59.

14. Cf. S. Freud, FR/1895(a)-463, ESB/I-464, e J. Lacan, S-VII-23/12/59-1.

15. J. Lacan, S-V-11/12/57-1.

16. De um ponto de vista topológico, as duas cadeias (a do eu e a do Outro) são a mesma. Podemos propor, com Eidelstein, a inscrição do oito interior no grafo do desejo segundo a seguinte figura:

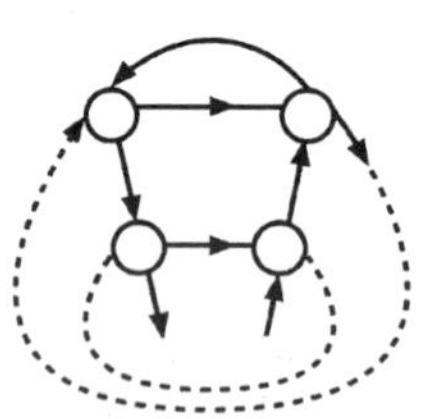

17. S. Freud, FR/1901-78, ESB/VI-96, GW/IV-60.

Esta operação demonstra como as duas cadeias do grafo são distintas de um ponto de vista local, a cada ponto de basta, e ao mesmo tempo provenientes, as duas, do Outro, estando conectadas pelo significante. Cf. a esse respeito A. Eidelstein, *El grafo del deseo*, p.32 e segs.

18. J. Lacan, S-V-16/4/58-4.

19. "*Ce dont on ne peut parler, il faut le taire*" [Sobre o que não se pode falar, deve-se calar], L. Wittgenstein, *Tractatus logico-philosoficus*, p.107.

20. J. Lacan, S-VI-7/1/59. As citações que seguem são todas da mesma aula.

21. J. Lacan, S-XI-12/2/64-2 e segs.

22. Cf. J. Lacan, S-VI-7/1/59.

## IV. Da pulsão à fantasia

1. S. Freud, FR/1915-55, ESB/XIV-176, GW/X-254.

2. Cf. a "Carta 52" a Fliess (in *Littoral*, nº 1, 1989). As fases do ensino de Lacan onde o inconsciente está situado explicitamente como um sistema de escrita são muito numerosas (Cf. sobretudo: J. Lacan, S-III-203-21/3/56-3; S-XI-5/2/64-1; S-XX-16/1/73-4 e também E-501).

3. Laplanche introduz nas *Obras completas*, publicadas sob sua direção, sua terceira tradução do termo: "representação de representação", que tem o mérito de colocar em evidência a *VR* como função, mas que elimina o atomismo freudiano, ou seja, o estatuto quase individualizado que Freud lhe dá em seus textos (Cf. J. Laplanche (org.), *Sigmund Freud — obras completas*, vol.XII, p.218; J.S. Bragard propõe ainda uma outra tradução, mais próxima de Lacan, a *VR* seria o "equivalente-representação" da pulsão na representação. Ficaremos com a tradução de Lacan, que nos basta para traduzir a duplicidade de sentido que está em questão aqui (cf. J.S. Bragard, "Apore freudienne et percée lacanienne", *La Lettre Mensuelle*, nº 58, p.10-13).

4. Cf. J. Lacan, S-XI-3/6/64-2 e 3.

5. Segundo este autor, uma vez que o "s" não pode ser o genitivo do substantivo feminino *Vorstellung*, deveríamos pensar em uma relação de determinação, como no caso, por exemplo, de *Handelsrepräsentant* que significa "representante de comércio" e não "representante do comércio". O primeiro é um representante entre os outros, o segundo dá a idéia que se trata de um representante de todo o comércio. Ele considera então a tradução lacaniana não-freudiana por indicar que se trata de um representante que representa a capacidade de representação em outra instância. Mas como este lugar fora da linguagem não existe, não há metalinguagem, a tradução de Lacan pode utilizar o genitivo retendo a essência do termo freudiano: a articulação das duas versões da representação. Cf. J. Laplanche, *Problématiques II* (La sublimation), p.35. Além disso, Lacan está inteiramente consciente de que o "s" não é aqui a marca do genitivo (cf. J. Lacan, ibid.).

6. J. Lacan, ibid.

7. S. Freud, FR/1915-81, ESB/XIV-203, GW/X-275-276.

8. J. Lacan, S-XI-3/6/64-1 e E-839.

9. Freud falava na "fixação [*Fixierung*] da pulsão pelo significante", expressão que Lacan retoma ao enfatizar a noção de inscrição (Cf. S. Freud, FR/1915-26, ESB/XIV-148, GW/X-250).

10. Cf. J. Lacan, E-838 e S-XI-15/4/64.

11. São expressões particularmente felizes de Jacques-Allain Miller (Cf. J.A. Miller, art. cit., 1986, p.124.

12. J. Lacan, S-VI-17/12/58.

13. Cf. Aristóteles, *Metafísica*, livro Δ/V, §12.

14. J. Lacan, S-VI-17/12/58.

15. J. Lacan, S-VI 14/1/59.

16. J. Lacan, S-VI-14/1/59.

17. J. Lacan, S-I-9/6/54-3 e 30/6/54-3.

18. J. Lacan, S-VI-20/5/59.

19. Cf. quanto a este ponto, J. Sipos, "Les lunettes heideggeriennes de Lacan", in *Lacan et Descartes, la tentation métaphysique*. Cf. também W. Richardson, "Lacan avec Heidegger", in *Lacan avec les philosophes.*

20. Cf. M. Heidegger, *Lettre sur l'humanisme*, p.109, e também "Dépassement de la métaphysique", *Essais et conférences*, p.85.

21. J. Lacan, S-I-30/6/54.

22. J. Lacan, S-V-5/2/58-1.

23. Ibid.

24. J. Lacan, "L'Etourdit", p.27 e 42, e também "Radiophonie", p.61.

25. S. Freud, Fr/1925-47, ESB/XX-156, GW/XIV. Lacan o diz da seguinte forma: "Os afetos são sinais equivalentes a acessos histéricos fixados na espécie" (J. Lacan, E-714).

26. C. Darwin, *A origem das espécies*, p.574.

27. Ibid., p.29. Cf. quanto a este ponto L. Maury, *Les émotions de Darwin à Freud*, p.24. Trata-se aí do primeiro princípio enunciado por Darwin para dar conta da expressão das emoções, retomado por Freud também no caso de Emmy von N. (cf. C. Darwin, "L'expression des emotions", p.29, in Conry Y *Darwin, théorie et évolution*, p.124; cf. também L.B. Ritvo, *L'ascendance de Darwin chez Freud*, p.253 e segs.).

28. S. Freud, FR/1895(c)- 144-145, ESB/I-189, GW/I-271.

29. Estes são termos de B. Baas em "L'angoisse et la vérité", in *L'angoisse*, p.11.

30. Cf., por exemplo, J. Lacan S-I-7/7/54-2 e também 5/5/54-2.

31. Lacan S-I-7/7/54-3, cf., também S-XI-11/3/64.

32. É possível, então, propor para o aforismo "o desejo é sua interpretação" seu pendente afetivo, "o afeto é uma interpretação", interpretação do desejo

inserindo-se no significante, assim como interpretação "afetiva" no imaginário. A propósito da interpretação, cf. M.A. Vieira "L'interprétation, l'équivoque et la poesie", *La Lettre Mensuelle*, nº 139, p.6-9.

33. J. Lacan, E-629.

34. Cf. J. Lacan, Tl -37 e também E-420. Cf. ainda J.A. Miller, art. cit., p.121.

35. J. Lacan, S-VI-1/7/59.

36. J. Lacan, E-615 e 684.

## V. Éticas(s)

1. J. Lacan, E-324; Cf. quanto a este ponto, C. Soler, "Sur le Séminaire", *Lettres de l'ECF*, nº 18, p.145, e J.A. Miller, "Il n'y a pas de clinique sans étique", *Actes de l'ECF*, vol.V, p.66.

2. J. Lacan, S-XI-29/1/64-3.

3. J. Lacan, S-VII-6/7/60-1.

4. C. Soler, *art. cit.*, p.20.

5. J. Lacan S-I-17/3/54-1. Cf. quanto a este ponto A. Bernardes, *Elaboração de saber na análise: um tratamento do impossível*, tese de doutorado, UFRJ, 2000, p.80 e seguintes.

6. J. Lacan, S-VII-6/7/60-1.

7. Apóio-me aqui nos desenvolvimentos de Jacques-Allain Miller a propósito do estatuto do objeto *a* e do gozo na obra de Lacan (cf. J.A. Miller, "Silet", curso do departamento de psicanálise de Paris VIII, 94/95).

8. As proposições aqui listadas constituem certamente uma simplificação redutora, pois, por exemplo, um bom objeto, segundo Descartes, é o bem que o entendimento representa para a alma como sendo seu (PA: art. 91) e não um bom objeto em si. Mas a simplificação me parece permitida, uma vez que, a partir da teoria das idéias inatas, o que a alma representa como o bem para o corpo é o que está conforme sua natureza (PA: art. 136, 138, 139, 141). Além disso, as paixões serão definidas em relação ao objeto segundo três categorias: o objeto pode ser bom ou mau (ilusório), ele pode depender de nós ou não, e ele pode ter uma duração mais ou menos longa. A alegria, por exemplo, será definida como: uma agradável emoção da alma consistindo no gozo que ela tem do bem que as impressões do cérebro lhe representam como seu (PA: art. 13, 16). A tristeza se liga à má escolha, uma frustração, por exemplo, devida ao desejo de um objeto do qual a posse não depende de nós (PA: art.49). Cf. também, quanto às duas últimas proposições: PA: art. 41, 45, 50, 91.

9. Cf. sobre as concepções espinosistas desenvolvidas aqui G. Deleuze, *Espinosa*, p.92, 107, 140; e também F. Chatelet, *Histoire de la philosophie*, vol.II, p.153. As referências à *Ética* de Espinosa estão no corpo do texto.

10. Espinosa o concebe a partir de uma causalidade própria. A primeira proposição da ética é, assim, "da causa de si" onde Espinosa mostra que a relação causa e efeito é idêntica à noção de causa de si-mesmo. O *conatus* é o que coloca o mundo em marcha, pois as essências, como estão em um nível diferente de potência de agir, tendem a se combinar (cf. G. Deleuze, op. cit., p.78, e F. Chatelet, op. cit., p.155).

11. J. Lacan, T-337, cf. também, sobre este ponto, E-76 e seguintes, e ainda J. Lacan, T-337.

12. J. Lacan, S-III-16/11/55-1.

13. Cf., por exemplo, L. Wittgenstein, *Investigações filosóficas*, prop. 73.

14. Cf. O. Sacks, *An Anthropologist on Mars*, p.4.

15. J. Lacan, E-155-6.

16. J. Lacan, E-163.

17. J. Lacan, E-171 e 176.

18. J. Lacan, S-VII-23/12/59-2.

19. J. Lacan, E-770 (cf. também S-VII-6/7/60-1).

20. I. Kant, *Crítica da razão prática*, primeiro livro, cap.I, escólio do problema II.

21. J. Lacan, S-VII-23/3/60-4. Cf. também E-781/2.

22. *Ibid.*

23. J. Lacan, E-782; "Kant com Sade" é o estenograma de um novo universo em que o significante é lugar de gozo. Este universo não é produto da psicanálise, pois assinala um corte produzido em muitos discursos compossíveis com variadas apresentações conceituais. Vale indicar ao menos uma, a de Adorno e Horckheimer, por sua formulação idêntica. Podemos ainda assinalar alguns pontos-chave para a formulação de Lacan, desenvolvido ao longo de todo o *Seminário 7* e resumida claramente mais tarde: "eu provei que sua teoria da consciência, como ele [Kant] escreve da razão prática, sustenta-se apenas por dar uma justificativa à lei moral que, ao examinar de perto, não é outra coisa senão o desejo em estado puro, o mesmo que resulta em sacrifício de tudo o que é objeto de amor na ternura humana — falo não somente da rejeição do objeto patológico, mas de seu sacrifício e de sua morte" (J. Lacan, S-XI-247).

24. J. Lacan, S-IX-1/7/59.

25. Cf. M. Gueroult, *Espinosa*, vol.I, p.465.

26. J. Lacan, S-IX-1/7/59.

27. J. Lacan, S-XI-247 e S-VII-4/5/60-1.

28. J. Lacan, S-XVII-13/5/70. Cf. também J. Lacan, S-VII-18/5/60-2 e B. Baas, "A angústia e a verdade", p.8; e, ainda, P. Lacoue-Labarte, "De l'éthique: a propos d'Antígona", p.24.

29. S. Freud, Fr/1925-12, ESB/XX-117, GW/XIV-123.

30. J. Lacan, 15/5/1963, S-X-6/3/63 e também 13/3/66.

31. J. Lacan, S-X-15/5/63.

32. M. Heidegger, *Être et temps*, p.235.

33. *Ibid*, p.236.

34. M. Heidegger, *Questions I.*, p.78.

35. G.W.F. Hegel, *La phénomenologie de l'esprit*, p.29.

36. S. Kierkegaard, *O conceito da angústia*, p.331. Para Kierkegaard, não há saúde possível sem angústia. Há, talvez, angústias sem sabedoria, mas não há sabedoria sem angústia.

37. Cf., por exemplo, "É possível que atrás de cada frase de Heidegger haja Kierkegaard; mas é graças a Heidegger que as proposições de Kierkegaard tomaram um tom filosófico" (E. Levinas, "Exercices de la patience", *Heidegger*, nº 3-4, 1982).

38. J. Lacan, S-II-24/11/54-2 e 1/12/54. Cf. também S. Cottet, "La false enigme de l'état d'âme", *La Cause Freudienne*, vol.23, p.60 e 61.

39. J. Lacan, S-X-19/12/62.

### VI. Questões de método

1. J. Lacan, Tl-38. Cf. sobre este assunto M.A. Vieira, "D'un dire qui affecte", p.31-33.

2. J. Lacan, S-XVII-21/5/70-0.

3. Cf. J. Lacan, S-X-21/11/1962 (cf. a esse respeito, M.A. Vieira, "L'interprétation, l'equivoque et la poésie" p.6-8).

4. Na trama deste poema, alguém que sofre a perda da amada e que busca nos livros "um saber esquecido" recebe, certa noite, a visita de um corvo. Ele emite apenas um som, *nevermore*, palavra enunciada a cada fim de estrofe, que ganha, a cada vez, um novo sentido. Dado o contexto do diálogo, este refrão significa: você não a esquecerá nunca mais, você não se acalmará nunca mais, você não a beijará nunca mais, eu não te deixarei nunca mais". Cada novo sentido vem se unir ao anterior, apagando-o apenas em parte. Assim o significante *nevermore* acumula toda uma gama de significações ao longo dos versos (Cf. M.A. Vieira, "O corvo, a poesia e a interpretação", p.20).

5. J. Lacan, S-XX–20/3/73-1 e S-VII-27/1/60-1.

6. J. Lacan, E-858.

7. J.-A. Miller, art. cit., 1983, p.65.

8. J. Lacan, S-XX-13/2/73-3. Cf. a esse respeito P. Bruno, "Rage, ravage, ravinement, ravissement", Séminaire de DEA du Département de pychanalyse de Paris VIII, 95-96 (inédito).

9. "[...] o inconsciente, não é que o ser pense, [...] o inconsciente é que o ser ao falar goze, e acrescento, não queira saber nada além disso" (J. Lacan, S-XX-8/5/73-1). Cf. ainda sobre a articulação do dizer e do real: "O lugar do

dizer é com efeito análogo nesse discurso matemático desse real que outros discursos serram do impossível de seus ditos" (J. Lacan, "l'Etourdit", *Scilicet*, nº 4, p.32).

10. "O pensamento é gozo. O que traz o discurso analítico é isto que já estava começado na filosofia do ser — há gozo do ser", J. Lacan, S-XX-8/5/73-4 e 22/10/73-1.

11. Para citar apenas um empreendimento contemporâneo, no sentido de identificar a essência do afeto em seu papel significante, procurando destacar o sentido de diversos afetos na estrutra geral da significação, cf. J.A. Greimas e J. Fotanille, *Sémiotique des passions*.

12. "O próprio do dizer é de ex-sistir em relação a qualquer dito que seja" (J. Lacan, ibid.).

13. Trata-se do pavor freudiano, que eu acredito ser, entretanto, "traduzido" por Lacan nos seus afetos, sendo incorporado no nível do horror e da angústia. Sobre a tradução lacaniana de Freud, cf. a conclusão deste trabalho.

14. Cf., sobre esta oposição, J.-A. Miller, art. cit., 1986, p.124.

15. J. Lacan, S-X-14/11/62, S-X-21/1/62, S-X-23/11/63 e X-25/6/63.

16. Cf. S-X-14/11/62. Lacan se utiliza também da etimologia para marcar essas distinções que, entretanto, não se reduzem a ela. A emoção, por exemplo, será distinguida da comoção não somente nesse nível, mas pelo fato de que esta se liga mais ao objeto *a* (S-X-25/6/63).

17. Cf. J.A. Miller, *art. cit.*, 1986.

18. J. Lacan, X-19/02/68.

19. J. Lacan, S-XX-21/11/72-1.

20. M. Heidegger, *L'être et le temps*, p.236.

21. "Com esse campo que eu chamo de campo do *das Ding*, somos projetados sobre algo que está bem além do domínio da afetividade, movediço, confuso, mal localizado na falta de uma suficiente organização de seu registro [...] Não é o registro da simples *Wille* no sentido schopenhaueriano do termo, já que no oposto da representação, é a essência da vida que Schopenhauer quer fazê-lo suporte. É um registro onde há ao mesmo tempo boa vontade e má vontade, esse *volen noles* que é o verdadeiro sentido dessa ambivalência que compreendemos mal quando a tomamos no nível do amor e do ódio.", ibid., p.124.

22. J. Lacan, S-VII-20/1/60-1.

23. J. Lacan, S-X-14/11/62.

## VII. Afetos

1. J. Lacan, S-X-28/11/62. Cf. também J. Lacan S-X-9/12/75 e E-846.

2. J. Lacan, E-845.

3. J. Lacan, S-V-15/1/58.

4. R. Nassar, *Um copo de cólera*, p.70.

5. G. Galileu, "Saggiatore, 6", col. Os Pensadores, São Paulo, Abril, 1978.

6. O oito interior e, sobretudo, *cross-cap* virão complementar, no ensino de Lacan, a demonstração da construção da miragem esférica a partir de uma estrura espacial moebiana. No *cross-cap* é possível recortar-se uma superfície bilateral, que dá uma aparência de consistência a uma superfície unilateral. Isto desvela a costura do espaço a-esférico do real sobre o espaço esférico do imaginário. Lacan demonstra ainda que a partir deste corte, extrai-se o objeto *a* do *cross-cap*, separando-o do Outro, sendo necessário um corte duplo, em seguida, para isolar o sujeito. Mostrar como o Outro se torna objeto, em outras palavras, como do Outro se extrai o objeto *a*, é a função do *cross-cap* sobretudo na "Lógica da fantasia" (por exemplo, na sessão de 16/11/66) e no "Étourdit" (cf. J. Lacan, "L'Étourdit", p.26 e segs.).

7. F. Nietzsche, *Ecce homo*, p.80.

8. J. Lacan, S-X-27/6/63.

9. *Ibid.*

10. S. Freud, FR/1919-257, ESB/XVII-309, GW/XII-263.

11. J. Lacan, S-XXIII-16/12/75.

12. J. Lacan, Tl-22.

13. J. Lacan, S-XXIII–16/12/75.

14. J. Lacan, "Note italienne", em *Ornicar?*, vol.25, 1982, p.9.

15. J. Lacan, Tl-67.

# BIBLIOGRAFIA


ANDRÉ, S., "À propos de l'inquiétante étrangété", *Actes de l'ECF*, vol.X, 1986, p.75-7.

_______, *L'imposture perverse*, Paris, Seuil, 1993. [Ed. bras.: *A impostura perversa*, Rio de Janeiro, Jorge Zahar, 1995.]

ARISTÓTELES, *Métaphysique*, Paris, Vrin, 1991.

_______, *Rhétorique*, Paris, Librairie Générale Française, 1991.

_______, *Poétique*, Paris, Librairie Générale Française, 1990.

ASSOUN, P.-L. *Freud, la philosophie et les philosophes*, Paris, PUF, 1995.

_______, *Introduction à l'épistemologie freudienne*, Payot, Paris, 1981.

BAAS, B., *Le désir pur — parcours philosophique dans les parages de Jacques Lacan*, Louvain, Peeters, 1992.

_______, "L'angoisse et la vérité", in: *Angoisse — perspectives philosophiques, perpectives psychanalytiques*, Estrasburgo, Presses Universitaires de Strasbourg, 1990.

_______ e ZALOSZYC, A., *Descartes et les fondements de la psychanalyse*, Paris, Navarin Osiris, 1988.

BADIOU, A., "Lacan et Platon: le mathème est-il une idée?", in *Lacan avec les philosophes*, Paris, Albin Michel, 1991, p.133-54.

BERCHERIE, P., *Genèse des concepts freudiens*, Paris, Navarin, 1983.

BLANCHOT, M., *Thomas l'obscur*, Gallimard, Paris, 1950.

BORGES, J. L., *O Aleph*, São Paulo, Globo, 1957.

BRAGARD, J.-S., "Aporie freudien et percée lacanienne", *La Lettre Mensuelle*, nº 58, 1987, p.10-14.

BRENNER, C., "Affects and psychic conflict", *Psychoanalytic. Quarterly*, 1975, 44, p.5-28.

_______, "On the nature and developement of affects: a unified theorie", *Psychoanalytic. Quarterly*, 1974, 43, p.532-556.

_______, *The Mind in Conflict*, Nova York, Int. Univ. Press, 1982.

BRUNO, P., *Entre éthique et jouissance*, curso ministrado entre 1985 e 1986 na Universidade de Toulouse — Le Mirail, Séries de la Découverte Freudienne, vol.1, supl. do nº 14 de *Pas-Tant*, 1987.

_______, "Structure et expérience", curso ministrado entre 1993 e 1994 no Departamento de Psicanálise da Universidade de Paris-VIII, inédito.

_______, BOUSSEYROUX, M. et al., "La Manie", in: *Clinique différentielle des psychoses*, Paris. Navarin, 1988.

CHARLES, M., "L'inconscient a-t-il un fondement éthique?", *Apertura*, nº 3, Paris, Springer-Verlag, 1989.

CLASTRES, G., "Sur le deuil", *Actes de l'ECF*, vol.VIII, 1985, p.43-47.

COTTET, S., "La belle inertie (note sur la dépression)", *Ornicar?*, nº 32, 1985, p.68-86.

_______, "La fausse énigme de l'état d'âme", *La Cause Freudienne*, nº 23, 1993, p.60-64.

_______, "Culpabilité et masochisme", *Quarto*, nº 33/34, 1988, p.101-5.

DANTE, A., "Divine comédie", in: *Oeuvres complètes*, Paris, Gallimard, 1965.

DARWIN, C., *The Expression of the Emotions in Man and Animals*, Nova York, AMS Press, 1972.

_______, *L'origine des espèces au moyen de la séléction naturelle*, Paris, Alfred Costes, 1946.

DELEUZE, G., *Espinosa (philosophie pratique)*, Paris, Minuit, 1981.

DERRIDA, J., *L'écriture et la différence*, Paris Seuil, 1967.

DESCARTES, R., *Les méditations métaphysiques*, Paris, Bordas, 1987.

_______, *Les passions de l'âme*, Paris, Gallimard, 1988.

DI CIACCIA, A., "De passionibus animae", *Actes de l'ECF*, vol.X, 1986, p.63-65.

EIDESTEIN, A., *Modelos, esquemas y grafos en la enseñanza de Lacan*, Buenos Aires, Manatial, 1992.

ESPINOSA, B., "Ethique", in: *Oeuvres*, vol.III, Paris, Garnier-Flammarion, 1965.

FISCHER, F., "L'angoisse entre étonnement et douleur", in: *Angoisse — perspectives philosophiques, perpectives psychanalytiques*, Estrasburgo, Presses Universitaires de Strasbourg, 1990.

FREUD, A., *The Ego and the Mechanisms of Defense* (1936), Nova York, Int. Univ. Press, 1946.

FREUD, S., *Edição standard brasileira das obras psicológicas completas de Sigmund Freud*, Rio de Janeiro, Imago, 1977 / *Gesammelte Werke*, Londres, Imago, 1940-1952 / *The Complete Psychological Works of Sigmund Freud*, Standard Edition, Londres, Hogarth Press, 1953-74.

_______, "Hysterie" (1888), in: *Handwörterbuch des Gesamten Medizin von A. Villaret*, Stuttgart, 1888, vol.I.

_______, "Quelques considérations pour une étude comparative des paralysies organiques et hystériques" (1888-93), in: *Résultats, idées, problèmes*, vol.I, Paris, PUF, 1984.

_______, *Contribution à la conception des aphasies: une étude critique* (1891), Paris, PUF, 1987.

_______, "Sur les raisons de séparer la neurastenie de la névrose d'angoisse" (1894)(a), in: *Névrose, psychose et perversion*, Paris, PUF, 1981.

_______, "Les psychonévroses de défénse" (1894)(b), in: *Névrose, psychose et perversion*, Paris, PUF, 1973.
_______, "Lettre 18 à Fliess" (1894)(c), in: *La naissance de la psychanalyse*, Paris, PUF, 1979.
_______, "Manuscrit E" (1894)(d), in: *La naissance de la psychanalyse*, Paris, PUF, 1979.
_______, "Esquisse d'une psychologie scientifique" (1895)(a), in: *La naissance de la psychanalyse*, Paris, PUF, 1956 (9ème éd. 1979).
_______, "Manuscrit G" (1895)(b), in: *La naissance de la psychanalyse*, Paris. PUF, 1956 (5ème éd.).
_______, *Études sur l'hystérie* (1895)(c), Paris, PUF, 1967.
_______, "Lettre 52 à Fliess" (1896), in: *La naissance de la psychanalyse*, Paris, PUF, 1979.
_______, "Lettre 75 à Fliess" (1897), in: *La naissance de la psychanalyse*, Paris, PUF, 1979.
_______, *L'interprétation des rêves* (1900), Paris, PUF, 1967.
_______, *La psichopathologie de la vie quotidienne* (1901), Paris, PUF, 1967.
_______, "Fragment d'une analyse d'hystérie" (1905)(a), in: *Cinq psychanalyses*, Paris, PUF, 1970.
_______, "Le traitement psychique" (1905)(b), in: *Résultats, idées, problèmes*, vol.I, Paris, PUF, 1984.
_______, *Trois essais sur la théorie sexuelle* (1905)(c), Paris, Gallimard, 1987.
_______, *Le délire et les rêves dans la Gradiva de W. Jansen* (1907), Paris, Gallimard, 1983.
_______, "Analyse d'une phobie chez un garçon de cinq ans" (1909)(a), in: *Cinq psychanalyses*, Paris, PUF, 1970.
_______, "Remarques sur un cas de névrose obsessionnelle" (1909)(b), in: *Cinq psychanalyses*, Paris, PUF, 1970.
_______, "Formulations sur les deux principes du fonctionnement psychique" (1911), in: *Résultats, idées, problèmes*, vol.I, Paris, PUF, 1984.
_______, *L'interêt de la psychanalyse* (1913), Paris, CEPL, 1980.
_______, "L'inconscient" (1915)(a), in: *Métapsychologie*, Paris, Gallimard, 1968.
_______, "Le refoulement" (1915)(b), in: *Métapsychologie*, Paris, Gallimard, 1968.
_______, "Pulsions et destins des pulsions" (1915)(c), in: *Métapsychologie*, Paris, Gallimard, 1968.
_______, "Deuil et mélancolie" (1915)(d), in: *Métapsychologie*, Paris, Gallimard, 1940.
_______, *Introduction à la psychanalyse* (1916), Paris, Payot, 1973.
_______, *L'inquiétante étrangété et autres essais* (1919), Paris, Gallimard, 1985.

_______, "Au-delà du principe du plaisir" (1920), in: *Essais de psychanalyse*, Paris, Payot, 1981.

_______, "La tête de Méduse" (1922), in: *Résultats, idées, problèmes*, vol.II, Paris, PUF, 1985.

_______, "Le moi et le ça" (1923), in: *Essais de psychanalyse*, Paris, Payot, 1981.

_______, "Le problème économique du masochisme" (1924), in: *Résultats, idées, problèmes*, vol.II, Paris, PUF, 1985.

_______, *Inhibition, symptôme et angoisse* (1925), Paris, PUF, 1951 (9ème éd).

_______, *Malaise dans la civilisation* (1929), Paris, PUF, 1971 (10ème éd.1986).

_______, *Nouvelles conférences d'introduction à la psychanalyse* (1933), Paris, Gallimard, 1984.

_______, "Constructions en analyse" (1937), in: *Résultats, idées, problèmes*, vol.II, Paris, PUF, 1985.

_______, "Le clivage du moi dans les processus de défense" (1938), in: *Résultats, idées, problèmes*, vol.II, Paris, PUF, 1985.

GLOVER, E., "The psychoanalysis of affects", *IJP,* 20, 1939, p.299-307.

GREIMAS, A.J., FONTANILLE, J., *Sémiotique des passions — des états de choses aux états d'âme*, Paris, Seuil, 1991.

GUEROULT, M., *Espinosa*, vol.I (Dieu), Paris, Aubier, 1968.

HAAS, N., "L'allemand de Lacan ou 'désir' dans un texte de Freud", *Littoral*, nº 38, 1993, p.155-167.

HARTMANN, H., KRIS, E. e LOEWENSTEIN, R., "Comments on the formation of the psychic structure" (1950), *The Pychoanalytical Study of the Child*, vol.2, Nova York, Int. Univ. Press, 1949, p.11-38.

HARTMANN, H., "Ego psychology and the problem of adaptation" (1939), in: *Organisation and Pathology of Thought,* Nova York, Columbia Univ. Press, 1951, p.362 396.

HEIDEGGER, M., *Être et temps*, Paris, Gallimard, 1986.

_______, *Lettre sur l'humanisme*, Paris, Aubier, 1983 (3ª ed.).

HYPPOLITE, J., "Commentaire parlé sur la *Verneinung* de Freud", in: *Écrits*, Paris, Seuil, 1966, p.879-887. [Ed. Bras.: *Escritos*, Rio de Janeiro, Jorge Zahar.]

JACOBSON, E., "The affects and their pleasure — Unpleasure qualities in relation to the psychic discharge processes" (1953), *Drives, Affects, Behavior,* vol.1, Nova York, Int. Univ. Press, 1953, p.38-66.

JONES, E., "Fear, guilt and hate", *IJP,* 10, 1929, p.383-397.

_______, *Sigmund Freud — Life and Work* (1957), vol.III, Londres, The Hogarth Press, 1980.

JULIEN, P., "Cicéron, Kant, Freud: trois réponses à la folie des passions", *Littoral*, nº 27/28, 1989, p.3548.

KALTENBECK, F., "Freud: 1894-1925: deux théories divergentes de l'angoisse", in: *Angoisse — perspectives philosophiques, perspectives psychanalytiques*, Estrasburgo, Presses Universitaires de Strasbourg, 1990.
KANT, I., *Fondements de la métaphysique des moeurs* (1785), Paris, Delagrave, 1975.
_______, *Critique de la raison pratique* (1788), Paris, Gallimard, 1985.
KIERKEGAARD, S., *Le concept de l'angoisse* (1844), Paris, Gallimard, 1990.
KLEIN, M., *Envie et gratitude et autres essais*, Paris, Gallimard, 1968.
_______, *The Selected Melanie Klein*, Edited by Juliet Mitchel, Londres, Penguin Books, 1986.
KOYRÉ, A., *Études d'histoire de la pensée scientifique*, Paris, Gallimard, 1973.
KRESS-ROSEN, N., "Difficultés des théories de l'angoisse chez Freud", *Littoral*, nº 1, 1981, p.63-74.
LACAN, J., *Écrits,* Paris, Seuil, 1966. [Ed. bras.: *Escritos*, Rio de Janeiro, Jorge Zahar, 1998.]
_______, "Au-delà du 'principe de réalité'" (1936).
_______, "Le temps logique et l'assertion de la certitude anticipée" (1945).
_______, "Propos sur la causalité psychique" (1946).
_______, "L'agressivité en psychanalyse" (1948).
_______, "Le stade du miroir comme formateur de la fonction du Je, telle qu'elle nous est révélée dans l'expérience psychanalytique" (1949).
_______, "Fonction et champ de la parole et du langage en psychanalyse" (1953).
_______, "Introduction au commentaire de Jean Hyppolite sur la *Verneinung* de Freud" (1954).
_______, "Le séminaire sur 'La lettre volée'" (1955).
_______, "Variantes de la cure-type" (1955).
_______, "L'instance de la lettre dans l'inconscient ou la raison depuis Freud" (1957).
_______, "La direction de la cure et les principes de son pouvoir" (1958).
_______, "La signification du phallus" (1958).
_______, "A la mémoire d'Ernest Jones: sur sa théorie du symbolisme" (1959).
_______, "Subversion du sujet et dialectique du désir dans l'inconscient freudien".
_______, "Position de l'inconscient" (1960).
_______, "Kant avec Sade" (1962).
_______, "Du *Trieb* de Freud et du désir du psychanalyste" (1964).
_______, *Le Séminaire*:
Livre I. *Les écrits techniques de Freud* (1953-54), Paris, Seuil, 1975.
Livre II. *Le moi dans la théorie de Freud et dans la technique de la psychanalyse* (54/55), Paris, Seuil, 1978.

Livre III. *Les psychoses* (1955-56), Paris, Seuil, 1981.
Livre IV. *La relation d'objet* (1956-57), Paris, Seuil, 1994.
Livre V. *Les formations de l'inconscient* (1957-58), Paris, Seuil, 1998.
Livre VI. "Le désir et son interprétation" (1958-59), inédito.
Livre VII. *L'éthique de la psychanalyse* (1959-60), Paris, Seuil, 1986.
Livre VIII. *Le transfert* (1960-61), Paris, Seuil, 1991.
Livre IX. "L'identification" (1961-62), inédito.
Livre X. "L'angoisse" (1962-63), inédito.
Livre XI. *Les quatre concepts fondamentaux de la psychanalyse* (1964), Paris, Seuil, 1973.
Livre XVII. *L'envers de la psychanalyse* (1969-70), Paris, Seuil, 1991.
Livre XIX. "...Ou pire" (1971-72), inédito.
Livre XX. *Encore* (1972-73), Paris, Seuil, 1975.
Livre XXI. "Les non-dupes errent" (1973-74), inédito.
Livre XXII. "R.S.I." (1974/1975), *Ornicar?*, nºs 2 a 5, 1975-76.
Livre XXIII. "Le sinthome" (1975/1976), *Ornicar?*, nºs 6 a 11, 1976-77.
Livre XXIV. "L'insu que sait de l'une bévue s'aile a mourre" (1976-77), *Ornicar?*, nºs 12 a 18, 1977-79.
Livre XXVII. "Dissolution" (1980), *Ornicar?*, nºs 20 a 21, 1980.

_______, *De la psychose paranoiaque dans ses rapports à la personnalité* (1932), Paris, Seuil, 1980.

_______, "Radiophonie" (1970), *Scilicet*, nº 23, p.55-99.

_______, "L'Etourdit" (1972), *Scilicet*, nº 4, Paris, 1973.

_______, "Note italienne" (1973), *Ornicar?*, nº 25, 1982, p.7-10.

_______, *Télévision* (1973), Paris, Seuil, 1974.

LACOUE-LABARTHE, P., "De l'éthique: à propos d'Antigone", in: *Lacan avec les philosophes*, Paris, Albin Michel, 1991, p.19-36.

LAPLANCHE, J., *Problématiques III (La sublimation)*, Paris, PUF, 1980.

LECLAIRE, S., "L'inconscient: une étude psychanalytique" in: *L'inconscient — VIème Colloque de Bonneval*, sob a direção de Henry Ey, Bonneval, Desclée de Brouwer, 1966, p.95-130.

LAURENT, E., "Os afetos", in: *Falo — Revista brasileira do Campo freudiano*, nº 3, 1988, p.23-34.

_______, "La passe entre enthousiasme et béatitude", *Quarto*, nº 31, 1988, p.37-9.

_______, "Mélancolie, douleur d'exister, lâcheté morale", *Ornicar?*, nº 47, 1988, p.5-17.

_______, "Affect, signe, certitude", *Actes de l'ECF*, vol.X, 1986, p.12-14.

LEGUIL, F., "Lacan avec et contre Jaspers", *Ornicar?*, nº 48, 1989, p.5-23.

LIART, M., "Les affects maniaco-dépressifs de fin d'analyse", *Quarto*, nº 25, 1987, p.20-21.

LYSY-STEVENS, A., "A propos du 'gay sçavoir'", *Les Feuillets du Courtil*, nº 6, 1993, p.25-48.

MACHEREY, P., "Note sur le rapport de Espinosa à Freud", in: *Avec Espinosa*, Paris, PUF, 1992, p.198-201.
MAJOR, R., "L'affect peut-il être un signifiant?", *Révue Française de Psychanalyse*, nº 34, 1970, p.1203-7.
MAURY, L., *Les émotions de Darwin à Freud*, Paris, PUF, 1993.
MENARD, A., "Angoisse et réel", *Analytica*, nº 36, 1984, p.19-26.
MERLEAU-PONTY, M., *Le visible et l'invisible*, Paris, Gallimard, 1964.
_______, *Phénoménologie de la perception*, Paris, Gallimard, 1945.
MILLER, J.-A., "A propos des affects dans l'experience analytique", *Actes de l'ECF*, vol.X, 1986, p.119-125.
_______, "A propósito dos afetos na experiência analítica", *As paixões do ser*, Rio de Janeiro, Contra Capa, 1998, p.31-51.
_______, "Sur le Schuldigsein", *Quarto*, nº 33/34, 1988, p.98.
_______, "Jacques Lacan: remarques sur son concept de passage à l'acte", *Actualités Psychiatriques*, nº 1, 1988, p.50-55.
_______, "Pas de clinique sans éthique", *Actes de l'ECF*, vol.V, 1983, p.65-68.
_______, "La agressividad en psicoanalisis de Jacques Lacan", in: *Agressividad y pulsion de muerte*, FFM, Medellin, 1991, p.58-75.
_______, "Algorithmes de la psychanalyse", *Ornicar?*, nº 16, 1979, p.14-25.
_______, "Sur la leçon des psychoses", *Actes de l'ECF*, vol.XIII, 1986, p.142-4.
_______, "Σ(X)", *Actes de l'ECF*, vol.XII, 1987, p.57-59.
_______, "Introduction à l'impossible à supporter: des modalités du rejet", *La Lettre Mensuelle*, nº 106, 1992, p.7-13.
_______, "Silet", Seminário ministrado no Departamento de Psicanálise da Universidade de Paris VIII (L'orientation lacanienne), 1994-95, inédito.
MILNER, J.-C. *Introduction à une science du langage*, Paris, Seuil, 1995, (2ª ed.).
_______, *L'oeuvre claire*, Paris, Seuil, 1995. [Ed. bras. *A obra clara*, Rio de Janeiro, Jorge Zahar, 1996.]
_______, *Les noms indistincs*, Paris, Seuil, 1983.
MISHARI, R., "Espinosa en épigraphe de Lacan", *Littoral*, nº 1, 1981, p.73-85.
MOREL, G., "L'horreur de l'acte et ses limites", *Les Feuillets du Courtil*, nº 6, 1993, p.19-24.
NEU, J., *Emotion, Thought and Therapy*, Univ. of California Press, Los Angeles, 1977.
NASSAR, R., *Um copo de cólera*, Rio de Janeiro, Companhia das Letras, 1997.
NIETZSCHE, F., *Ecce homo*, Paris, Union Générale d'Édition, 1988.
_______, "Gaia ciência", col. Os Pensadores, São Paulo, Nova Cultural, 1987.

OGILVIE, B., *Lacan. La formation du concept de sujet*, Paris, PUF, 1988, 2ª ed. [Ed. bras.: Lacan: *A formação do conceito de sujeito*, Rio de Janeiro, Jorge Zahar, 1988.

PORGE, E., *Se compter trois — le temps logique de Lacan*, Toulouse, Erès, 1989.

RAPAPORT, D., "On the psycho-analytic theory of affects", *IJP.*,34, 1953, p.177-198.

_______, *Emotions and Memory* (1942), Nova York, Int. Univ. Press, 1971, 5ª ed.

REGNAULT, F., "Ces calembredaines de textes analytiques", in: *Lacan*, Paris, Bordas, 1987, p.167-182.

RICOEUR, P., *De l'interprétation*, Paris, Seuil, 1965.

RITVO, L.B., *L'ascendant de Darwin sur Freud*, Paris, Gallimard, 1992.

S. AGOSTINHO, "De magistro" e "Confissões", col.: Os Pensadores vol.7, São Paulo, Abril Cultural, 1979.

SAFOUAN, M., *L'inconscient et son scribe*, Paris, Seuil, 1982.

SILVESTRE, M., "Le sentiment de culpabilité", *Demain la psychanalyse*, Navarin, Paris, 1987.

_______, "A la rencontre du réel", in: *Demain la psychanalyse*, Navarin, Paris, 1987.

SIPOS, J., *Lacan et Descartes (la tentation métaphysique)*, Paris, PUF, 1994.

SOCARIDES, C.W., *The World of Emotions*, Nova York, Int. Univ. Press, 1977.

SOLER, C., "Affect et savoir. *Actes de l'ECF*, vol.X, 1986, p.66-8.

_______, "Autisme, narcissisme, identification", *Les Feuillets du Courtil*, nº 2, 1990, p.9-24.

_______, "Seminario XI de Lacan: segundo retorno a Freud" (22 mars 1986), Santiago, Circulo Psicoanalítico de Galícia, conferência inédita.

_______, "Perdida y culpa en la melancolia", in: *Estudios sobre las psicosis*, Buenos Aires, Manantial, 1989, p.33-44.

_______, "La mania: pecado mortal", in: *Estudios sobre las psicosis*, Buenos Aires, Manantial, 1989, p.53-68.

_______, "Sur le séminaire "L'éthique de la psychanalyse", *Lettres de l'EFP*, nº 18, 1975, p.145-53.

_______, "Sur le rêve", *Actes de l'EFCi*, vol.VII, 1984, p.83-5

STEVENS, A., "Angoisse et douleur", *Actes de l'ECF*, vol.X, 1986, p.91-2.

TARDITS, A., "...porté à l'enthousiasme", *Actes de l'ECF*, vol.XI, 1986, p.137-140.

TEIXEIRA, A.M.R., *O topos ético da psicanálise*, Porto Alegre, EDIPUCRS, 1999.

VIEIRA, M., "Sur la manie", *Pas-Tant*, nº 34, 1993, p.53-62.

_______, "Quelques remarques à propos de la certitude", *La Lettre Mensuelle*, nº 125, Paris, 1994.

_______, "L'interprétation, l'équivoque et la poésie", *La Lettre mensuelle,* nº 139, Paris, 1995.

_______, "O corvo, o analista e a interpretação", *Opção Lacaniana,* nº 15, São Paulo, 1996.

_______ "La passión de l'ignorancia", *Uno por Uno,* nº 56, Barcelona, 1996.

_______ "D'un dire qu'affecte", *La Lettre Mensuelle,* nº especial, "La clinique psychanalytique de la dépression", Paris, 1996.

_______ "Dor de existir, tristeza e gozo", in *A dor de existir,* Rio de Janeiro, Contra Capa, 1997.

_______ "O catálogo e a chave: sujeito da ciência e sujeito do inconsciente", *Opção Lacaniana,* vol.20, 1997.

_______ "Algumas considerações sobre o amor, a paixão e o afeto", in *Destinos da pulsão,* Rio de Janeiro, Contra Capa, 1997.

_______ "O ser da paixão", in *As paixões do ser,* Rio de Janeiro, Contra Capa, 1998.

_______ "Sobre o Seminário V de Jacques Lacan e sua teoria clínica da significação", in *O desejo é o diabo,* Rio de Janeiro, Contra Capa, 1999, p.87-100.

_______ "A inquietante estranheza, do fenômeno à estrutura", in *Latusa* nº 4, EBP-Rio, Abril, 2000, p.123-138.

ZIZEK, S., *Enjoy your Symptom* (Jacques Lacan in Hollywood and out), Nova York, Routledge, Chapman and Hall, 1992.

# ÍNDICE DE TERMOS E CONCEITOS

# ÍNDICE ONOMÁSTICO

# ÍNDICE DE TERMOS EM ALEMÃO

Este livro foi composto por TopTextos Edições Gráficas, em Times New Roman, e impresso por Cromosete Gráfica e Editora.